未成年人法学与青少年法治教育系列丛书

DAODE YU FAZHI
FAZHI JIAOSHI
JIANMING SHOUCE

《道德与法治》
法治教师简明手册

主　编　王敬波

副主编　李红勃

撰稿人　李秀云　　王称心　　薛小建

　　　　刘智慧　　李红勃　　曹　鎏

　　　　方　鹏　　郑　宁　　金　利

　　　　梁馨文　　李　瑾　　崔潇轩

　　　　庄钰静　　李亚峰　　丁　静

中国政法大学出版社

2021·北京

图书在版编目（ＣＩＰ）数据

《道德与法治》法治教师简明手册 / 王敬波主编. —北京：中国政法大学出版社,2021.8
ISBN 978-7-5764-0069-4

Ⅰ.①道⋯　Ⅱ.①王⋯　Ⅲ.①政治课－中小学－教学参考资料　　Ⅳ.①G633.203

中国版本图书馆CIP数据核字(2021)第178490号

出　版　者　　中国政法大学出版社
地　　　址　　北京市海淀区西土城路 25 号
邮　　　箱　　fadapress@163.com
网　　　址　　http://www.cuplpress.com (网络实名：中国政法大学出版社)
电　　　话　　010-58908435(第一编辑部) 58908334(邮购部)
承　　　印　　固安华明印业有限公司
开　　　本　　720mm×960mm　1/16
印　　　张　　17.75
字　　　数　　244 千字
版　　　次　　2021 年 8 月第 1 版
印　　　次　　2021 年 8 月第 1 次印刷
印　　　数　　1~3000 册
定　　　价　　56.00 元

编写说明

  根据教育部门的统一部署，自 2016 年起，我国义务教育小学和初中的"品德与生活""思想品德"教材名称统一更改为《道德与法治》。全国统编的《道德与法治》教材共 18 册，其中小学六年级上册和初中八年级下册被设置为法治教育专册，集中讲授宪法知识和法治理念。

  对《道德与法治》的法治教育专册部分该如何理解？该怎么教学？任课教师普遍存在一些困惑和问题。为了解决这一问题，我们组织专家编写了这本《法治教师简明手册》，根据一线教师的意见，对六年级上册和八年级下册教材中的法律重点和难点逐一进行提炼，总结为若干个问题，针对这些具体问题，分别阐释相关法学原理，提供对应的教学素材和活动设计。

编写分工：

一、小学部分

作者：（按照编写章节先后顺序）

第一单元：梁馨文 李 瑾 崔潇轩

第二单元：庄钰静

第三单元：李亚峰

第四单元：丁 静

二、初中部分

作者：（按照编写章节先后顺序）

第一单元：薛小建　李红勃

第二单元：刘智慧　郑　宁　金　利

第三单元：曹　鎏　方　鹏

第四单元：李秀云　王称心

全书统稿：王敬波

　　本书编写的目的在于帮助中小学《道德与法治》教师深入理解教材中的法律内容，从而用更好的教学理念、教学素材和教学手段，全面提升学校法治教育的效果，实现法治教育的根本目标。

　　　　　　　中国政法大学青少年法治教育中心
　　　　　　　中国政法大学未成年人事务治理与法律研究基地
　　　　　　　2021 年 5 月

目 录 Contents

初中阶段法治专册

小学阶段法治专册

第一单元

我们的守护者

1. 什么是民法、刑法、行政法，它们之间的区别是什么？

理论解析

民法、刑法、行政法是我国现行法律体系中彼此独立的法律部门，分别调整不同领域的社会关系，与人们的生活密切相关。

民法是调整平等主体的自然人、法人和非法人组织之间的人身关系和财产关系的法律规范的总称。人身关系是指平等主体间基于人格或身份而发生的、与人身不可分离、不具有直接财产内容的权利义务关系，如父母对子女的抚养义务、子女对父母的赡养义务、继承人合法享有的继承权等，都是民事主体基于身份而发生的权利义务关系。财产关系是指平等主体之间以财产归属和财产流转为主要内容的权利义务关系，如财产所有人对其财产享有排他的占有、使用、收益和处分权，财产让与过程中双方约定的权利义务等，都形成了平等主体间的财产关系。

刑法是规定犯罪和刑罚的法律规范，其中明确了哪些行为构成犯罪行为、对于构成犯罪的行为应予何种刑事处罚。广义的刑法是一切刑事法律规范的总称，包括刑法典、单行刑法和附属刑法。单行刑法是立法机关以决定、规定、补充规定、条例等名称颁布的，规定某一类犯罪及其法律后果或者刑法某一事项的法律；附属刑法是附带规定于民法、经济法、行政法等非刑事法律中的罪刑规范。狭义的刑法则仅指刑法典。

行政法是调整行政关系的法律规范的总称，具体地说，它规范的是行政主体在行使行政职权过程中与行政相对人之间形成的法律关系，以及行政主体内部的法律关系。其中包括规范行政主体和行政权设定的行政组织法、规范行政权行使的行政行为法、规范行政权运行程序的行政程序法、规范行政权监督的行政监督法和规范行政相对人权益救济的行政救济法。行政法在保障和监督行政权依法行使、建设法治政府之余，更注重保护行政相对人的合法权益。

民法、刑法、行政法相互区别，具有不同的特点，在保障正常社会生活中发挥不可或缺的作用。

1. 三者调整的社会关系不同。民法调整平等主体之间的人身和财产关系，刑法规定犯罪和刑罚，行政法规范行政权的组织、运行和行政相对人合法权益的保护。

2. 三者的主体不同。正是由于民法、刑法、行政法分别调整不同领域的社会关系，因而它们有不同的适用主体。民法适用于地位平等的自然人、法人和非法人组织，刑法的适用主体为犯罪分子，行政法的适用主体则是行政组织和行政相对人。

3. 三者的基本原则不同。民法遵循平等原则、自愿原则、公平原则、诚实信用原则、公序良俗原则、禁止权利滥用原则等，在保障当事人意思自治的同时，注重维护交易秩序。刑法遵循罪刑法定原则和罪刑相适应原则，强调犯罪只能由法律规定，刑罚的确定应当做到罚当其罪。行政法遵循依法行政原则、尊重和保障人权原则、信赖保护原则、比例原则等实体性原则，亦遵循正当法律程序原则、行政公开原则、行政公正原则、行政公平原则等程序性原则，要求行政机关良好行政，不侵犯相对人的合法权益。

典型案例

案例1

12岁的小胡在儿童绘画比赛中斩获一等奖,获奖作品在少年官展出。《某某青少年》杂志社编辑看到小胡的作品后,对其绘画天赋颇为赞赏,主动联系了小胡的父亲,希望他能提供几幅小胡的绘画作品作为杂志插图。小胡的父亲随即给杂志社寄去了小胡的作品,数月过去,杂志社没有任何答复。半年后,小胡的父亲带领小胡在书店挑选图书时,赫然发现最新一期的《某某青少年》杂志封面的图片正是其之前邮寄的小胡作品,但是翻遍杂志,并未看到任何地方标注了封面图片的作者信息。小胡父亲愤然代理小胡向法院提起诉讼,主张杂志社侵犯了小胡的作品署名权。

在本案中,小胡、小胡的父亲与杂志社都是平等的民事主体,依法享有民事权利,承担民事义务。小胡对其作品享有署名权,这是小胡基于其作者身份而引申出的人身权;杂志社使用了小胡的作品,有义务向小胡支付报酬,在这一过程中杂志社与小胡形成了以财产为标的的权利义务关系。平等主体之间的人身关系和财产关系正是民法的调整范畴。但是,由于小胡是民法中的限制民事行为能力人,提起诉讼的行为应当由其法定代理人即小胡的父亲代理实施,因而本案由小胡的父亲代理小胡提起民事诉讼。

案例2

2015年10月,虎某通过他人联系侯某,让其代替自己参加2016年全国硕士研究生招生考试。2015年12月26日上午,侯某代替虎某参加上述考试中的管理类联考综合能力科目时,被监考人员当场发现。虎某主动向公安机关投案,并如实供述犯罪事实。北京市海淀区人民法院判决认为:被告人虎某让被告人侯某代替自己参加研究生招生考试,二被告人的行为均已构成代替考试罪。侯某具有如实供述自己罪行的从轻情节,虎某具有自首的从轻情节,予以从轻处罚。综合考虑案件具体情况,以代替考试罪分别判处被告人侯某拘役1个月,罚金人民币1万元;被告人虎某拘役1个月,罚金人民币

8000 元。

《中华人民共和国刑法修正案（九）》（以下简称《刑法修正案（九）》）将考试作弊行为规定为犯罪行为，其中明确了代替他人或者让他人代替自己参加国家考试的行为应当"处拘役或者管制，并处或者单处罚金"。本案中，虎某让他人代替自己参加考试，侯某则代替他人参加国家考试，两人的行为均满足刑法规定的代替考试罪的构成要件，最终二人都受到了刑罚处罚。

案例 3

刘某的汽车驶至某路口时遇执勤交警拦截检查，交警以该车未经年审为由将车辆扣留。后刘某携带审验手续前往处理。交警在核实过程中又发现无法查验该车的发动机号码和车架号码，遂以涉嫌套牌为由继续扣留，并口头告知刘某提供其他合法有效手续。刘某虽多次提供证明材料，但交警一直以其不能提供车辆合法来历证明为由扣留车辆。刘某不服，提起行政诉讼。法院认为，刘某的车辆虽然可以依法继续被扣留，但交警的行为违反了法定程序，且始终未出具任何形式的书面扣留决定；交警认定涉案车辆涉嫌套牌的证据不足；在刘某提交相关材料后，交警既不返还，又不积极调查核实，长期扣留涉案车辆不予处理，构成滥用职权。据此，法院判决确认交警扣留涉案车辆违法，判令返还涉案车辆。

行政法规范行政权的运行，保护相对人的合法权益。本案中，交警履行了行政法赋予其道路交通安全管理职责，但其履职过程中没有遵守法定程序。并且，在存在裁量余地的情况下，行政权的实施应当以实现行政目的为限，尽可能选择对相对人合法权益损害最小的方式。在本案中，交警无正当理由长期扣留车辆，过度推诿卸责，超越了行政目的的限度，损害了刘某的合法权益，违背严格、规范、公正、文明的执法要求。因此，法院根据行政法规范，对交警的行为予以纠正，监督行政机关依法行使职权，实现对刘某合法权益的救济。

法律原文

《中华人民共和国民法典》（以下简称《民法典》）

第二条　民法调整平等主体的自然人、法人和非法人组织之间的人身关系和财产关系。

第十九条　8 周岁以上的未成年人为限制民事行为能力人，实施民事法律行为由其法定代理人代理或者经其法定代理人同意、追认；但是，可以独立实施纯获利益的民事法律行为或者与其年龄、智力相适应的民事法律行为。

《中华人民共和国刑法》（以下简称《刑法》）

第二百八十四条之一　在法律规定的国家考试中，组织作弊的，处 3 年以下有期徒刑或者拘役，并处或者单处罚金；情节严重的，处 3 年以上 7 年以下有期徒刑，并处罚金。

为他人实施前款犯罪提供作弊器材或者其他帮助的，依照前款的规定处罚。

为实施考试作弊行为，向他人非法出售或者提供第一款规定的考试的试题、答案的，依照第一款的规定处罚。

代替他人或者让他人代替自己参加第一款规定的考试的，处拘役或者管制，并处或者单处罚金。

《中华人民共和国道路交通安全法》（以下简称《道路交通安全法》）

第一百一十二条第一款　公安机关交通管理部门扣留机动车、非机动车，应当当场出具凭证，并告知当事人在规定期限内到公安机关交通管理部门接受处理。

《中华人民共和国行政诉讼法》（以下简称《行政诉讼法》）

第七十条　行政行为有下列情形之一的，人民法院判决撤销或者部分撤销，并可以判决被告重新作出行政行为：

（一）主要证据不足的；

（二）适用法律、法规错误的；

（三）违反法定程序的；

（四）超越职权的；

（五）滥用职权的；

（六）明显不当的。

拓展资源

在民法慈母般的眼神中，每个人就是整个国家。——［法］孟德斯鸠

法令所以导民也，刑罚所以禁奸也。——［汉］司马迁

法治意味着，政府除非实施众所周知的规则，否则不得对个人实施强制。
——［英］哈耶克

活动设计

讨论：在教育局、学校、教师、学生之间，是否存在行政法律关系？是否存在民事法律关系？举例说明。

2. 什么是权利，什么是义务？

理论解析

权利是由法律所认可的，人们作出或不作出某一行为的自由；更严格地说，如果他人侵犯这种自由，则将受到法律制裁。义务是与权利相对应的概念，是指依据宪法和法律的规定，公民必须作某种行为或者不作某种行为的责任。义务根据法律规范而产生，由国家强制力保障履行，违反法律义务需要承担法律责任。

权利与义务相辅相成，辩证统一。公民享有宪法和法律规定的权利，同时，必须履行宪法和法律规定的义务；换句话说，没有无权利的义务，也没有无义务的权利，任何公民都不能只享受权利而不承担义务，也不能只承担义务而不享受权利。但是，对于权利与义务的一致性，不能作绝对化的理解。一方面，在公民与国家、社会的法律关系中，公民有时只享受权利，国家需

要承担义务。例如，公民在年老、疾病或者丧失劳动能力的情况下，有从国家和社会获得物质帮助的权利，却不需要因获得这种物质帮助而对国家和社会承担义务。另一方面，某些情况下公民不享受权利，却必须对国家承担义务。譬如，在具体的税收法律关系中，公民负担着单向对国家纳税的义务。对于公民来说，一方面，要树立权利意识，依法行使公民权利；另一方面，也要树立义务意识，自觉履行公民义务。

典型案例

　　小潘今年 13 岁，是义务教育学龄人口，依法应当到校接受义务教育。但小潘的父母未将小潘送到学校接受义务教育，致使小潘自 2017 年 9 月辍学在家。教育局及学校、社区等有关单位多次派出工作人员到其家中做劝返工作无效，其父母一直拒绝送小潘到学校上学。2019 年 4 月，教育局向小潘的父母送达了《辍学违法行为告知书》，责令其父母于 2019 年 5 月 1 日前送小潘到学校办理入学手续，继续接受义务教育；但小潘的父母未按通知规定的时间执行，小潘仍未到校继续接受义务教育。教育局一纸诉状将小潘的父母诉至法院，主张送适龄儿童、少年入学接受并完成义务教育，是父母或法定监护人必须承担的法律义务。

　　法院经审理认为，国家统一实施的九年义务教育要求凡年满 6 周岁未满 18 周岁的未成年人必须接受教育，这既是权利也是义务。父母应当尊重未成年子女受教育的权利，必须使适龄未成年子女依法入学接受并完成义务教育，不得使其失学、辍学。最终，法院认定小潘父母的行为违法，责令小潘父母将小潘送回学校接受义务教育。

　　在本案中，接受义务教育既是小潘的权利也是小潘的义务。也就是说，小潘拥有到校接受义务教育的自由，任何人——就算是小潘的父母——侵犯了小潘上学的自由，都将受到法律制裁。同时，接受义务教育是小潘的义务，假使小潘偶尔贪玩、厌学，他也必须到校接受义务教育，因为这是法律科以他的责任。从这个角度来说，个人的权利和义务是统一的。

对于小潘的父母而言，他们依法负有保证适龄子女按时入学接受并完成义务教育的义务。父母对子女享有监护权并不意味着父母可以支配有关子女的一切事项，相反，子女享有的权利可能会对父母提出作出或不作出某种行为的义务要求。

法律原文

《中华人民共和国宪法》（以下简称《宪法》）

第四十六条第一款　中华人民共和国公民有受教育的权利和义务。

《中华人民共和国义务教育法》（以下简称《义务教育法》）

第四条　凡具有中华人民共和国国籍的适龄儿童、少年，不分性别、民族、种族、家庭财产状况、宗教信仰等，依法享有平等接受义务教育的权利，并履行接受义务教育的义务。

第五条第一款、第二款　各级人民政府及其有关部门应当履行本法规定的各项职责，保障适龄儿童、少年接受义务教育的权利。

适龄儿童、少年的父母或者其他法定监护人应当依法保证其按时入学接受并完成义务教育。

第十一条第一款　凡年满 6 周岁的儿童，其父母或者其他法定监护人应当送其入学接受并完成义务教育；条件不具备的地区的儿童，可以推迟到 7 周岁。

拓展资源

法律的制定是为了保证每一个人自由发挥自己的才能，而不是为了束缚他的才能；法律的力量仅限于禁止每一个人损害别人的权利，而不禁止他行使自己的权利。

——［法］罗伯斯庇尔

在人生的每个阶段，我们无论是对社会还是对个人，都要承担一定的义务。

——［古罗马］西塞罗

强者如不把其力量转变为权利和义务，他就永不能强大到足以成为自己的主人。

——［法］卢梭

组织学生模拟签订一份商品买卖合同，设计一下买卖双方的权利义务？

3. 为什么说宪法是国家的根本法？

宪法是国家的根本法，主要体现在以下三个方面：

第一，从内容而言，宪法规定的是国家全局性、根本性的问题。宪法以法律的形式确认了我国各族人民奋斗的结果，同时规定公民的基本权利和义务、我国国家机构、国旗、国歌、国徽和首都等内容。不同于一般法律调整的范围只涉及社会生活的某一个方面、某一个领域，宪法规定的问题是全局性的；宪法中涉及国体、政体、国家的基本国策、国家机构的组织及职权等内容，更是一国的立国之本，对国家而言至关重要。

第二，从法律效力来看，宪法具有最高的法律效力。在我国法律体系中，宪法具有最高的法律位阶。一方面，宪法是制定普通法律的依据，任何普通法律、法规都不得与宪法的原则和精神相违背，这也是宪法被称为"母法"、其他法律被视为"子法"的原因所在；另一方面，宪法是一切国家机关、社会团体和全体公民的最高行为准则。

第三，从制定和修改的程序来说，宪法制定和修改的程序相较一般法律更为严格。首先，在制定、修改的主体方面，制定宪法要求国家成立专门委员会起草宪法草案，并将草案经由全国各族人民讨论，再提交全国人民代表大会通过。有权提议修改宪法的主体是全国人大常委会或者1/5以上的全国人民代表大会代表；真正享有宪法修改权的是全国人大，全国人大常委会无权修改。一般法律的制定权归属于全国人大及其常委会，有权提议修改法律的主体更为广泛，包括全国人大主席团、全国人大常委会、国务院、中央军委、最高人民法院、最高人民检察院等等。其次，在通过人数的要求方面，宪法的修改需经全国人大以全体代表的 2/3 以上的多数通过；一般法律只需全国人大以全体代表的过半数通过即可。最后，在公布的机关方面，实践中宪法及其修正案都是由全国人大公布的；而根据《中华人民共和国立法法》（以下简称《立法法》）的规定，普通法律由国家主席公布。宪法区别于一般法律的严格的制定和修改程序，彰显了宪法的权威性，更有助于宪法吸收和反映人民的意志，保障宪法的稳定性，使得国家长治久安。

典型案例

2018 年 3 月 11 日，十三届全国人大一次会议第三次全体会议经投票表决，通过了《中华人民共和国宪法修正案》。本次修宪是继 2004 年 3 月 14 日第十届全国人大第二次会议通过宪法修正案后，我国宪法迎来的又一次修改。回顾本次修宪的历程，可以看到各方在充分讨论、共同商榷的同时，也在严格遵守宪法修订应当遵循的法定程序。

2018 年 3 月 5 日，全国人大常委会副委员长兼秘书长王晨受十二届全国人大常委会委托，向大会作出关于宪法修正案草案的说明。3 月 7 日，各代表团依次举行全团会议和分组会议审议宪法修正案草案，其间共有 2400 多名代表在全团会和分组会上发表审议意见。3 月 8 日下午，大会主席团常务主席会议和主席团会议先后听取了大会秘书处关于宪法修正案草案审议情况的汇报，并且提出主席团的审议报告和宪法修正案草案修改稿。其后，各代表团对该报告和修改稿进行审议

3 月 9 日上午，各代表团审议这个报告和宪法修正案草案的修改稿。会议听取了王晨副委员长向大会作的关于宪法修正案草案的说明。3 月 10 日下午，大会主席团常务主席和主席团又先后召开会议，再次听取大会秘书处关于宪法修正案草案修改稿审议情况的汇报，提出了建议表决稿，决定再次由各代表团审议。

此次修宪非常严格地按照法定程序进行，首先产生了 35 位总监票人、监票人。无记名投票方式，即每一个代表都有一张宪法修正案表决票，可以投

赞成，也可以投反对，也可以投弃权，严格依法按程序进行。宪法修正案经表决，获得高票通过。

这次宪法修改的主要目的，就是要把党的十九大确定的重大理论观点和重大方针政策，特别是习近平新时代中国特色社会主义思想载入国家根本法，体现党和国家事业发展的新成就、新经验、新要求，在总体保持宪法的连续性、稳定性、权威性的基础上推动宪法与时俱进，完善发展。[1]

■■■■ 法律原文 ■

《宪法》

序言第十三自然段　本宪法以法律的形式确认了中国各族人民奋斗的成果，规定了国家的根本制度和根本任务，是国家的根本法，具有最高的法律效力。全国各族人民、一切国家机关和武装力量、各政党和各社会团体、各企业事业组织，都必须以宪法为根本的活动准则，并且负有维护宪法尊严、保证宪法实施的职责。

■■■■ 活动设计 ■

搜集中华人民共和国成立以后历次修订的宪法文本，找出那些始终没有变化的内容，体会宪法根本大法的地位，并讨论为什么宪法不能像其他法律一样经常修订、修订幅度也不宜过大。

4. 宪法的最高效力是如何体现的?

■■■■ 理论解析 ■

在我国，宪法具有最高的法律效力，其体现在如下几个方面：

第一，宪法的最高法律效力首先体现在其效力来源上。在我国，国家一

---

〔1〕　新华网："宪法修正案专题记者会"，载 http://www.xinhuanet.com/politics/2018lh/zb/20180311c/wzsl.htm，最后访问日期：2019 年 10 月 12 日。

切权力属于人民，宪法的制定主体也是人民，宪法作为人民主权原则运作的产物，作为人民意志的最高体现，当然具有最高法律效力。

第二，宪法自身宣明了其具有最高法律效力。我国宪法序言最后一个自然段已经明确表明："本宪法以法律的形式确认了中国各族人民奋斗的成果，规定了国家的根本制度和根本任务，是国家的根本法，具有最高的法律效力。"这一明确宣示赋予了宪法形式上的最高法律效力。

第三，宪法规定的主要内容是国家的根本制度和根本任务。我国宪法并不会面面俱到地规定所有的法律关系，调整社会生活的每一个方面。恰恰相反，我国宪法规定的是国家的根本制度和根本任务，如确定我国的政治制度、经济制度和文化教育制度，明确四项基本原则以及党的领导是社会主义的最本质特征等，宪法的内容反映的是我国人民最根本的利益，所以宪法具有最高法律效力。

第四，宪法在我国法律体系中处于核心地位。这一核心地位体现在两个方面：首先，我国《宪法》第5条第3款规定："一切法律、行政法规和地方性法规都不得同宪法相抵触"。表明了宪法的效力高于法律、行政法规等，具有最高的法律效力，同时宪法赋予全国人大常委会撤销同宪法相抵触的行政法规、地方性法规等规范性文件的权力，确保宪法居于法律体系的核心地位；其次，宪法是我国立法工作的法律基础，我国大量的法律，如《中华人民共和国教育法》（以下简称《教育法》）、《义务教育法》、《中华人民共和国未成年人保护法》（以下简称《未成年人保护法》）等，都在该法的第1条中规定"根据宪法，制定本法"，体现了宪法是其他法律的立法依据，具有最高的法律效力。

第五，宪法是全国各族人民、一切国家机关和武装力量、各政党和各社会团体、各企业事业组织的根本活动准则。普通的法律只规定人们行为和活动的一般准则，国家机关的组织法规定国家机关的活动准则，政党和团体的章程规定该政党和团体的活动准则，企业的章程只规定本企业的活动准则。

只有宪法，规定了全国各族人民、一切的国家机关、各政党和各社会团体、各企业事业组织等的根本活动准则，一切主体的行为都要以宪法为根本准绳，显示了宪法的最高法律地位。

第六，宪法制定和修改的程序比其他的法律严格。我国宪法规定，宪法的修改只能由全国人民代表大会进行，全国人大常委会都无权修改宪法。而且宪法的修改需要由全国人大常委会或者 1/5 以上的全国人大代表提议，并且还要由全国人民代表大会以全体代表的 2/3 以上多数通过。这么严格的修改程序，是宪法最高法律效力的要求和体现。

典型案例

全国人大常委会废止收容教育制度。

2019 年 12 月 18 日，十三届全国人大常委会第十五次会议通过了《全国人民代表大会常务委员会关于废止有关收容教育法律规定和制度的决定》，自 2019 年 12 月 29 日起施行。该决定废止了《全国人民代表大会常务委员会关于严禁卖淫嫖娼的决定》（以下简称《关于严禁卖淫嫖娼的决定》）第 4 条第 2 款、第 4 款，以及据此实行的收容教育制度。

收容教育虽然以全国人大常委会《关于严禁卖淫嫖娼的决定》为法律依据，但是在实践中违反了法治和人权原则，违反了宪法保障人权的基本精神。收容教育在使用条件、实施程序、司法审查以及日常管理等方面都缺乏合理、明确、有效的规范。例如，在适用条件上各地并没有统一的执法标准，导致了执法机关恣意滥用裁量权，甚至出现了"花钱买刑""索贿受贿"的情形；对于限制人身自由达 6 个月至 2 年之久的收容教育，在决定环节并没有赋予当事人听证的权利，当事人家属也得不到及时的通知，可以说违反了正当程序的基本要求；而且收容教育简单粗暴，日常管理中辱骂、体罚并不鲜见，"教育"也起不到预期效果。凡此种种都使得收容教育逐渐丧失了正当性。

同时，收容教育制度也难以与《中华人民共和国治安管理处罚法》（以下简称《治安管理处罚法》）与《刑法》进行有效衔接，其继续存在可能会违反"维护社会主义法制的统一和尊严"的基本要求，所以收容教育制度的取消是一种必然，是维护宪法最高法律效力的体现。

法律原文

《宪法》

第二条第一款　中华人民共和国的一切权力属于人民。

第五条第三款　一切法律、行政法规和地方性法规都不得同宪法相抵触。

第六十四条第一款　宪法的修改，由全国人民代表大会常务委员会或者1/5以上的全国人民代表大会代表提议，并由全国人民代表大会以全体代表的2/3以上的多数通过。

第六十七条　全国人民代表大会常务委员会行使下列职权：……（七）撤销国务院制定的同宪法、法律相抵触的行政法规、决定和命令；（八）撤销省、自治区、直辖市国家权力机关制定的同宪法、法律和行政法规相抵触的地方性法规和决议。

《教育法》

第一条　为了发展教育事业，提高全民族的素质，促进社会主义物质文明和精神文明建设，根据宪法，制定本法。

《义务教育法》

第一条　为了保障适龄儿童、少年接受义务教育的权利，保证义务教育的实施，提高全民族素质，根据宪法和教育法，制定本法。

活动设计

教师搜集一些备案审查案例或者违宪案例，或者一些相关视频资料，可以根据学生年龄进行一定程度的改编，上课引导学生分组探讨案例中的情节哪些违反了宪法的要求，宪法的最高法效力如何体现等。

5. 权利与权力的区别是什么?

理论解析

权利是一个法律概念，是指法律赋予人们为实现其某种利益而享有的权能和利益。人们总是有一定的需求和利益，而实现这些利益只靠个人力量是无法实现的，所以法律允许人们作出或要求他人作出一定的行为来实现利益。权利与义务相对应，不仅表现在人们享有权利的同时需要向他人、社会承担相应的责任，也表现在一方享有的权利需要他方履行义务才能实现，比如我们乘坐出租车，向司机付款以后，我们的权利是要求司机将我们及时安全地送到目的地，这一权利需要司机履行送达义务后才能得到满足。

权力是一个政治、法律概念，指强制性力量，即一方对另一方的支配地位。我们这里讨论的权力是指国家权力，国家作为统治阶级统治的工具，只有赋予各国家机关相应的强制力，才能够令行禁止，实现统治目的。权力的另外一个意思是职权，是指职权范围内的强制力量，当个人获得了国家机关职务时，他履行职责时的行为将不代表他个人的意愿，而是国家机关意志的体现。当公职人员穿上制服，头顶国徽时，就是代表国家行使权力的时刻，使命感和责任感会油然而生。职权与职责相对应，当国家机关工作人员履行职权时，就必须承担相应的职责，如有滥用职权等违法行为，必然受到法律制裁。

权利与权力的具体区别有：

第一，权利和权力行使主体不同。行使权利的主体是公民，即拥有一国国籍的自然人；除此之外，还包括拥有民事权利能力和行为能力的法人和其他组织。我国权力的行使主体是被宪法和法律授权的国家机关及其工作人员，具体包括人大、政府、监察委、法院、检察院等各级国家机关以及国家主席、中央军委。值得注意的是，当国家机关没有行使职权而实施了别的行为，如为自己购置办公设施而与市场经济主体发生买卖关系时，它的行为就是行使权利的表现，与公权力无关。

第二，性质不同。法律对权利行使的要求是"法无禁止即自由"，权利主体可以自由选择行使权利的方式，也可以选择放弃自己的权利，权利还可以转让，只要不违反法律的强制性规定即可。法律对权力行使的要求是"法定职责必须为"，权力不可放弃，除非有法定情形，必须由有相应职权的国家机关行使，否则会因不作为面临法律的追究。

第三，行使主体的法律地位不同。相对于权利而言，权力具有直接强制性。权利有时候也会形成约束力，比如双方签订合同后都应当遵守。但是这种约束力需要国家强制力作为后盾，当一方不遵守合同时，另一方可以诉诸法院，要求公权力的干预，而法院作出的判决一旦生效，就有强制执行的效力，如果毁约方不执行判决，那么法院就可以直接从其账户扣款或者拍卖其财产偿债，不需要经过他的同意。所以，行使权利的主体之间是平等的，而权力一旦运行，行使权力的一方就可以强制对方作出或不作出一定的行为。

我国是社会主义国家，人民是国家的主人，国家权力来源于人民的权利，行使权力的最终目的是保障人民的权利，所以宪法在体例安排上将公民权利章置于国家机构章之前，体现了权利与权力之间的关系。

典型案例

于谦是我国古代官员廉政爱民的模范。他担任兵部侍郎时，有一次去地方出差，准备回京时，身边随行人员提醒他，外地官员进京或者出差的京官回京都必须给大太监王振带上足够的礼物，哪怕是地方特产的绢帕、蘑菇、线香。于谦义正辞严地拒绝了，并赋诗明智："绢帕茹蘑与线香，本资民用反为殃；清风两袖朝天去，免得闾阎话短长。"

国家机关的权力来源于人民，并为民而用。如果忽视权力与权利的关系，不仅会"反为殃"，侵害人民的正当权益，更会因失去了权力的正当性而人亡政息。

法律原文

《宪法》

第二条 中华人民共和国的一切权力属于人民。

人民行使国家权力的机关是全国人民代表大会和地方各级人民代表大会。

人民依照法律规定，通过各种途径和形式，管理国家事务，管理经济和文化事业，管理社会事务。

第三十三条 凡具有中华人民共和国国籍的人都是中华人民共和国公民。

中华人民共和国公民在法律面前一律平等。

国家尊重和保障人权。

任何公民享有宪法和法律规定的权利，同时必须履行宪法和法律规定的义务。

活动设计

组织学生课上讨论公民应当享有哪些权利，并对照《宪法》，看看除学生列举的权利之外公民还享有哪些权利。

6. 什么是宪法宣誓，它的意义何在？

理论解析

宣誓的历史源远流长。在我国，《周礼》中早有记载："作盟诅之载辞，以叙国之信用，以质邦国之剂信。"可见，"盟誓之辞"作为国家信用的载体和证明由来已久。不同文化、不同历史时期，宣誓形式虽有不同，但往往都意味着"承诺"，代表着责任。

在日常生活中，宣誓同样也不陌生。不少人经历过入团宣誓、入党宣誓、结婚宣誓等等，此外医生、护士、警察等特殊职业往往也有相应的宣誓制度。因此宣誓本身还可以被视为承诺遵从某种伦理规则、坚守某种宝贵价值，具有很强的道德意涵。

党的十八届四中全会上，习近平总书记曾对宪法宣誓制度作出说明，"这是世界上大多数有成文宪法的国家所采取的一种制度。在 142 个有成文宪法的国家中，规定相关国家公职人员必须宣誓拥护或效忠宪法的有 97 个。关于宪法宣誓的主体、内容、程序，各国做法不尽相同，一般都在有关人员开始履行职务之前或就职时举行宣誓"。

在其他国家的宣誓制度中，内容和程序确实多种多样，宣誓所面对的并不都是宪法，有的是国徽国旗，有的是政府首脑面对国家元首或议会进行宣誓，还有的是面对最高法院首席大法官、抚按圣经等宗教经典进行宣誓。而根据我国法律规定，不仅要进行宪法宣誓，同时宣誓时需要抚按宪法文本。这样的制度安排与我国宪法本身的地位有关。

在我国，宪法是国家的根本法，是治国安邦的总章程，是中国共产党和全国人民意志的集中体现。在宪法文本当中，不仅规定了国家的根本政治制度、公民的权利义务、国家机构设置等重要内容，同时宪法序言还是具有法律约束力的最高政治宣示，为党和国家事业发展提供了根本遵循。

宪法宣誓具有重大的意义：

1. 行动指引。国家工作人员对宪法宣誓，就不单纯是在一个法律文本面前许下诺言，而是将宪法作为引领行动的指南，对党和国家事业、对人民作出庄严承诺，具有超出一般法律文本的政治意涵。宣誓时抚按宪法，更能体现宪法的至高权威和政治地位，更能彰显宪法对于国家政治生活的重要作用。

2. 教化与规训。向宪法宣誓，也意味着责任与使命。誓词的每一个字、每一句话，都有着千钧分量。如何"维护宪法权威，履行法定责任"？如何"忠于祖国、忠于人民"？如何"恪尽职守、廉洁奉公，接受人民监督"？都需要在今后的履职中，把誓言铭刻在心，时刻提醒自己、警醒自己，牢牢树立法治意识和为民服务思想，"担当起该担当的责任"，以实际行动践行誓言。

3. 促进宪法实施。宪法宣誓有利于促进宪法实施。习近平总书记曾在首都各界纪念现行宪法公布施行 30 周年大会上强调，"宪法的生命在于实施，宪法的权威也在于实施"。奋进新时代，踏上新征程，我们要更加自觉尊崇宪法、学习宪法、遵守宪法、维护宪法、运用宪法，让宪法的阳光洒满中华民族伟大复兴的新征程。

典型案例

2009年初，北京市海淀区一人大代表向海淀区人大常委会提议，新任命的一府两院官员需就职宣誓，强化被任命者"权力来源于人民"的意识。

2009年2月13日，代表的提议被审议通过为《海淀区人民代表大会常务委员会关于对任命的国家机关工作人员实行就职宣誓的决定》，决定提出今后依法由区人大常委会任命的国家机关工作人员，在常委会通过任命后，适时进行就职宣誓。

2009年2月13日，新任命的海淀区副区长、海淀区检察院副检察长，在区人大常委会全体组成人员、部分列席人大代表和旁听群众的面前，举行了庄严的宣誓就职仪式。

2013年3月27日，河南省十二届人大常委会第一次会议，24位新任官员走上前台，手捧宪法，在国徽下宣誓。

2016年1月16日，福建省第十二届人民代表大会第四次会议闭幕式上，新当选的福建省省长左手抚按《宪法》，右手举拳，诵读誓词。于伟国因此成为全国首个面向宪法宣誓就职的省长。

2018年4月16日，新一届国务院在中南海举行宪法宣誓仪式。国务院总理李克强监督。

知识拓展

一、宣誓誓词内容

2015年6月24日，十二届全国人大常委会第十五次会议审议全国人大常委会关于实行宪法宣誓制度的决定草案。

决定草案提出了65个字的誓词，适用于所有宣誓人员。这65字誓词为："我宣誓，拥护中华人民共和国宪法，维护宪法权威，履行宪法职责，恪尽职守、廉洁奉公，忠于祖国、忠于人民，自觉接受监督，为中国特色社会主义伟大事业努力奋斗！"

2015年7月1日，全国人大常委会表决通过实行宪法宣誓制度的决定，誓词共70个字："我宣誓：忠于中华人民共和国宪法，维护宪法权威，履行法定职责，忠于祖国、忠于人民，恪尽职守、廉洁奉公，接受人民监督，为建设富强、民主、文明、和谐的社会主义国家努力奋斗！"

2018年2月24日，全国人大常委会对宪法宣誓制度作出修订，新的誓词为："我宣誓：忠于中华人民共和国宪法，维护宪法权威，履行法定职责，忠于祖国、忠于人民，恪尽职守、廉洁奉公，接受人民监督，为建设富强民主文明和谐美丽的社会主义现代化强国努力奋斗！"

二、宣誓仪式

《全国人民代表大会常务委员会关于实行宪法宣誓制度的决定》第8条规定：

宣誓仪式根据情况，可以采取单独宣誓或者集体宣誓的形式。单独宣誓时，宣誓人应当左手抚按《宪法》，右手举拳，诵读誓词。集体宣誓时，由一人领誓，领誓人左手抚按《宪法》，右手举拳，领诵誓词；其他宣誓人整齐排列，右手举拳，跟诵誓词。

宣誓场所应当庄重、严肃，悬挂中华人民共和国国旗或者国徽。宣誓仪式应当奏唱中华人民共和国国歌。

负责组织宣誓仪式的机关，可以根据本决定并结合实际情况，对宣誓的具体事项作出规定。

三、宣誓人员

2018年3月11日，第十三届全国人民代表大会第一次会议通过的宪法修正案，将《宪法》第27条增加1款，作为第3款："国家工作人员就职时应当依照法律规定公开进行宪法宣誓。"

活动设计

1. 宪法讲座和知识竞答。为学生们讲授宪法等方面的法律知识，通过典型案例、以案说法以及生动有趣的授课方法为学生们进行精彩的讲座。并通过知识竞答的方式与学生们互动，将含有宪法问题的纸条放在纸箱里，让学生们从中抽取题目，为答对的学生发放宪法知识手册及其他小礼品，供学生们课后阅读和学习。

2. 参观法治教育基地，观看宪法宣传视频。组织学生实地参观法治警示教育基地。通过参观法治宣传展览室的反邪教、禁毒、网络安全、消防、交通安全、预防青少年犯罪等展板内容，学生们可以亲身体验模拟驾驶系统、观看系列宪法及其他法律宣传教育片等形式多样的活动，极大调动学生学习法律的积极性，增强自我防范意识，促进学生们健康成长。

第二单元

我们是公民

1. 什么是公民？

理论解析

公民，又可称为国民，是指具有一国国籍、根据该国宪法和法律规定享有权利和承担义务的人。在日常生活中，公民通常表现为行使国家赋予的权利和承担国家规定的义务，从其产生来看，公民这一概念反映了一定的法律关系，因此是一个法律概念。要充分理解公民的概念，需要了解以下几点内容：

1. 公民作为一个法律概念，强调拥有一国国籍，因此有必要掌握如何获得中国国籍的相关知识。国籍的取得、丧失和变更由国籍法规定，不同国家对如何取得国籍有不同的规定。根据我国《中华人民共和国国籍法》（以下简称《国籍法》）的相关规定，取得中国国籍的方式有两种，一种是出生取得，又称原始取得；另一种是继有取得。对于以出生方式获得中国国籍的，我国采取以血统主义为主、以出生地主义为辅的混合主义原则。简单而言，父母双方或一方为中国公民，本人即具有中国国籍；但若父母双方或一方为中国公民且定居外国，本人出生即有外国国籍的，则不具有中国国籍。这是因为我国不承认双重国籍。父母无国籍或国籍不明，并定居在中国，本人出生在中国的，具有中国国籍。继有国籍是指，符合一定条件的外国人和无国籍人愿意遵守中国的宪法和法律并自愿加入中国国籍的，可向有关部门提交申请，申请获得批准的，申请人取得中国国籍，同时丧失外国国籍。

2. 需要将公民与相近概念如人民、自然人加以对比区分，以进一步掌握公民概念的内涵和外延。①公民和人民不同，公民是法律概念，人民是政治概念。人民一词通常与敌人相对应，主要指以劳动群众为主体的社会基本成员，由若干个体共同组合成一个集体，反映一定的社会政治关系，具有一定阶级性和历史性，在不同时期所包含的群体可能不同。②公民和自然人不同，通常意义上的自然人具备两种要素：一是生物学意义上的人，二是具有社会性、被赋予民事法律关系主体资格的人。公民与自然人的联系在于，公民首先是生物学意义上的人，大部分自然人具有公民身份，但是二者在适用的领域上有所差异。公民这一概念多被用于公法领域，表明一个人所享有的政治权利和承担的政治义务；自然人这一概念多被用于私法领域，表明一个人所享有的民事权利和承担的民事义务，在民法中使用自然人的概念，赋予生物意义上的人以主体资格，体现了人权平等这一现代法治理念。自然人的身份从出生到死亡期间自然维持，不会丧失或改变，但公民身份可能随着国籍的变化而改变。

典型案例

被告人周某某，于 1995 年 10 月至 1996 年 3 月间，根据境外某军事情报局的要求，利用自己工作的条件，刺探、收集我军事学习、部队调动、兵力部署和导弹训练等军事情报，然后用暗语传真、电话方式报告给境外机构，对我国的国家安全构成了严重威胁。最终，被告人周某某因犯有间谍罪，被人民法院判处有期徒刑 10 年，剥夺政治权利 2 年。

公民作为法律概念，不论其年龄、性别、职业、健康状况、财产状况、政治态度等如何，只要是中国国籍，就是中国公民。在本案中，被告人周某某仍具有中国国籍，即使被剥夺政治权利，仍属于中国公民，但因为犯有危害国家安全罪，因此不属于人民。

法律原文

《宪法》

第三十三条第一款、第二款　凡具有中华人民共和国国籍的人都是中华人民共和国公民。

中华人民共和国公民在法律面前一律平等。

《国籍法》

第四条　父母双方或一方为中国公民，本人出生在中国，具有中国国籍。

第五条　父母双方或一方为中国公民，本人出生在外国，具有中国国籍；但父母双方或一方为中国公民并定居在外国，本人出生时即具有外国国籍的，不具有中国国籍。

第六条　父母无国籍或国籍不明，定居在中国，本人出生在中国，具有中国国籍。

第七条　外国人或无国籍人，愿意遵守中国宪法和法律，并具有下列条件之一的，可以经申请批准加入中国国籍：

一、中国人的近亲属；

二、定居在中国的；

三、有其它正当理由。

活动设计

同学间两两组成一组，其中一人任意举出一人，例如：学校门口的流浪者、因盗窃被判刑的犯人、隔壁王叔叔家刚出生的婴儿等主体，询问对方是否是中国公民。通过对比不同主体的身份，加深对公民概念的理解。

能力拓展

1. 通过查阅资料，了解不同时期公民概念的异同。

提示：公民概念最早起源于古希腊的城邦时期，最初，只有一部分人能成为希腊公民。随着权利、自由、平等等理念的诞生和发展，公民的范围在不断扩大。

2. 通过查阅资料，了解其他国家公民概念与我国的异同。

提示：可以通过了解不同国家国籍法所规定的获得国籍的方式来判断不同国家对公民的要求。

2. 身份证会涉及哪些法律问题？

理论解析

身份证，即居民身份证，是用于证明居住在中国境内的公民的身份，保障公民的合法权益，便利公民进行社会活动，由国家机关统一出具的证明。

1. 要了解身份证涉及的法律问题，先要了解身份证中登记的信息。根据《中华人民共和国居民身份证法》，身份证的正面印有我国国徽，包含国家名称、签发机关和有效期限三个信息，反面包含姓名、性别、民族、出生日期、住址、公民身份证号码和本人照片。此外，2004 年 3 月 29 日起，我国大陆地区正式换发第二代居民身份证，内置智能芯片，存储前述所有信息及指纹信息，这些信息可被机器读取。可以预测的是，未来身份证中所包含的信息会更加丰富，更加方便公民的日常生活和有关部门的日常管理。需要注意的是，公民身份证均由 18 位数字组成，每一个数字都有其特殊含义。尽管中国有十数亿人口，但每个公民的身份证号码都是独一无二、终身不变的，由公安机关按照国家标准编制而成。

2. 身份证被应用于许多领域，涉及不同的法律问题。在日常生活中，身份证可被用于在酒店办理住宿登记，在机场办理登机手续，在邮局邮寄物品，在自助取票机上打印火车票，在手机营业厅办理业务，等等。除此之外，身份证还可以被用于选民登记、婚姻登记、入学、就业、办理出入境手续、参与诉讼活动、办理营业执照、办理银行储蓄等领域。身份证与公民的日常生活息息相关，例如，在酒店入住登记时，入住人员出示自己的身份证，酒店会将信息登记在系统中，该系统与公安机关的系统联网，若有吸毒史的人员入住酒店，公安机关可以上门进行检查。再如，在婚姻登记时，男女双方需要出示身份证，经国家婚姻登记机关核准后，可以取得结婚证。公民在申请婚姻登记时，工作人员可以通过身份证确认其包括婚姻状况在内的相关信息，若发现男女双方属于近亲属，不符合婚姻法规定条件，应当拒绝登记。总的来说，身份证作为身份证明而使用，通过表明自己的公民身份，可以享有法律规定的权利并承担相应的义务，行政主体也能在社会活动中更好地进行服务和管理。

3. 身份证的用途广泛，不当使用将承担相应法律后果。我国有关法律明确规定了不当使用身份证要承担的法律责任，轻则由公安机关处以一定数额的罚款、行政拘留、没收违法所得等行政处罚，严重的可能触犯刑法，构成犯罪，由司法机关依法追究刑事责任。这属于"红线""高压线"，要绝对避免这些行为。常见的几种不当使用身份证行为：使用虚假材料骗领身份证；出租、出借、转让身份证；非法扣押他人身份证；冒用他人身份证；购买、出售、使用假身份证；用假身份证从事违法犯罪活动；非法提取、使用公民身份证中的信息；等等。除此之外，日常生活中要注意身份证的使用，例如在办理营业执照、申请银行卡等场合需要提交身份证复印件的，可以在复印件上写明"本复印件仅用于……用途，他用无效"。以此确保身份证复印件不被挪作他用。身份证中含有大量的个人信息，信息泄露后有可能被不法分子利用，因此，身份证一旦丢失，应当到公安机关及时挂失，挂失后若身份证被用于不法活动，公民可免于承担责任。

总而言之，身份证是包含公民个人信息、证明公民身份的重要证件，在日常生活中应用广泛且具有法律效力，因此要正确使用、妥善保管证件，清楚了解不当使用的法律后果，绝不做法律禁止的行为。

典型案例

2019年11月，某文化传媒公司在欠款1.5亿元后，因未按照法院执行通知书指定期限还款，其法定代表人王某某被北京市第二中级人民法院发布限制消费令，在此期间，王某某被禁止进行某些消费行为，如乘坐飞机的头等舱、住星级宾馆等高额消费行为。这里体现的就是失信惩戒机制。

失信惩戒机制是各方主体共同参与，对于市场经济活动中失信者进行经济上的限制，如限制购买列车软卧、高铁和动车一等座以上车票等方式，达到惩戒失信人的目的的制度。如此一来，失信的公民在日常生活中一旦使用身份证，身份证中包含的信息就会提示正在提供服务的市场经济主体其有不良信用记录，这些主体将拒绝提供服务。

法律原文

《中华人民共和国邮政法》

第三十四条第一款 邮政汇款的收款人应当自收到汇款通知之日起 60 日内，凭有效身份证件到邮政企业兑领汇款。

《刑法修正案（九）》

二十二、将刑法第二百八十条修改为：……"伪造、变造、买卖居民身份证、护照、社会保障卡、驾驶证等依法可以用于证明身份的证件的，处 3 年以下有期徒刑、拘役、管制或者剥夺政治权利，并处罚金；情节严重的，处 3 年以上 7 年以下有期徒刑，并处罚金。"

二十三、在刑法第二百八十条后增加一条作为第二百八十条之一："在依照国家规定应当提供身份证明的活动中，使用伪造、变造的或者盗用他人的居民身份证、护照、社会保障卡、驾驶证等依法可以用于证明身份的证件，情节严重的，处拘役或者管制，并处或者单处罚金。有前款行为，同时构成其他犯罪的，依照处罚较重的规定定罪处罚。"

《婚姻登记条例》

第五条第一款第（一）项 办理结婚登记的内地居民应当出具下列证件和证明材料：

（一）本人的户口簿、身份证；

活动设计

1. 通过查阅资料，了解身份证的数字所蕴含的意义。

2. 对比父母或其他亲属的身份证，找出其中的异同点。

能力拓展

1. 通过查阅资料，了解不同国家的身份证所包含的信息的异同点。

2. 思考：未来的身份证中应当包含哪些信息，你觉得可以增加或者减少哪些信息？

提示：过去不同时期，我国有不同的"身份证"，包含了学历信息、血型信息等，这些信息当年为什么被列入身份证信息，今天又为何被移出这一代身份证。

3. 什么是公民的基本权利?

理论解析

公民的基本权利，又称为宪法权利，通常由宪法加以明确规定。我国公民的基本权利主要来源于《宪法》第二章之规定。我国宪法大致从以下方面规定了我国公民享有的基本权利：

1. 政治权利和自由，具体包括选举权与被选举权、政治自由和监督权。选举权是指凡年满18周岁的中国公民、未被剥夺政治权利的，依法享有的选举国家权力机关代表的权利；被选举权是公民依法享有被选举为国家权力机关代表的权利，这是公民最主要的政治权利，也是参与国家政治生活的重要方式。政治自由包括言论、出版、集会、结社、游行、示威的自由。这是实现我国民主宪政的重要内容。监督权可进一步分为批评建议权、申诉控告权和检举权，即公民有权对国家机关及其工作人员提出批评和建议，对于侵犯自身权益的行为可以提出申诉和控告，因此遭受损失的，还可依照法律规定获得赔偿。

2. 人身自由，具体包括狭义的人身自由、人格尊严不受侵犯、住宅不受侵犯、通信自由和通信秘密。狭义的人身自由是指任何公民非经法定机关和法定程序不受逮捕，并且禁止以任何方式非法剥夺、限制公民的人身自由，禁止非法搜查。人格尊严不受侵犯是指禁止以任何方法对公民进行侮辱、诽谤和诬告陷害。住宅不受侵犯主要针对国家公职机关，禁止非法搜查、非法侵入公民的住宅。确有必要时，必须依照法定程序和法定事由，由有权的公职人员进行搜查等工作。通信自由和秘密是指除因国家安全或追查刑事犯罪的需要，由有权机关依照法定程序对通信进行检查以外，任何组织或个人不得以任何理由侵犯公民的通信自由和秘密。

3. 社会经济、文化教育权利，具体包括财产权、劳动权和休息权、获得物质帮助权、受教育权及其他文化权利如从事科学研究、文艺创作和其他文化活动的自由。财产权是指公民合法的私有财产不受侵犯，国家为了公共利益需要依法征收、征用公民私有财产的，应当依法予以补偿。劳动权和休息权是指国家应当通过各种途径创造劳动条件，并保障公民按照规定的时间工作与休息的权利。获得物质帮助权是指公民在年老、疾病或者丧失劳动能力的情况下，有从国家和社会获得物质帮助的权利。受教育权现阶段主要体现为在国家规定的九年义务教育阶段，所有适龄公民都有权利享有国家提供的教育资源。国家有义务对教育、科学、技术、文学、艺术和其他文化事业提供支持和鼓励。

4. 其他权利，具体包括宗教信仰自由、平等权。宗教信仰自由是指，公民有信仰宗教的自由，包括信与不信、信哪一个宗教的自由，对此任何国家机关、社会团体和个人都不得加以干预、强制或歧视。平等权，在现代宪政国家中常被表述为"法律面前人人平等"。这既是一项基本权利，也是社会主义法治的基本原则。

宪法是公民权利的保障书，公民的基本权利是公民权利中最重要的部分，但公民的基本权利也受到一定的限制。例如对于宗教信仰自由，国家保护正常的宗教活动，但是禁止任何组织或个人利用宗教破坏社会秩序、妨碍国家安全与稳定。这种限制并不违反宪法的精神，而是更有利于保障公民的基本权利。

■■■■■ **典型案例** ▪

　　齐某与陈某均系滕州八中1990届应届初中毕业生，陈某在1990年中专预选考试时成绩不合格，而齐某则通过了预选考试，被济宁商校录取。陈某在其父的操纵下，从滕州八中领取了该通知后即以"齐某"的名义入济宁商校就读。陈某从济宁商校毕业后，以"齐某"的姓名在中国银行滕州支行工作。1999年齐某在得知陈某冒用其姓名上学并工作这一情况后，以陈某及有关学校和单位侵害其姓名权和受教育权为由诉至法院，要求被告停止侵害，并赔偿经济损失和精神损失。山东省枣庄市中级人民法院一审认为陈某侵害了齐某的姓名权，判决陈某停止侵害，陈某父女、相关学校和教委向齐某赔礼道歉并赔偿其精神损失费35 000元。齐某不服，提出上诉，要求陈某等赔偿各种损失56万元。该案二审期间，最高人民法院就该案作出了《关于以侵犯姓名权的手段侵犯宪法保护的公民受教育的基本权利是否应承担民事责任的批复》，明确指出：根据本案事实，陈某等以侵犯姓名权的手段，侵犯了齐某依据宪法规定所享有的受教育的基本权利，并造成了具体的损害后果，应承担相应的民事责任。最后，山东省高级人民法院根据《宪法》第46条、最高人民法院批复及民事诉讼法的相关条款，终审判决齐某胜诉。

　　受教育权是我国公民的基本权利，是通过宪法、法律和法规等保障的一项最重要的权利。在这个案件中，被告以侵犯姓名权的手段，实质上侵犯了小齐"依据宪法所享有的受教育的基本权利"，应当承担相应的民事责任。事实上，以任何手段限制、妨碍、剥夺他人受教育机会的行为都构成对公民受教育权的侵害，由此造成了损害后果的，要承担相应的民事责任，如果原告提出要求，被告还应当赔偿相应的物质损失以及精神损失。

法律原文

《宪法》

第三十四条　中华人民共和国年满 18 周岁的公民，不分民族、种族、性别、职业、家庭出身、宗教信仰、教育程度、财产状况、居住期限，都有选举权和被选举权；但是依照法律被剥夺政治权利的人除外。

第三十五条　中华人民共和国公民有言论、出版、集会、结社、游行、示威的自由。

第三十六条第一款　中华人民共和国公民有宗教信仰自由。

第三十七条第一款　中华人民共和国公民的人身自由不受侵犯。

第三十八条　中华人民共和国公民的人格尊严不受侵犯。禁止用任何方法对公民进行侮辱、诽谤和诬告陷害。

第三十九条　中华人民共和国公民的住宅不受侵犯。禁止非法搜查或者非法侵入公民的住宅。

第四十条　中华人民共和国公民的通信自由和通信秘密受法律的保护。除因国家安全或者追查刑事犯罪的需要，由公安机关或者检察机关依照法律规定的程序对通信进行检查外，任何组织或者个人不得以任何理由侵犯公民的通信自由和通信秘密。

第四十一条第一款　中华人民共和国公民对于任何国家机关和国家工作人员，有提出批评和建议的权利；对于任何国家机关和国家工作人员的违法失职行为，有向有关国家机关提出申诉、控告或者检举的权利，但是不得捏造或者歪曲事实进行诬告陷害。

第四十二条第一款　中华人民共和国公民有劳动的权利和义务。

第四十六条　中华人民共和国公民有受教育的权利和义务。

国家培养青年、少年、儿童在品德、智力、体质等方面全面发展。

第四十七条　中华人民共和国公民有进行科学研究、文学艺术创作和其他文化活动的自由。国家对于从事教育、科学、技术、文学、艺术和其他文化事业的公民的有益于人民的创造性工作，给以鼓励和帮助。

▰▰▰▰ **课堂活动**

1. 小组讨论：公民在行始监督权时应注意些什么？

提示：①要在法律允许的范围内正确行使；②要实事求是，不得诬告陷害；③要通过正确的途径和方式，不能采用谩骂、人身攻击、聚众闹事等方法。

2. 我国《宪法》规定了许多公民的基本权利，请同学们根据本课学习的内容，自己制作思维导图，并推选内容完整、逻辑清晰的成品进行展示，由制作的同学讲清知识点之间的内在联系。

▰▰▰▰ **拓展资源**

所有的人对自由、私产、法律保护都有平等权利。　　——［法］伏尔泰

法律不能使人人平等，但是在法律面前人人是平等的。

——［英］波洛克

4. 什么是公民的基本义务?

▰▰▰▰ **理论解析**

公民的基本义务是指宪法规定的公民应当遵守的义务，是公民义务中最重要的部分，是其他普通法律规定的公民义务的基础和原则。我国《宪法》规定的公民基本义务主要包括如下几个方面：

1. 遵守宪法和法律的义务。具体包括遵守宪法和法律，保守国家秘密，爱护公共财产，遵守劳动纪律，遵守公共秩序和尊重社会公德。遵守宪法和法律是公民守法义务的原则性规定。保守国家秘密是指不公布、泄露国家的秘密文件、秘密资料、秘密情报和秘密情况等，防止国内外敌对分子窃取国家秘密，破坏我国的国家安全和社会稳定。为此，我国专门制定了《中华人民共和国保守国家秘密法》，进一步细化保密义务的内容。爱护公共财产即要

求公民保护一切国家财产和集体财产，一方面不主动破坏公共财产，另一方面在公共财产受到破坏、受到威胁的时候挺身而出，保护公共财产的安全。遵守劳动纪律是指公民在社会共同劳动中必须遵守劳动规章和制度。遵守公共秩序即要求公民在社会生活中遵循由法律、纪律和道德习惯等共同构成的行为准则，例如工作秩序、社会管理秩序和群众生活秩序等。遵守社会公德是指公民要遵守共同的道德观念，包括尊老爱幼，见义勇为等。

2. 维护国家安全、荣誉和利益的义务。维护国家安全包括维护国家统一和民族团结两方面的内容。国家统一包括国家领土的统一、国家政权的统一、国家主权的统一。这是我国生存和发展的基础，是对外平等交往的前提。维护民族团结要求各民族坚持民族平等、团结、共同繁荣的原则，做到平等、团结、互助、和谐，这是中华民族伟大复兴的必然要求，是各民族共同发展和繁荣的基本条件。维护国家荣誉是指维护国家的尊严不受侵犯、国家的信誉不受破坏、国家的荣誉不受玷污、国家的名誉不受侮辱。维护国家利益对外主要是指维护全民族的政治、经济、文化、荣誉等方面的权利和利益，对内主要是维护相对于个人利益、集体利益而言的国家利益。国家的安全、荣誉和利益是国家政权稳定和公民依法行使各项自由和权利的根本保障。因此，维护国家的安全、荣誉和利益是每一个公民的义务。

3. 依法服兵役的义务。依法服兵役的义务是指公民有按照法律服兵役和参加民兵组织，保卫祖国、抵抗侵略的义务。服兵役包括参加中国人民解放军和中国人民武装警察部队，或参加不脱离生产的群众武装组织，这是我国武装力量的组成部分，是常备军的助手和后备力量。依法服兵役不仅是一项光荣的义务，更是一份神圣的职责。我国现行《中华人民共和国兵役法》规定我国实行以义务兵役制为主体的义务兵与志愿兵相结合、民兵与预备役相结合的兵役制度，公民不分民族、种族、职业、家庭出身、宗教信仰和教育程度，年满18周岁的，都有义务依法服兵役。但是，依法被剥夺政治权利的人没有服兵役的资格。

4. 纳税的义务。税收是国家为实现其职能，凭借政治权力，由税务机关按照法定比例向公民或者企业事业组织强制、无偿地征收货币和实物的行为。我国的税收取之于民，用之于民，自觉纳税是公民社会责任感和国家主人翁地位的具体体现。

典型案例

2011 年，小哲在一所重点大学机械专业读二年级，因成绩优异被选派到境外交流学习。在一次聚会中，一名叫许某的女子主动接近、示好，在之后不断的聊天中，女子了解到小哲所学习的专业可以接触到不少国防科工的机密，主动向小哲表白，二人发展为恋人关系，并借此名义不断打探小哲的学习和生活情况。小哲就读研究生后，得以参与国家重点实验室的一些项目，而许某对他的报告学习情况要求变本加厉，表现出异常的关心。小哲渐渐感到许某的要求不正常，对其身份产生了怀疑，并想断绝联系，无奈女子给小哲身边的亲朋好友发邮件控诉小哲欺骗感情，小哲迫于压力与许某重新和好，继续按照许某的要求搜集各种资料和信息。据省国家安全厅警官介绍，小哲总共向许某提供了涉及我国防科工的近百份情报，也收到了许某的一些报酬，总共折合人民币 45 000 元。

2014 年，许某的活动被国家安全部门发现，原来，许某是境外军情机构的间谍人员。她通过利诱和威胁，控制小哲为其传递了大量国家情报，其中不乏涉及国家安全的机密内容。后来，小哲被学校开除，并被有关机关追究了法律责任。

法律原文

《宪法》

第四十二条第一款　中华人民共和国公民有劳动的权利和义务。

第四十六条第一款　中华人民共和国公民有受教育的权利和义务。

第四十九条第一、二、三款　婚姻、家庭、母亲和儿童受国家的保护。

夫妻双方有实行计划生育的义务。

父母有抚养教育未成年子女的义务，成年子女有赡养扶助父母的义务。

第五十二条　中华人民共和国公民有维护国家统一和全国各民族团结的义务。

第五十三条　中华人民共和国公民必须遵守宪法和法律，保守国家秘密，爱护公共财产，遵守劳动纪律，遵守公共秩序，尊重社会公德。

第五十四条　中华人民共和国公民有维护祖国的安全、荣誉和利益的义务，不得有危害祖国的安全、荣誉和利益的行为。

第五十五条　保卫祖国、抵抗侵略是中华人民共和国每一个公民的神圣职责。

依照法律服兵役和参加民兵组织是中华人民共和国公民的光荣义务。

第五十六条　中华人民共和国公民有依照法律纳税的义务。

活动设计

以"公民的基本义务，我们的责任担当"为主题，开展法治情景剧表演活动。

拓展资源

国家的主权、国家的安全要始终放在第一位。

　　　　　　　　　　　　　　　　　　　　　　　　——邓小平

5. 为什么公民要履行纳税义务？

理论解析

《宪法》规定，公民有依照法律纳税的义务。因此，纳税义务是每个公民应尽的基本义务。

1. 在了解公民为什么需要履行纳税义务之前，我们要了解什么是税？税是指政府为了维持自身运转以及为社会提供公共服务，由税务机关对个人和法人强制和无偿征收实物或货币的总称。在不同的国家和地区，甚至是同一国家的不同时期，税的名称、制度内容可能有所不同，但都具有强制性、无偿性的基本特点。

2. 公民之所以要履行纳税的义务，是因为税收对每个国家来说都至关重要。一方面，我国税收的基本原则是取之于民，用之于民。我国是社会主义国家，国家的一切权力属于人民，人民通过选举产生各级国家权力机关代为行使当家作主的权利。国家机关以及其他具有公共服务职能的机构要保证国家的安全和社会的稳定，并提供教育、医疗、社会保险等公共事业服务，而这需要巨额的经费，为了维持政府的运转，我们需要履行纳税义务，按照法律规定向税务机关交税，税务机关获得大量的税收后纳入财政，政府才能更好地提供社会服务，保卫国家安全。另一方面，税收制度也是维持社会公平的一个重要手段。改革开放初期，我国经济实力有限，只能优先保障一部分地区、事业和人群的发展，让一部分人先富起来再带动其他人一起发展。先发展的人无疑占用了更多的社会资源，这不符合公平原则，也为社会和谐稳定带来了隐患，因此，国家通过税收制度对这一部分主体征收更高额的税款，减少收入差距，保证社会公平和稳定。公民履行纳税义务是实现人民民主专政的国家职能所必需的，这是一项光荣的义务。

3. 不履行纳税义务，将承担相应的法律责任。由于纳税涉及国家利益和公民个人权利，因此税收制度必须严格遵循税收法定原则，只有法律、行政法规能规定相关的内容，其他主体无权规定是否征税、如何征税等事项，不履行纳税义务也将受到法律的惩罚。根据我国税法的规定，对于未缴纳税款的主体，轻则被行政罚款，重则被吊销营业执照甚至受到刑事处罚。随着失信惩戒机制的施行，不履行纳税义务的主体将被列为失信人员，可能面临被限制出境、限制消费等惩罚。

法律原文

《宪法》

第五十六条　中华人民共和国公民有依照法律纳税的义务。

《中华人民共和国税收征收管理法》（以下简称《税收征管法》）

第一条　为了加强税收征收管理，规范税收征收和缴纳行为，保障国家税收收入，保护纳税人的合法权益，促进经济和社会发展，制定本法。

第六十条第一款　纳税人有下列行为之一的，由税务机关责令限期改正，可以处 2000 元以下的罚款；情节严重的，处 2000 元以上 10 000 元以下的罚款……

第六十三条第一款　纳税人伪造、变造、隐匿、擅自销毁帐簿、记帐凭证，或者在帐簿上多列支出或者不列、少列收入，或者经税务机关通知申报而拒不申报或者进行虚假的纳税申报，不缴或者少缴应纳税款的，是偷税。对纳税人偷税的，由税务机关追缴其不缴或者少缴的税款、滞纳金，并处不缴或者少缴的税款 50% 以上 5 倍以下的罚款；构成犯罪的，依法追究刑事责任。

■■■■ 典型案例 ■■■■

2019 年 6 月，知名女星范某某被举报存在偷税漏税行为，国家税务总局立即责令江苏等地税务机关依法开展调查核实。经过调查核实后，税务机关查明范某某在获得电影片酬时订立了两份合同，一份是片酬较低的阳合同，并按照该片酬申报纳税，实际上签订了更高片酬的阴合同，且实际获得更高部分的片酬，对于两份合同相差的片酬部分，范某某并没有纳税。此外，还查出范某某及其担任法定代表人的企业存在少缴税款、逃税等行为。江苏省税务局依据《税收征管法》的规定，对范某某及其担任法定代表人的企业追缴税款，并依据《税收征管法》和《中华人民共和国税收征管法实施细则》的规定进行处罚，范某某总计应缴纳 8 亿元左右的税款与罚金。

■■■■ 课堂活动 ■■■■

问题：你知道国外有哪些有趣的税种吗？

提示：汽水税：2016 年 6 月 16 日，美国费城市议会通过一项征收"汽水税"的提案，费城成为美国第一个对含糖饮料开征特别税的主要城市；英国窗户税：英国窗户税是英国政府在历史上曾就向建筑物开凿窗户的行为而征收的税项。

▰▰▰ **拓展资源**

赋税是政府机器的经济基础，而不是其他任何东西。 ——［德］马克思

在这个世界上，只有死亡和纳税是不可避免的。 ——［美］富兰克林

6. "国家尊重和保障人权"的内涵是什么?

▰▰▰ **理论解析**

《宪法》是我国的根本法，"国家尊重和保障人权"是我国《宪法》的根本原则之一，这一原则也是全国各族人民、一切国家机关和武装力量、各政党和各社会团体、各企业事业组织的根本活动准则。

1. 要理解"国家尊重和保障人权"，必须先了解什么是人权。人权是人之所以作为人所固有的基本权利和自由，它既不是任何主体所赋予的，也不是法律规定后才具有的，它是人与生俱来的作为人的尊严、人格以及与之相对应的基本的权利和自由。我国在 2004 年时第一次在宪法中明确规定了"国家尊重和保障人权"，这表明了我国承认、尊重、保障人权的原则与立场，代表着我国作为一个现代化的民主国家对人自身的尊重。

2. 国家尊重和保障人权，是现代文明的要求，我国在尊重与保障人权方面采取了许多措施。在立法方面，通过优化立法权的配置适应发展需求，加强法规、规章和规范性文件的备案审查制度，依法撤销和纠正违宪违法的法律文件。例如，我国曾经为了教育矫治和收容安置确立了劳动教养制度，然而这一制度可以不经法院判决就剥夺公民人身自由长达数年。根据《立法法》第 8 条第 5 项的规定，对公民政治权利的剥夺、限制人身自由的强制措施和处罚，只能由法律规定。劳动教养所依据《国务院关于劳动教养问题的决定》并非法律，该文件因违宪违法被撤销。在行政方面，我国加快推进行政机构、

职能、权限、责任法定化，全面禁止法外权力，把权力关进制度的笼子，避免公权力侵犯私权利。在司法方面，我国大力推进司法公开，有效保障当事人和公众的知情权、监督权；依法惩处腐败犯罪和职务犯罪，为人权保障创造良好的政治和法治环境；积极防范和纠正冤假错案，确立非法证据排除制度，保障包括犯罪嫌疑人在内的所有人的合法权利。除此之外，我国一直致力于全面建成小康社会，推动脱贫攻坚工作，贫困地区和贫困人数大幅度减少。我国的公共事业也得到长足发展，尤其在基础建设方面取得了举世瞩目的成就，有效提高了人民的生活质量和水平。习近平总书记说，人民幸福生活是最大的人权。为此，我国全面树立尊重和保障人权的理念，推进社会进步和发展，采取各种措施积极保护和促进人权。

3. 我国还积极推进国际人权事业的发展。我国不仅大力推进本国人权事业更好、更快的发展，还坚持在平等和互相尊重的基础上积极参与联合国人权事务，提出构建人类命运共同体，积极为国际人权治理提供中国智慧和中国方案，以实际行动推动国际人权治理朝着更加公正合理方向发展。

典型案例

二战期间，在臭名昭著的奥斯威辛集中营（KZ Auschwitz）中，犹太人被以各种形式虐待、侮辱、杀害，惨死在集中营的犹太人达 100 万人。奥斯威辛集中营和灭绝营是德国纳粹政权对犹太人实行种族灭绝的铁证，它们见证了这一反人类的滔天罪行，以血的教训警示我们要珍视生命、珍爱和平、尊重人权。

法律原文

《宪法》

第三十三条第三款 国家尊重和保障人权。

课堂活动

组织学生观看电影《辛德勒的名单》，结合自己对人权的理解，谈谈保障人权的意义。

拓展资源

天赋权利就是人在生存方面所具有的权利。其中包括所有智能上的权利，或是思想上的权利，还包括所有那些不妨害别人的天赋权利而为个人自己谋求安乐的权利。

——［美］托·潘恩

使人人享有机会均等的人权和幸福，现在被认为是唯一正当的政治目标。

——［美］杰弗逊

第三单元

我们的国家机构

1. 我国国家机关之间的关系是什么?

理论解析

国家机关是行使国家权力,管理国家事务和社会事务,提供公共服务的机关。在历史长河中,自国家产生以后,为保障权力顺畅行使的国家机关就随之出现。古代中国将国家权力和行使国家权力的机关称为"公器",表明国家机关并不是为某一个或者某一类人而设立和运行的,而是在一国或者本辖区范围内对所有人普遍地行使各自的职权。国家权力作为一个统称,可以也必须进行细分。职能不同,各个国家机关的性质和地位也不相同,这些国家机关之间既有区分又有联系,共同组成一个整体——国家机构。

国家机关不仅仅指的是中央一级机关,还包括地方各级机关。宪法是国家机关设立职权、组织活动的最高法律依据,我国《宪法》在第三章以专章的形式对国家机关进行了详细规定。根据不同的职能,我国国家机关分为:全国人民代表大会及其常务委员会、中华人民共和国主席、国务院、中央军事委员会、地方各级人民代表大会及其常务委员会和地方各级人民政府、民族自治地方的自治机关、监察委员会以及人民法院和人民检察院。我们这里讲到的国家机关之间的关系,指的是按照不同职能划分的不同国家机关之间的关系，即权力机关与行政机关、监察机关、审判机关、检察机关之间的关系，而不是同一国家机关体系内上下级机关之间的关系。

在权力机关与其他国家机关之间的关系上，我国国家机构实行民主集中制原则。全国人民代表大会和地方各级人民代表大会是我国的权力机关，由民主选举产生，再由人民代表大会产生本级行政机关、监察机关、审判机关、检察机关这些其他国家机关，其他国家机关对人民代表大会负责并受它监督，它们是监督与被监督的关系。

在其他国家机关之间的关系上，首先，其他国家机关各司其职，在各自职权范围内独立行使国家权力。现实中，司法机关受行政机关非法干预的现象屡有发生，为保证司法机关行使权力的独立性，宪法和法律明确规定其行使权力"不受行政机关、社会团体和个人的干涉"。同时，相关制度的建立和完善也为司法机关撑直了腰杆。如最高人民法院巡回法庭和跨行政区划人民法院的设立，有效地削减了地方政府对辖区内法院的影响；法官、检察官非因法定事由并经法定程序，不受任何处分和职位调动，履职得到保障。其次，其他国家机关之间相互配合，共同保障人民的权利，维护人民的利益。比如在刑事案件中，公安部门行使侦查权，第一时间收集掌握犯罪证据，抓捕犯罪嫌疑人；检察机关行使公诉权，根据事实和法律对公安部门移送的案件作出起诉或不起诉的决定；法院行使审判权，依法对犯罪嫌疑人进行审理和判决；公安部门负责一些刑罚的执行。各机关相互配合，织起了维护社会安全稳定的恢恢天网。最后，其他国家机关之间还存在着监督制约的关系。比如人民法院通过行政诉讼对行政机关的具体行政行为进行合法性审查，对于违法的行政行为，人民法院可以作出确认行政行为违法、责令履行法定职责、撤销违法行政行为等判决，监督行政机关依法行政。

■■■■■ **典型案例**

2017 年昆明市环境空气质量在全国 74 个重点城市中排名下降，引发社会各界广泛关注。2018 年 2 月 11 日，昆明市人大常委会举行建筑工地扬尘治理不力质询会议，市住建局到会答复，市政府两位副市长、主城六区政府分管领导以及市环保局、城管局、交运局等部门主要负责人列席会议。25 名联名提出质询案的市人大常委会组成人员对质询情况进行合议，开展满意度测评，结果显示"满意 0 票，不满意 25 票"，并现场进行公布，对被质询机关"亮灯"示警。

为确保监督不停、压力不减、要求不降，昆明市人大常委会先后于 2018 年 3 月和 5 月 2 次组织联名提出质询案的 25 名人员，采取定点检查与随机抽查相结合的模式，深入建筑工地现场检查扬尘治理工作落实情况。2018 年 7 月，昆明市人大常委会又举行集中约见约谈会，10 名市人大代表集体约见了 2 名副市长及 8 个市级相关部门主要负责人，市人大常委会同步约谈了 8 个部门主要负责人及分管领导，进一步压实了大气污染防治责任，既红脸出汗传导压力、又加油鼓劲形成动力。

在人大全链条式刚性监督的推动下，昆明市重点聚焦扬尘治理、机动车污染防治、工业污染治理、生活源烟雾排放、区域和部门联防联控等关键性问题，建立健全了大气污染防治上下联动、部门协同、区域协作、媒体曝光等合力攻坚长效机制。

■■■■■ **法律原文**

《宪法》

第三条　中华人民共和国的国家机构实行民主集中制的原则。

全国人民代表大会和地方各级人民代表大会都由民主选举产生，对人民负责，受人民监督。

国家行政机关、监察机关、审判机关、检察机关都由人民代表大会产生，对它负责，受它监督。

中央和地方的国家机构职权的划分，遵循在中央的统一领导下，充分发挥地方的主动性、积极性的原则。

第五十七条　中华人民共和国全国人民代表大会是最高国家权力机关。它的常设机关是全国人民代表大会常务委员会。

第八十五条　中华人民共和国国务院，即中央人民政府，是最高国家权力机关的执行机关，是最高国家行政机关。

第九十二条　国务院对全国人民代表大会负责并报告工作；在全国人民代表大会闭会期间，对全国人民代表大会常务委员会负责并报告工作。

第九十六条第一款　地方各级人民代表大会是地方国家权力机关。

第一百零五条第一款　地方各级人民政府是地方各级国家权力机关的执行机关，是地方各级国家行政机关。

第一百一十条第一款　地方各级人民政府对本级人民代表大会负责并报告工作。县级以上的地方各级人民政府在本级人民代表大会闭会期间，对本级人民代表大会常务委员会负责并报告工作。

第一百二十三条　中华人民共和国各级监察委员会是国家的监察机关。

第一百二十六条　国家监察委员会对全国人民代表大会和全国人民代表大会常务委员会负责。地方各级监察委员会对产生它的国家权力机关和上一级监察委员会负责。

第一百二十八条　中华人民共和国人民法院是国家的审判机关。

第一百三十三条　最高人民法院对全国人民代表大会和全国人民代表大会常务委员会负责。地方各级人民法院对产生它的国家权力机关负责。

第一百三十四条　中华人民共和国人民检察院是国家的法律监督机关。

第一百三十八条　最高人民检察院对全国人民代表大会和全国人民代表大会常务委员会负责。地方各级人民检察院对产生它的国家权力机关和上级人民检察院负责。

活动设计

组织学生观看中华人民共和国第十三届全国人民代表大会第一次会议全体会议的视频资料，了解中央国家机构产生的具体过程。

2. 如何理解人民代表大会的性质和地位?

理论解析

人民代表大会是我国的权力机关，全国人民代表大会是我国的最高国家权力机关，地方各级人民代表大会是地方国家权力机关。这就是宪法规定的人民代表大会的性质和地位。

我国实行人民代表大会制度，真正实现了人民当家作主，人民享有管理国家事务和社会公共事务的权力，并且有一条根本的渠道行使这一权力，这就是人民代表大会，以人民代表大会为核心构建国家机构，国家机构的运转最终是为了能够保证权力的规范运行，实现人民的利益，将权力牢牢掌握在人民手中。

1. 人民通过民主选举的方式选出各级人民代表大会代表（以下简称人大代表），将权力委托给人大代表行使，由他们组成全国人民代表大会和地方各级人民代表大会，代表人民集中行使权力。人民并不直接行使国家权力，但是有参与政治生活的权利和自由。由于人民不是权力的直接行使者，权力一经委托授出，代为行使国家权力的人民代表大会必须受到监督，所以《宪法》规定人民代表大会对人民负责，接受人民监督；人大代表代表人民的利益，也应当接受监督，如果人大代表的履职行为明显不符合宪法法律的要求，不称职甚至涉嫌违法犯罪，人民有权利通过法定程序予以罢免。人民代表大会代表人民行使立法权、决定权、任免权和监督权等权力。

2. 人民代表大会通过选举或决定其他国家机关领导人及其他组成人员的方式，产生其他国家机关，由它们分别集中行使行政管理权、审判权、检察权和监察权。对于不称职的领导人，人民代表大会有权依照法定程序予以罢免。行政机关、审判机关、检察机关应当向本级人民代表大会作工作报告，并接受人大代表的质询。各级人民代表大会有权监督其他国家机关实施宪法和法律的情况，如果发现存在违法违宪情形，则有权追究相关机关的法律责任。通过监督与被监督的关系，使其他国家机关权力的来源、行使条件和程序以及法律责任得到有效规范。

典型案例

电影《少年的你》在全国热映，再一次将校园霸凌话题带入公众视野。根据最高人民法院去年发布的《校园暴力司法大数据专题报告》，校园暴力案呈逐年下降趋势，2015 年全国法院一审审结校园暴力案 1000 多件，2016 年、2017 年分别同比下降 16.51% 和 13.37%。其中，11.59% 的案件受害人死亡，但是每一起个案都让人揪心。

2019 年 10 月 26 日，十三届全国人大常委会第十四次会议分组审议了《中华人民共和国未成年人保护法（修订草案）》。这次提请审议的修订草案着力解决校园安全、学生欺凌、性侵害未成年人、未成年人沉迷网络等问题，并将修订草案通过全国人大网全文发布，向社会征求意见。

法律原文

《宪法》

第二条　中华人民共和国的一切权力属于人民。

人民行使国家权力的机关是全国人民代表大会和地方各级人民代表大会。

人民依照法律规定，通过各种途径和形式，管理国家事务，管理经济和文化事业，管理社会事务。

第五十七条　中华人民共和国全国人民代表大会是最高国家权力机关。它的常设机关是全国人民代表大会常务委员会。

第五十八条　全国人民代表大会和全国人民代表大会常务委员会行使国家立法权。

第六十二条　全国人民代表大会行使下列职权：

（一）修改宪法；

（二）监督宪法的实施；

（三）制定和修改刑事、民事、国家机构的和其他的基本法律；

（四）选举中华人民共和国主席、副主席；

（五）根据中华人民共和国主席的提名，决定国务院总理的人选；根据国务院总理的提名，决定国务院副总理、国务委员、各部部长、各委员会主任、审计长、秘书长的人选；

（六）选举中央军事委员会主席；根据中央军事委员会主席的提名，决定中央军事委员会其他组成人员的人选；

（七）选举国家监察委员会主任；

（八）选举最高人民法院院长；

（九）选举最高人民检察院检察长；

（十）审查和批准国民经济和社会发展计划和计划执行情况的报告；

（十一）审查和批准国家的预算和预算执行情况的报告；

（十二）改变或者撤销全国人民代表大会常务委员会不适当的决定；

（十三）批准省、自治区和直辖市的建置；

（十四）决定特别行政区的设立及其制度；

（十五）决定战争和和平的问题；

（十六）应当由最高国家权力机关行使的其他职权。

第六十三条　全国人民代表大会有权罢免下列人员：

（一）中华人民共和国主席、副主席；

（二）国务院总理、副总理、国务委员、各部部长、各委员会主任、审计长、秘书长；

（三）中央军事委员会主席和中央军事委员会其他组成人员；

（四）国家监察委员会主任；

（五）最高人民法院院长；

（六）最高人民检察院检察长。

第一百零四条 县级以上的地方各级人民代表大会常务委员会讨论、决定本行政区域内各方面工作的重大事项；监督本级人民政府、监察委员会、人民法院和人民检察院的工作；撤销本级人民政府的不适当的决定和命令；撤销下一级人民代表大会的不适当的决议；依照法律规定的权限决定国家机关工作人员的任免；在本级人民代表大会闭会期间，罢免和补选上一级人民代表大会的个别代表。

《中华人民共和国全国人民代表大会和地方各级人民代表大会选举法》（以下简称《选举法》）

第四十九条 全国和地方各级人民代表大会的代表，受选民和原选举单位的监督。选民或者选举单位都有权罢免自己选出的代表。

活动设计

组织学生就学习和生活中关心的问题及解决办法写成建议书，向当地人民代表大会常务委员会或者人大代表提意见，让学生体验做国家小主人翁的过程。

3. 人大代表是如何产生的？

理论解析

选举权和被选举权是公民的基本政治权利之一。公民投票选出满意的人民代表本身就是参与政治生活的重要途径和表现形式，被选举的人民代表代表人民发声，行使人民赋予的权力，为人民服务。我国享有选举权和被选举权的主体是非常广泛的，中华人民共和国公民只要年满 18 周岁，未被依法剥夺政治权利，均享有选举权和被选举权，这是由人民当家作主、国家一切权力属于人民的原则所决定的。

我国一共有五级人民代表大会：全国人民代表大会，省、自治区、直辖市的人民代表大会，设区的市的人民代表大会，县、不设区的市、市辖区的人民代表大会，乡、民族乡、镇的人民代表大会，它们都由人大代表所组成。人大代表是沟通人民与国家权力机关的桥梁和纽带，人们的意愿需要靠他们向国家权力机关表达出来，凝聚在具有国家强制力的法律之中，其他国家机关履行法定职责的过程就是人民利益实现的过程。每一个人大代表肩负着联系人民群众的使命，各民族、各地区都需要自己的人大代表，否则难以将自己的诉求反映到权力机关。每一代表所代表的城乡人口数相同；即使人口再少的民族，也应当有至少一个全国人民代表大会代表名额。

人大代表的选举采取直接选举和间接选举两种方式。直接选举就是由选民直接选举人大代表；间接选举是指先由人民选出代表，组成一级人民代表大会，再由该人民代表大会选举上一级人大代表。在我国，县级行政单位（县、不设区的市、市辖区）和乡级行政单位（乡、民族乡、镇）的人民代表大会代表通过直接选举产生，其他各级人大代表由下一级的人民代表大会选举。

每一级人大代表名额数均由法律规定，候选人数多于应当选人数的选举方式叫做差额选举，相反，候选人数与应当选人数相等的选举方式叫做等额选举。差额选举使得公民在行使选举权时有选择余地、谨慎行使自己的选举权，也有利于提高候选人的竞争意识和为民服务意识，所以人大代表的选举以差额选举为主、等额选举为辅的方式进行。一般情况下，应当以差额的方式选举人大代表，各级人大代表选举时应差额数也由法律明确规定。在一定的情况下，也可以采取等额选举，如一届人民代表大会期间出现了人大代表任期内缺额，人大代表数低于法定人数而进行补选时，则可以进行等额选举。

选民投票一律采用无记名投票方式。选举开始后，采取直接选举的地区，经过设立选举委员会、划分选区、确定应选代表名额、选民登记、确定选举日期、组织介绍代表候选人、公布正式代表候选人名单、主持投票选举、公布当选代表名单等程序完成选举。

行使选举权和被选举权是现代文明国家政治生活中庄严神圣的行为，任何破坏选举秩序的人都必须承担相应的法律责任。

典型案例

2016 年 9 月 17 日，辽宁省第十二届人民代表大会第七次会议筹备组发布公告称，辽宁省第十二届人民代表大会第一次会议选举全国人大代表过程中，有 45 名当选的全国人大代表拉票贿选，有 523 名辽宁省人大代表涉及此案。

2017 年 3 月 28 日至 30 日，沈阳、鞍山、抚顺 15 个基层法院分别对辽宁 41 名涉嫌拉票贿选人员作出一审宣判。审理法院综合考虑各案被告人的犯罪事实、犯罪情节以及悔罪表现等因素，对营口港务集团有限公司原董事长高某某等 41 名被告人分别以破坏选举罪、贪污罪、受贿罪、行贿罪判处有期徒刑等刑罚。

法律原文

《宪法》

第五十九条第一款　全国人民代表大会由省、自治区、直辖市、特别行政区和军队选出的代表组成。各少数民族都应当有适当名额的代表。

第九十七条第一款　省、直辖市、设区的市的人民代表大会代表由下一级的人民代表大会选举；县、不设区的市、市辖区、乡、民族乡、镇的人民代表大会代表由选民直接选举。

《选举法》

第三条　全国人民代表大会的代表，省、自治区、直辖市、设区的市、自治州的人民代表大会的代表，由下一级人民代表大会选举。

不设区的市、市辖区、县、自治县、乡、民族乡、镇的人民代表大会的代表，由选民直接选举。

第七条　全国人民代表大会和地方各级人民代表大会的代表应当具有广泛的代表性，应当有适当数量的基层代表，特别是工人、农民和知识分子代表；应当有适当数量的妇女代表，并逐步提高妇女代表的比例。

全国人民代表大会和归侨人数较多地区的地方人民代表大会，应当有适当名额的归侨代表。

旅居国外的中华人民共和国公民在县级以下人民代表大会代表选举期间在国内的，可以参加原籍地或者出国前居住地的选举。

第三十一条　全国和地方各级人民代表大会代表实行差额选举，代表候选人的人数应多于应选代表的名额。

由选民直接选举人民代表大会代表的，代表候选人的人数应多于应选代表名额 1/3 至 1 倍；由县级以上的地方各级人民代表大会选举上一级人民代表大会代表的，代表候选人的人数应多于应选代表名额 1/5 至 1/2。

第四十条　全国和地方各级人民代表大会代表的选举，一律采用无记名投票的方法。选举时应当设有秘密写票处。

选民如果是文盲或者因残疾不能写选票的，可以委托他信任的人代写。

活动设计

向身边参加过选举的人询问他们参加选举的过程，并比较不同时期的选举具体情况有什么变化。

4. 如何理解行政机关的性质及其职能?

理论解析

宪法规定，行政机关是国家权力机关的执行机关。我国的行政机关分为中央行政机关和地方行政机关。中央行政机关，是国务院和国务院所属各工作部门的总称，其中，国务院是最高国家权力机关的执行机关，是最高国家行政机关；地方各级人民政府是地方各级国家权力机关的执行机关，是地方各级国家行政机关。

1. 行政机关是国家权力机关的执行机关。所谓"执行"，主要是指执行权力机关制定的法律。国务院由全国人民代表大会产生，地方各级行政机关由地方各级人民代表大会产生，人民代表大会代表人民行使权力，法律是全体人民共同意志的体现，执行法律的过程就是人民利益实现的过程。单个的人无法完全实现自己的利益，只有通过授权的方式，授予行政机关行政权力，才能聚沙成塔，完成某一个体或群体无法完成的事情；同时，行政机关肩负着维护社会秩序的使命，一旦秩序受到破坏，个人合法权益和公共利益受到侵犯时，人们希望有一个强有力的代表主持正义，维护社会的稳定。这一切都是通过人民代表大会代表人民以授权的方式实现的，行政机关的权力由宪法和法律授予，行使权力的范围受宪法和法律约束。

2. 行政机关拥有管理的权限非常广泛。管理意味着管理者可以向被管理者发号施令，让被管理者作出或不作出一定的行为，而被管理者一般情况下必须执行管理者的命令。所以，我们会看到酒驾者受到交警的处罚，结婚时必须到民政部门进行登记才能够成为合法夫妻，教育部出台文件要求网站推出青少年浏览模式等现象，行政机关的管理涵盖了我们生活的方方面面。但是，行政机关不是为管理而管理，管理的目的是维护社会秩序，维持社会的繁荣稳定。行政机关管理也不意味着群众被动地接受管理，公民享有监督权和批评建议权，公众的参与和监督是阳光透明的，能够督促行政机关按法律办事。公民对行政机关及其工作人员的做法不满意的，可以直接提出批评，也可以向上级主管部门申诉，还可以提起行政复议，或者向法院起诉，请求司法机关监督行政机关的行为。

3. 行政机关不止是管理者，更是服务者。如果缺少主动服务的意识，行政机关轻则相互推诿，将一件本来属于自己职权范围内的事情踢给别的部门，见困难就让，行政不作为；重则将自己手里的权力作为谋取私人利益的工具，滋生贪污腐败。是否为公众提供优质高效的服务，是否将老百姓的需求放在第一位，是衡量行政机关能力和水平的标准，代表了一个国家的文明程度。只要行政机关有能力有条件满足人们的需求，那么它就没有任何理由推卸责任。

典型事例

国家有关部门高度肯定和鼓励各级机构入驻新媒体平台，并提出加大短视频正能量供给力度，提升政务新媒体宣传水平。受此影响，政务新媒体纷纷抢滩短视频平台。

短视频发展初期，只是公众娱乐消遣的一个平台，当其累积大量用户后，政务新媒体就开始闪亮登场。以人民视频为例，公安部、森林消防局等政务机构入驻人民视频短视频平台，开启了一系列战略合作。党政机构积极探索信息传播新渠道，大胆创新尝试之下，涌现出一批政务新媒体的运营典范。

人民网舆论与公共政策研究中心介绍，目前，"北京SWAT"（北京市公安局反恐怖和特警总队）、"中国长安网"（中央政法委）等政务官方账号都拥有上百万的粉丝，成为"网红"级别政务新媒体，影响力惊人。根据有关数据显示，短视频政务号中，最受欢迎的是警务号。

法律原文

《宪法》

第八十五条　中华人民共和国国务院，即中央人民政府，是最高国家权力机关的执行机关，是最高国家行政机关。

第一百零五条　地方各级人民政府是地方各级国家权力机关的执行机关，是地方各级国家行政机关。

地方各级人民政府实行省长、市长、县长、区长、乡长、镇长负责制。

活动设计

搜集政府和职能部门在新媒体平台的认证账号，浏览发布的内容，感受行政机关的创新普法方式和服务意识。

5. 如何理解司法机关的性质及其职能?

理论解析

我国司法机关是人民法院和人民检察院，它们共同行使司法权。宪法规定，中华人民共和国人民法院是国家的审判机关，中华人民共和国人民检察院是国家的法律监督机关。所谓审判，就是运用法律进行裁判；所谓法律监督，就是监督法律的实施情况。

民事审判权、刑事审判权和行政审判权是我国人民法院审判权的核心内容。人民法院通过当事人启动民事诉讼程序（即人们所说的告上法院），运用民事法律解决平等主体之间的人身、财产纠纷，达到定纷止争的目的。当有犯罪行为发生时，由代表国家的检察机关向人民法院提起公诉，或由被害人或其法定代理人、近亲属直接向人民法院提起诉讼，人民法院在查清事实的基础上，依法定罪量刑，追究犯罪嫌疑人的法律责任，维护社会秩序。行政审判权是指人民法院运用法律，对行政机关作出的行政行为的合法性和合理性进行审查并作出裁判，以解决老百姓和行政机关之间的纠纷，从而对行政机关行使司法监督的权力。法院行使审判权，对受到侵害和损失的当事人予以救济，打击违法犯罪行为，维护法律的尊严和社会的稳定。

人民检察院代表国家行使检察权，即履行法律监督职能。由于人民检察院与人民代表大会之间是被监督与监督的关系，而且人民代表大会是我国的立法机关，所以人民检察院的法律监督不包括对立法机关立法活动的监督，而是对法律实施过程中严重违法情况进行监督。比如，人民检察院对犯罪行为提起公诉，请求人民法院依法惩治犯罪行为；人民检察院对司法机关适用法律的情况进行监督。当法院的民事诉讼、行政诉讼、刑事诉讼的判决、裁定确有错误，或者有违反法定程序的情形时，检察院就会通过提起抗诉的方式要求法院重新审理。

司法机关的性质和职能要求司法必须公正，司法公正是社会公正的最后一道防线。为保证司法机关的独立、公正，我国相关法律规定司法机关独立行使司法权力，不受行政机关、社会团体和个人的干涉。

典型案例

未成年人小刘为了炫耀其电脑技能，吸引更多人加入其建立的QQ群，非法获取大量公民个人信息并放在群中，供QQ群成员随意下载。后小刘被公安机关以侵犯公民个人信息罪立案侦查。2017年8月，案件移送江苏省淮安市淮阴区人民检察院审查起诉，检察机关经社会调查了解到小刘爱学习、能钻研，对网络技术有兴趣、有天分，一贯表现良好，属于初犯，结合其犯罪情节轻微、认罪悔罪态度好等情节，依法对其作出附条件不起诉决定。同时成立了由检察人员、司法社工、学校老师等组成的帮教小组，制定了有针对性的帮教考察方案。根据方案，在附条件不起诉考验期间，检察机关对小刘进行了法治教育，学校团委、社工定期和小刘谈话，了解他的思想动态，对其进行心理疏导，引导他把天分和技术用于正途。在此期间，经检察机关批准，刘某利用自己的网络技术协助警方破获一起特大网络传销案件。他还积极参与网络安全建设，协助有关部门堵塞网络安全漏洞，由一名"黑客"变成著名"白客"，在国家互联网应急中心官方网站的"白帽子原创积分排名"居于全国前列。2018年12月，淮安市淮阴区人民检察院对小刘作出不起诉决定。

法律原文

《宪法》

第一百二十八条　中华人民共和国人民法院是国家的审判机关。

第一百二十九条第一款　中华人民共和国设立最高人民法院、地方各级人民法院和军事法院等专门人民法院。

第一百三十一条　人民法院依照法律规定独立行使审判权，不受行政机关、社会团体和个人的干涉。

第一百三十四条　中华人民共和国人民检察院是国家的法律监督机关。

第一百三十五条第一款　中华人民共和国设立最高人民检察院、地方各级人民检察院和军事检察院等专门人民检察院。

第一百三十六条　人民检察院依照法律规定独立行使检察权，不受行政机关、社会团体和个人的干涉。

《中华人民共和国人民法院组织法》

第十六条　最高人民法院审理下列案件：

（一）法律规定由其管辖的和其认为应当由自己管辖的第一审案件；

（二）对高级人民法院判决和裁定的上诉、抗诉案件；

（三）按照全国人民代表大会常务委员会的规定提起的上诉、抗诉案件；

（四）按照审判监督程序提起的再审案件；

（五）高级人民法院报请核准的死刑案件。

第二十三条　中级人民法院审理下列案件：

（一）法律规定由其管辖的第一审案件；

（二）基层人民法院报请审理的第一审案件；

（三）上级人民法院指定管辖的第一审案件；

（四）对基层人民法院判决和裁定的上诉、抗诉案件；

（五）按照审判监督程序提起的再审案件。

第二十五条第一款　基层人民法院审理第一审案件，法律另有规定的除外。

《中华人民共和国人民检察院组织法》

第二十条　人民检察院行使下列职权：

（一）依照法律规定对有关刑事案件行使侦查权；

（二）对刑事案件进行审查，批准或者决定是否逮捕犯罪嫌疑人；

（三）对刑事案件进行审查，决定是否提起公诉，对决定提起公诉的案件支持公诉；

（四）依照法律规定提起公益诉讼；

（五）对诉讼活动实行法律监督；

（六）对判决、裁定等生效法律文书的执行工作实行法律监督；

（七）对监狱、看守所的执法活动实行法律监督；

（八）法律规定的其他职权。

活动设计

组织学生旁听一次庭审，或者通过中国庭审公开网等网络直播方式，让学生感受法院审判现场的庄严氛围。

6. 如何理解行政机关"法定职责必须为，法无授权不可为"？

理论解析

在我国，人民选举产生各级人民代表大会，再由各级人民代表大会选举产生各级人民政府，各级人民政府的职权由宪法法律赋予，人民以法律的形式将权力授权给行政机关，行政机关活动的依据自然就是法律。

授权与被授权的关系决定了公民和行政机关活动范围的不同。一方面，授权是因为人们无法通过自身实现自己的利益，需要强有力的保障；另一方面，行政机关作为被授权者，行使权力的最终目的是保障和实现公民的权益，行政机关必须行使法定职责，这就是法定职责必须为。

行政机关只能按照法律的要求行使职权，如果突破法律的界限，行政机关的行为也就违背了公民授权的初衷。一个试图突破法律束缚的行政机关能做什么呢？当然是沦为少数人谋取私利、贪污腐败的工具，损害的是国家、社会和相对弱势的公民的利益。同时，行政机关的违法行为也会挤压公民的自由空间，抑制社会活力。

行政机关履行法定职责时，并不是只要法律有相关规定，就可以根据自己的意愿选择执法方式。如《治安管理处罚法》规定，对于扰乱公共秩序的，"处警告或者 200 元以下罚款；情节较重的，处 5 日以上 10 日以下拘留，可以并处 500 元以下罚款"，当发现扰乱公共秩序的行为时，执法部门可以选择警告、罚款 50 元、罚款 100 元、罚款 200 元中的任何方式进行惩罚。我们不能说执法机关对于并不严重的扰乱公共场所秩序的行为处以 200 元罚款是违法的，但对于初犯、经济困难又没有特别大恶意的违法者，选择最严厉的处罚方式难免不妥。法律通常会给行政机关执法留有一定的空间和自由裁量权，以便其在具体执法过程中能够灵活做出最合适的处理。但行政机关一味追求震慑违法行为、实现管理目的，同样是背离为人民服务初衷的做法。

当行政机关违法行使职权或者不作为时，其上级行政机关和对该行政机关有监督权力的其他国家机关应当及时予以纠正并追究该行政机关的责任，所有公民也应当行使监督权。受到行政机关不法侵害的公民、法人和其他组织，有权通过行政诉讼、行政复议、信访等程序维护自己的合法权益。

◣ 典型案例 ◢

2013 年 10 月 16 日，张某某向河南省濮阳市国土资源局（以下简称市国土局）书面提出申请，请求该局依法查处其所在村的耕地被有关工程项目违法强行占用的行为，并向该局寄送了申请书。市国土局于 2013 年 10 月 17 日收到申请后，没有受理、立案、处理，也未告知张某某，张某某遂以市国土局不履行法定职责为由诉至法院，请求确认被告不履行法定职责的具体行政行为违法，并要求被告对土地违法行为进行查处。

濮阳市华龙区人民法院一审认为，土地管理部门对上级交办、其他部门移送和群众举报的土地违法案件，应当受理。土地管理部门受理土地违法案件后，应当进行审查，凡符合立案条件的，应当及时立案查处；不符合立案条件的，应当告知交办、移送案件的单位或者举报人。本案原告张某某向被告市国土局提出查处违法占地申请后，被告应当受理，被告既没有受理，也没有告知原告是否立案，故原告要求确认被告不履行法定职责违法，并限期履行法定职责的请求，有事实根据和法律依据，本院予以支持。遂判决：①确认被告对原告要求查处违法占地申请未予受理的行为违法。②限被告于本判决生效之日起按《土地违法案件查处办法》的规定履行法定职责。

法律原文

《行政诉讼法》

第七十条　行政行为有下列情形之一的，人民法院判决撤销或者部分撤销，并可以判决被告重新作出行政行为：

（一）主要证据不足的；

（二）适用法律、法规错误的；

（三）违反法定程序的；

（四）超越职权的；

（五）滥用职权的；

（六）明显不当的。

活动设计

组织学生查阅当地政府信息公开网站，对照公示的执法结果和执法依据，评价有关部门的执法过程是否符合"法定职责必须为，法无授权不可为"的要求。

第四单元

法律保护我们健康成长

1. 未成年人为什么要受到特殊的法律保护?

理论解析

在我国,未成年人是指不满 18 周岁的公民。立法机关在制定法律时对未成年人予以特殊保护,有深刻的现实原因。

1. 从自身发展状况来看,未成年人身心发育不成熟,缺乏自我保护、辨别是非以及自我控制能力。0~18 周岁处于人类生长、发育阶段,这阶段的未成年人无论是生理还是心理都处在弱势地位。从生理上来说,身体发育不完全导致他们在遭受到暴力侵害时几乎没有反抗的能力;从心理上来说,心理发育不成熟导致他们并不能及时、准确辨别出自己正在遭受到侵害,不懂得自我保护或寻求他人帮助。此外,未成年人缺少辨别是非以及自我控制的能力。如今,未成年人的世界充斥着各种暴力游戏、影视剧等,由于生理、心理等多方面的原因,未成年人虽不能完全理解暴力行为所代表的含义以及造成的后果,但容易因为好奇而模仿暴力行为对现实生活中的人进行侵害。未成年人身心发育的特点,是法律对未成年人进行特殊保护的原因之一。

2. 从外部生存条件来看,未成年人容易受到来自家庭、学校、社会不同程度侵害。在家庭中,未成年人可能被实施暴力、虐待等行为;在学校中,教师或其他工作人员可能会对未成年人实施猥亵、奸淫等行为；在社会中，未成年人被拐卖的案件屡见不鲜。最高人民法院在 2017 年发布的《侵害未成年人犯罪典型案例》中，家庭、学校、社会中对未成年人实施犯罪的各有 2 例。从发布的案例可以看出，侵害未成年人案件主要存在以下特点：①犯罪者多是利用与未成年人的特殊关系或者身份实施犯罪行为，熟人犯罪的比例相对较高，这主要表现在父母、老师等利用先天或者后天与未成年人形成的特殊关系对未成年人实施侵害；②有性犯罪前科的人再次对未成年人实施性犯罪的可能性较高；③由于未成年人很多时候不能准确辨别犯罪行为，未能及时寻求帮助，导致针对未成年人的犯罪往往存在侵害次数多、时间长等特点，对未成年人的身心健康造成严重损害。司法机关在对这些犯罪嫌疑人定罪量刑时考虑到案件的恶劣性质，往往会依法对其从重处罚。这不仅表明国家对侵害未成年人的犯罪严厉打击的态度，还对社会产生一定的警示效果。司法机关对侵害未成年人合法权益的犯罪人员依法从重处罚，在一定程度上也反映了立法、司法机关在法律的制定、实施过程中对未成年人进行的特殊保护。容易受到外界的不法侵害，是法律对未成年人进行特殊保护的原因之一。

3. 未成年人犯罪正成为严重的社会问题。近年来，未成年人实施的恶性暴力犯罪屡见不鲜，未成年人犯罪正成为严重的社会问题。未成年人犯罪具有年龄低龄化、动机随意化、手段智能化、形式团伙化等特点。在很多未成年人犯罪的案例中，被害人也是未成年人，往往造成整个家庭的破裂。从这个层面上来说，对未成年人进行特殊保护，如讯问未成年犯罪嫌疑人时应当通知未成年人的法定代理人到场，由专门的少年法庭进行审理，犯罪记录封存等，都是法律根据未成年人犯罪心智不成熟等特点制定的特殊制度，可以充分保护未成年人的利益。未成年人犯罪问题严重、帮助犯罪的未成年人早日重返社会，是法律对未成年人进行特殊保护的原因之一。

4. 从国家长远发展来看，未成年人是国家未来财富的创造者，是国家的希望。少年智则国智，少年强则国强。未成年人将是伟大复兴中国梦的实现者和伟大祖国的建设者，保护未成年人就是保护祖国未来，因此，国家有必要通过制定健全的法律保护未成年人免受来自各方面的侵害，帮助未成年人健康、茁壮成长。

典型案例

2000 年，胡某与张某经法院判决离婚，女儿张某某（1996 年出生）由张某抚养。张某在离婚后，经常酗酒，并在酒后打骂女儿张某某。2005 年，张某因抢劫被判处 3 年有期徒刑。出狱后，张某仍然酗酒、打骂女儿张某某，并且不让女儿与外界接触，限制其人身自由。2011 年，张某某不堪长期遭受家庭暴力，向司法机关求助，表示不再愿意与父亲一起生活，要求与母亲胡某一起生活。胡某以变更抚养关系为由向法院提起诉讼。法官在审理案件的过程中，认为被告张某长期存在严重家庭暴力，为防止扩大危害后果，胡某经法官释明提出保护张某某人身安全的申请。

法院审理认为，被告张某在与女儿张某某共同生活期间对其进行多次威胁、殴打，并限制其人身自由，原告的申请符合法律规定。法院依法作出禁止张某威胁、殴打、限制张某某人身自由的裁定。法院作出裁定后，向市妇联、区派出所、张某所在的村委会下达了协助执行的通知书，委托上述单位对被告履行裁定进行监督。最终，本案以调解方式结案，张某某由母亲胡某抚养。

这是法院发布的第一道针对未成年人的"人身安全保护"，是对未成年人保护制度的探索。张某某因为年幼缺乏保护自己的能力而遭受到来自父亲的长期威胁、殴打乃至限制人身自由，造成生理、心理的严重损害，必须通过法律来维护自身的合法权益。

法律原文

《刑法》

第十七条　第一、二、四、五款　已满 16 周岁的人犯罪，应当负刑事责任。

已满 14 周岁不满 16 周岁的人，犯故意杀人、故意伤害致人重伤或者死亡、强奸、抢劫、贩卖毒品、放火、爆炸、投放危险物质罪的，应当负刑事责任。

对依照前三款规定追究刑事责任的不满 18 周岁的人，应当从轻或者减轻处罚。

因不满 16 周岁不予刑事处罚的，责令其父母或者其他监护人加以管教；在必要的时候，依法进行专门矫治教育。

《未成年人保护法》

第十一条　任何组织或者个人发现不利于未成年人身心健康或者侵犯未成年人合法权益的情形，都有权劝阻、制止或者向公安、民政、教育等有关部门提出检举、控告。

国家机关、居民委员会、村民委员会、密切接触未成年人的单位及其工作人员，在工作中发现未成年人身心健康受到侵害、疑似受到侵害或者面临其他危险情形的，应当立即向公安、民政、教育等有关部门报告。

有关部门接到涉及未成年人的检举、控告或者报告，应当依法及时受理、处置，并以适当方式将处理结果告知相关单位和人员。

活动设计

近年来，未成年人实施的暴力性危害行为越来越多，很多未成年人因为未满 14 周岁未受到刑罚处罚引起社会的强烈不满。很多人建议应当降低刑事责任年龄标准，对实施严重暴力危害行为的未成年人予以刑罚处罚。有的人则认为，不应当降低刑事责任年龄。

将学生分为两组，以"是否应当降低刑事责任年龄"为辩题，展开辩论。

2. 我国有哪些保护未成年人的法律制度?

理论解析

我国制定了很多法律制度对未成年人的权益进行保护，根据保护的内容不同可以将制度划分为未成年人保护实体法律制度与程序法律制度。

1. 民法中有关未成年人保护的法律制度。主要包括：①确立胎儿的民事主体地位。《民法典》第16条规定了在涉及遗产继承、接受赠与等胎儿利益保护的，胎儿视为具有民事权利能力。这个制度承认了胎儿的继承权，保障权利的平等性。同时，承认胎儿的民事权利能力，可以以胎儿的名义对在母体中遭受到的不法侵害要求相关人员承担法律责任。②未成年人监护制度进一步细化。《民法典》规定了未成年人监护制度，包括第35条最有利于被监护人原则、第36条未成年人监护撤销制度等维护未成年人的利益。③未成年人遭受性侵后时效保护制度。《民法典》第191条规定，未成年人遭受性侵害的损害赔偿请求权的诉讼时效期间，自受害人年满18周岁之日起计算。这是对性侵案件诉讼时效的特殊规定，一般情形下诉讼时效自权利人知道或者应当知道权利受到损害以及义务人之日起计算，考虑到未成年人遭遇性侵时的自我保护能力不足，法律规定性侵案件的诉讼时效自受害人年满18周岁之日起计算。

2. 刑法中有关未成年人保护的法律制度。主要包括：①刑事责任限制制度。《刑法》第17条规定年满14周岁不满16周岁的未成年人只对8种特殊犯罪（故意杀人、故意伤害致人重伤或者死亡、强奸、抢劫、贩卖毒品、放火、爆炸、投放危险物质）承担法律责任，而且不满18周岁是法定的从轻或减轻处罚情节。②死刑限制制度。《刑法》规定了对犯罪时不满18周岁的未成年人禁止适用死刑。③累犯限制制度。《刑法》规定，未满18周岁的人犯罪不构成累犯。此外，刑法中还对针对未成年人实施的犯罪规定了单独的罪名，如猥亵儿童罪、拐卖儿童罪；将针对未成年人实施的犯罪作为加重处罚的情节，如奸淫幼女是强奸罪的加重处罚情节、引诱未成年人聚众淫乱是聚众淫乱罪的加重处罚情节等。

3.《中华人民共和国刑事诉讼法》（以下简称《刑事诉讼法》）对未成年人犯罪的特殊保护。《刑事诉讼法》对未成年人的特殊保护主要体现在未成年人附条件不起诉制度以及未成年人犯罪记录封存制度。附条件不起诉制度为未成年犯罪嫌疑人提供了一个改过自新的机会，最大限度地挽救、教育未成年人，使他们远离犯罪重归社会。犯罪记录封存制度体现了我国对未成年犯罪人教育为主、惩戒为辅的刑事政策，不影响未成年人以后正常的学习、工作，能够更好地被社会接纳。

4.《未成年人保护法》《中华人民共和国预防未成年人犯罪法》（以下简称《预防未成年人犯罪法》）等作为未成年人保护的专门法律从家庭、学校、社会、司法等方面具体规定了负有保护未成年人义务的主体的责任。如《未成年人保护法》建立了未成年人安全制度，强化学校对未成年人人身安全的保护，建立了突发事件预案以及演习制度，以增强未成年人的自我保护意识和能力，建立了未成年人救助制度，为流浪未成年人提供救助措施等。《预防未成年人犯罪法》建立校外法律辅导员制度，教导未成年人法律知识，规定对未成年犯罪人应当实施分别关押、分别管理、分别教育的制度，防止其与成年犯罪人交叉感染。

法律原文

《宪法》

第四十六条 中华人民共和国公民有受教育的权利和义务。

国家培养青年、少年、儿童在品德、智力、体质等方面全面发展。

《未成年人保护法》

第三十七条 学校、幼儿园应当根据需要，制定应对自然灾害、事故灾难、公共卫生事件等突发事件和意外伤害的预案，配备相应设施并定期进行必要的演练。

未成年人在校内、园内或者本校、本园组织的校外、园外活动中发生人身伤害事故的，学校、幼儿园应当立即救护，妥善处理，及时通知未成年人的父母或者其他监护人，并向有关部门报告。

第九十二条　具有下列情形之一的，民政部门应当依法对未成年人进行临时监护：

（一）未成年人流浪乞讨或者身份不明，暂时查找不到父母或者其他监护人；

（二）监护人下落不明且无其他人可以担任监护人；

（三）监护人因自身客观原因或者因发生自然灾害、事故灾难、公共卫生事件等突发事件不能履行监护职责，导致未成年人监护缺失；

（四）监护人拒绝或者怠于履行监护职责，导致未成年人处于无人照料的状态；

（五）监护人教唆、利用未成年人实施违法犯罪行为，未成年人需要被带离安置；

（六）未成年人遭受监护人严重伤害或者面临人身安全威胁，需要被紧急安置；

（七）法律规定的其他情形。

第九十四条　具有下列情形之一的，民政部门应当依法对未成年人进行长期监护：

（一）查找不到未成年人的父母或者其他监护人；

（二）监护人死亡或者被宣告死亡且无其他人可以担任监护人；

（三）监护人丧失监护能力且无其他人可以担任监护人；

（四）人民法院判决撤销监护人资格并指定由民政部门担任监护人；

（五）法律规定的其他情形。

2019 年 12 月 4 日，浙江省 11 部门共同出台《浙江省未成年人犯罪记录封存实施办法》中明确了对于犯罪时不满 18 周岁，被判处 5 年有期徒刑以下刑罚以及免于刑事处罚的未成年人，包括检察机关依法作出不起诉决定案件中的未成年犯罪嫌疑人、公安机关依法作出治安管理处罚、收容教养等决定案件中的未成年人，人民法院、人民检察院、公安、司法行政机关应当对犯罪记录、违法记录予以封存。封存的犯罪记录包括立案文书、侦查文书、检察文书、审判文书、刑罚执行文书等法律文书、电子信息以及其他案件材料。

活动设计

组织学生研读《浙江省未成年人犯罪记录封存实施办法》，提出自己的见解。

3. 如何预防和处理校园欺凌?

理论解析

近年来，校园欺凌事件频繁发生，且具有欺凌者年龄小，欺凌手段隐秘、多样的特点。校园欺凌让原本美好的校园生活蒙上阴影，更对被欺凌者造成无法弥补的伤害。为了保护未成年人的健康成长，必须营造良好的校园环境，最重要的就是要能够有效治理校园欺凌。

对校园欺凌的治理，首先应当明确的是"防"比"治"更重要。预防校园欺凌，可以从以下三个方面入手：

1. 重视学生的法治教育与德育教育。在社会高速发展的今天，学校普遍重视学生的应试教育，而忽视法治教育与德育教育，一切向"升学率"看齐，导致学生法律观念不强、道德建设落后。加强法治教育，可以让学生知道哪些行为属于违法犯罪行为，会受到法律怎样的制裁，提高对违法犯罪行为及其法律后果的认识。法治教育不仅可以让潜在欺凌者意识到违法成本，强化他们的规则意识，还可以教导学生遇到欺凌怎样通过法律的手段保护自己。加强德育教育，可以增强学生的思想道德建设，培养学生团结同学、互相关爱的良好品德，从思想上预防校园欺凌的发生。

2. 加强校园安全监控管理。校园欺凌主要发生在学校之内，很多学校的安全防护设施设备不足，校园巡查流于形式。学校应当建立校园内以及学校周边日常巡查制度，提升校园安保、技防水平，做到校园重点场所、公共区域 24 小时监控全覆盖，实时掌握学校周边以及学生上下学情况，及时发现学生非正常聚集行为，通过老师谈话等方式了解具体情况，遏制校园欺凌的发生。

3. 发挥教师的关键作用。在日常的教学活动中被老师忽略或者是被不公平对待的学生有可能会将自己的不满发泄到老师偏爱的学生身上，演化为校园欺凌事件。教师在日常的教学活动中应当尽量顾及每一个学生，不因学生的成绩好坏而采取区别对待的教育方式。教师应当给每个学生公平表现自己的机会，避免因为老师的区别对待导致部分学生心理不平衡从而实施欺凌行为。此外，教师还应当与学生家长保持密切联系，及时了解学生的心理状态，掌握其异常行为，对有偏激倾向的学生及时安排心理谈话员进行交流。

对已经发生的校园欺凌，应当采取有效的方式去面对和处理：

1. 校园欺凌事件发生后，教师应当积极应对而非采取漠视的态度。很多校园欺凌事件发生后，教师、学校领导并没有意识到问题的严重性，往往认为是学生之间的玩笑，不会采取任何措施。这样的行为不仅会导致欺凌者更加有恃无恐地实施欺凌行为，也可能会使围观学生实施模仿行为，更会使被害者处于孤立、无援的境地。教师应当积极应对并处理欺凌事件，及时赶赴现场处理以防止情形恶化，安抚好在场学生的情绪后应多方面了解此次欺凌事件的发生始末以及参与人员，与涉事家长反映实际情况，客观公正地处理。

2. 对于已经实施欺凌行为的学生，视情节轻重予以警告、记过等处罚，构成刑事犯罪的应当依法移交司法机关予以处理。教师或者学校应当对欺凌者予以一定的惩戒，这不仅可以让欺凌者意识到欺凌行为应当付出代价，还可以安抚被害者及其父母的情绪。此外，学校还应当针对欺凌者的具体情况，进行心理疏导，与家长、有关社会机构共同努力，培养其正确的道德观念。

3. 高度关注被害者的身心健康。校园欺凌不仅会造成被害者身体上的创伤，而且会造成心理阴影，甚至可能引发其性格缺陷等严重问题。学校、教师、家长要重视被害者的心理状态，必要时安排专业人士进行沟通交流，尽量抹平校园欺凌带来的心理创伤。

典型案例

2019 年 10 月 30 日，甘肃天水 2 女生在校内被扇耳光的视频传至网络，引起社会的广泛关注。当晚，甘肃省天水市秦州区教育局通报称，经初步调查，网传视频内容属实，涉事学生情绪稳定，正常上课，分管校长已经停职。学校老师调查出来事件的起因是打人的 6 名学生经常看到被打者抱着作业本进老师办公室，觉得其很受老师喜欢，心里特别不爽，遂产生了对其进行殴打的念头。

活动设计

组织学生讨论校园欺凌频发的深层次原因，提出预防的对策和建议。

4. 如何预防未成年人犯罪？

理论解析

近年来，我国未成年人犯罪数量虽较以往有所降低，但我们仍然不能忽视未成年人犯罪潜在的恶化形势以及带来的巨大危害。根据 2017 年最高人民法院发布的《司法大数据专题报告之未成年人犯罪》显示，2015 年、2016 年我国未成年人犯罪年新收案件数量均超过 20 000 件，罪名多集中在盗窃罪、故意伤害罪和抢劫罪。未成年人犯罪，不仅对未成年人自身会造成重大的影响，还会使整个家庭破灭。我们必须足够重视未成年人犯罪问题，采取积极有效的预防措施，从源头上防止未成年人犯罪。预防未成年人犯罪，需要家庭、学校、社会等共同努力，缺一不可。从学校、教师层面来说，可以从以下几个方面预防未成年人犯罪：

1. 丰富法治教育的内容。现在每个学校都会制定校规校纪、学生守则等来约束未成年人的行为，这些规定虽然在一定程度上对未成年人的行为具有约束和警示作用，但未成年人犯罪案件仍然频发。究其根本，是因为未成年人并没有能够真正意识到犯罪所要付出的代价。很多学校盲目追求升学率，紧抓学生成绩，却忽视对于学生的法治教育。有的学校就算开设了法治教育课程，通常也只是通过课堂讲授的形式进行，学生们感触不深，对犯罪带来的法律后果并没有深刻的认识。建议学校丰富法治教育的形式，与司法机关、社区合作，通过组织学生旁听法院庭审、请办案人员结合具体案例举办讲座等直观的法治教育形式让学生切身体会到守法的重要性、犯罪应当付出的代价。此外，还可以与当地的少管所合作，开展定期的帮扶教育活动等。通过开展多种形式的法治教育活动，增强未成年人的法律意识，提高其自控能力。

2. 重视学生心理教育。未成年人由于处于生长发育阶段，心理不成熟，不善于把控情绪，在遇到事情时容易激动，无法冷静思考，这是未成年人犯罪的主要心理原因。老师的工作是教书育人，更深一步来说，育人是老师从事教育活动最终任务。这就决定了学校在对学生进行文化教育、法治教育的同时，还应当重视学生的心理教育，教育学生成为一个健康、积极的人。首先，学校可以配备专业的心理老师，通过授课的形式培养学生的健康心理，同时还可以为学生提供日常的心理辅导，帮助学生疏导压力以免学生因压力过大而走上极端。其次，任课老师或者班主任在日常的教学活动中应当留心观察学生的心理成长状况，一旦发现问题，通过与学生交流、与家长沟通、向学校反映等方式及时有效解决学生心理健康问题。最后，学校还应当定期开展学生心理健康教育活动，向学生普及心理健康知识，引导学生正确处理心理问题。

3. 加强与家庭、国家机关、学生的合作。预防未成年人犯罪仅通过学校的努力效果有限，学校应当加强与家庭、国家机关以及学生自身的合作。首先，学生一天中绝大部分时间是在校园或者家庭中度过，老师、家长应当最了解学生状况，老师应当加强与家长之间的沟通。对于发现的学生异常情况，应当首先从家庭、学校两个方面寻找原因，老师与家长共同商谈、寻找解决措施。其次，学校应当与国家机关密切交流，了解未成年人犯罪的诱因，才能有的放矢地对学生进行教育。此外，对于黑网吧、游戏厅等依法不能在学校周边存在的、影响未成年人健康成长的设施等，应当及时向国家机关举报，要求国家机关依法取缔，维护校园周边的文化环境。最后，学校要想真正有效预防未成年人犯罪，最重要的是要与学生合作。教师与学生进行平等沟通，鼓励学生说出学习、生活中存在的问题并提出办法予以解决，避免学生因为长期自我压抑、得不到有效疏解而实施犯罪行为。此外，与学生合作不仅仅意味着只解决一个学生的问题，还可以通过与学生的沟通了解其他学生的动向，早日发现其他学生的异常行为，采取有效应对措施。

预防未成年人犯罪，学校在加强学生法治教育与心理教育、增强学生内部心理建设的同时，还需要与家庭、国家机关等共同努力，加强外部环境的健康引导。只有内外兼治，才能真正预防未成年人犯罪。

典型案例

某地为强化未成年人的法律意识，邀请专职律师到辖区幼儿园开展《预防未成年人犯罪》宣传活动。此次宣传活动向即将步入小学的孩子们讲解了未成年人犯罪对个人、对家庭、对社会的危害，增强孩子们的法治意识，学会如何用法律的武器保护自己，并向孩子发放了普法青少年法治读本，运用动画的形式提高孩子们学法的兴趣。

法律原文

《预防未成年人犯罪法》

第二十八条　本法所称不良行为，是指未成年人实施的不利于其健康成长的下列行为：

（一）吸烟、饮酒；

（二）多次旷课、逃学；

（三）无故夜不归宿、离家出走；

（四）沉迷网络；

（五）与社会上具有不良习性的人交往，组织或者参加实施不良行为的团伙；

（六）进入法律法规规定未成年人不宜进入的场所；

（七）参与赌博、变相赌博，或者参加封建迷信、邪教等活动；

（八）阅览、观看或者收听宣扬淫秽、色情、暴力、恐怖、极端等内容的读物、音像制品或者网络信息等；

（九）其他不利于未成年人身心健康成长的不良行为。

第三十八条　本法所称严重不良行为，是指未成年人实施的有刑法规定、因不满法定刑事责任年龄不予刑事处罚的行为，以及严重危害社会的下列行为：

（一）结伙斗殴，追逐、拦截他人，强拿硬要或者任意损毁、占用公私财物等寻衅滋事行为；

（二）非法携带枪支、弹药或者弩、匕首等国家规定的管制器具；

（三）殴打、辱骂、恐吓，或者故意伤害他人身体；

（四）盗窃、哄抢、抢夺或者故意损毁公私财物；

（五）传播淫秽的读物、音像制品或者信息等；

（六）卖淫、嫖娼，或者进行淫秽表演；

（七）吸食、注射毒品，或者向他人提供毒品；

（八）参与赌博赌资较大；

（九）其他严重危害社会的行为。

活动设计

组织学生讨论国家、社会、家庭可以从哪些方面预防未成年人犯罪。

5. 如何预防针对未成年人的性侵害?

理论解析

未成年人是祖国的建设者，我们应该努力为未成年人创造一个健康的成长环境。但是，近年来不断曝光的性侵未成年人案件引起社会的强烈愤慨与担忧。性侵事件严重影响未成年人的身心健康，对社会造成恶劣影响。学校、老师有责任保护学生的健康，积极采取措施预防针对未成年人的性侵害。

1. 重视未成年人的性教育。未成年人被性侵的案件中，绝大多数被害者在0~14周岁之间，正处于中小学阶段，不能准确理解遭受到的性侵害，也无法进行正确的应对。教育部虽然制定并发布了《中小学公共安全教育指导纲要》，要求学校应当根据不同年级学生的特点组织开展不同形式、层次的性教育，遗憾的是，在实际的教学中很多学校并不会开展专门的性教育课程。由于缺乏科学、系统的性知识，很多学生并不能辨别猥亵行为，他们会把猥亵行为认为是正常长辈表示喜欢的动作，并没有意识到自己遭受到了性侵犯，更不用说明白这是犯罪行为。未成年人性知识的匮乏让性侵者有恃无恐，很多未成年人遭受到了长期、多次性侵。因此，学校应当大力开展性教育，提升学生自我保护的能力。学校可以通过开展讲座、主题活动、课堂教学等形式向未成年人传授性知识；告诉他们自己身体的哪些部位属于隐私部位，无论是家长、老师、同学都不允许触碰。如果有任何人触碰这些部位，应当及时告知家长、老师。学校还应该教育学生在夜间尽量不要独自走在僻静处，未成年人应避免与陌生或不熟悉的成年人待在封闭、人少的场所。通过学校开展的性教育活动，可以帮助未成年人树立正确的性观念，提高他们对性犯罪的认识，提升保护自己的能力。

2. 建立校园安全防控体系。我国目前相当一部分针对未成年人实施的性侵害是在校园内进行的，作为管理者的学校应当及时发现并制止性侵者的不法行为，但实践中并非如此。校方往往很难发现这些针对未成年人实施的性侵害。究其原因，学校缺少日常管理规范，对于教室、教师宿舍、学生宿舍等容易发生性侵害的场所既没有安排巡查人员也没有配备必要的防护措施，为性侵害者提供了便利。部分学校的管理缺乏基本的内部防范，门卫检查不严，一些外校人员可以伺机进入校园实施不法行为。针对这些问题，学校应当设立专门的保卫部门，对外校人员进入校园进行严格的监管与限制。学校还应当在校园适当范围内安装摄像头，摄像头不仅可以预防校园内性侵未成年人的恶性事件，且在发生性侵事件后可以帮助警方及时调取证据，防止犯罪分子逃脱法律的制裁。

3. 健全教师选任、考核机制。学校在招聘工作中应制定严格的准入规则，进行严格的背景审查，将思想道德修养、法律意识等纳入考核范围。对于已经招用的工作人员，应当定期进行评价考核。

典型案例

张某离婚之后带着十几岁的女儿一起生活，后经人介绍与刘某同居，却一直没有办结婚证。2015 年 3 月，女儿给妈妈张某打电话一直哭，后经反复询问，张某才知道自己不满 14 岁的女儿怀孕了，并且遭到自己的同居男友刘某性侵长达 3 年之久。2016 年 12 月，法院作出判决，刘某犯强奸罪，判处无期徒刑，剥夺政治权利终身。

法律原文

《最高人民法院、最高人民检察院、公安部、司法部关于依法惩治性侵害未成年人犯罪的意见》

20. 以金钱财物等方式引诱幼女与自己发生性关系的；知道或者应当知道

幼女被他人强迫卖淫而仍与其发生性关系的，均以强奸罪论处。

《刑法》

第二百三十六条之一第一款　对已满 14 周岁不满 16 周岁的未成年女性负有监护、收养、看护、教育、医疗等特殊职责的人员，与该未成年女性发生性关系的，处 3 年以下有期徒刑；情节恶劣的，处 3 年以上 10 年以下有期徒刑。

活动设计

结合真实性侵案例，组织同学讨论未成年人如何保护自己？

6. 未成年人应如何用法律武器维护自己的合法权益?

理论解析

未成年人享有的权利受到法律保护，在未成年人合法权益遭受到损害时，可以通过以下途径维护自身合法权益：

1. 未成年人在权利受到侵害时，应当向家长、老师、学校寻求帮助。在受到伤害时，未成年人应在第一时间告知自己的父母，告诉老师和学校，请求他们予以帮助。

2. 未成年人在权利受到侵害时，可以向有关部门寻求帮助。如未成年人受教育的权利遭到损害，可以向教育部门寻求帮助；未成年人被非法雇为童工，可以向劳动行政部门寻求帮助；未成年人在购物时遭遇欺诈，可以向市场监管部门寻求帮助；未成年人遭受到侵害，比如说被强奸、殴打等，可以向公安机关报案。

3. 未成年人在权利受到侵害时，有权获得法律援助，向人民法院提起诉讼。国家为了更好地保护未成年人的合法权利，专门设置了未成年人法律援助制度。未成年人法律援助是指法律援助机构根据未成年人及其法定代理人或者近亲属的申请以及人民法院、人民检察院、公安机关的通知，对经济困难或其他特殊案件的未成年人提供免费法律服务的司法保障制度。对于未成年人的刑事犯罪，请求发放抚恤金、救济金，遭受到家庭暴力、虐待、遗弃等案件，如果家庭困难无力聘请律师作为诉讼代理人的，可以向法律援助机构请求援助，也可以由法院、检察院、公安机关通知法律援助机构提供法律帮助。

法律原文

2013 年 6 月 7 日，首都综治委预防青少年违法犯罪专项组、北京市高级人民法院、北京市人民检察院、北京市公安局、北京市司法局、共青团北京市委员会联合出台了《北京市未成年人法律援助实施办法（试行）》。该办法明确了法律援助机构应当组建未成年人法律援助专业队伍、未成年人法律援助范围、管辖、通知等，为涉未成年人案件法律援助的司法实践提供了有力的制度支撑。

法律原文

《未成年人保护法》

第一百零四条　对需要法律援助或者司法救助的未成年人，法律援助机构或者公安机关、人民检察院、人民法院和司法行政部门应当给予帮助，依法为其提供法律援助或者司法救助。

法律援助机构应当指派熟悉未成年人身心特点的律师为未成年人提供法律援助服务。

法律援助机构和律师协会应当对办理未成年人法律援助案件的律师进行指导和培训。

活动设计

13 岁的甲在学校上学期间，与同班级学生乙课间追逐时被不小心推倒摔在水泥操场上，造成右手臂骨折。双方家长就赔偿问题未能达成一致协议。组织同学讨论：甲可以通过哪些途径维护自身合法权益。

初中阶段法治专册

第一单元

坚持宪法至上

1. 人民与公民的区别是什么？

理论解析

人民是个政治概念，具有一定的阶级内容和历史内容，是相对敌人而言的，它反映了一定社会的政治关系；公民也叫国民，是个法律概念，指具有一国国籍、根据该国宪法和法律规定享有权利和承担义务的人，它反映了一定的法律关系。因此，人民与公民是不同的概念，虽然它们都反映了一定社会关系和人们在国家中的地位，但两者在属性和外延方面有着明显的区别。

1. 属性不同。公民是一个法律概念，公民拥有一国国籍，根据该国宪法和法律享有公民的权利，承担公民的义务。公民是个体性存在的，每个公民拥有独立的法律地位；人民则是一个政治概念，人民主要指以劳动群众为主体的社会基本成员。人民由若干个人共同组成，是一个集体性存在，人民并非法律上的主体，不享有法律权利，也不承担法律义务。

2. 外延不同。公民是指拥有一国国籍的人，因此中国有超过十四亿的公民，每一个公民都是独立和平等的。人民是个集体概念，是众多人的集合体，任何个人都不能称为人民，而公民或国民则可用于单个人。在政治意义上，并非每个公民都属于人民，与人民一词对应的是敌人。根据我国宪法的规定，人民大致可以理解为拥护四项基本原则的人。

典型案例

被告人周某某，于 1995 年 10 月至 1996 年 3 月间，根据境外某军事情报局的要求，利用自己工作的条件，刺探、收集我国军事演习、部队调动、兵力部署和导弹训练等军事情报，然后用暗语传真、电话方式报告给境外机构，对我国的国家安全构成了严重威胁。最终，被告人周某某因犯间谍罪，被人民法院判处有期徒刑 10 年，剥夺政治权利 2 年。

在本案中，被告人周某某属于我国公民，但因为犯有危害国家安全罪，就不属于人民的范畴。

法律原文

《宪法》

序言第十自然段：社会主义的建设事业必须依靠工人、农民和知识分子，团结一切可以团结的力量。在长期的革命、建设、改革过程中，已经结成由中国共产党领导的，有各民主党派和各人民团体参加的，包括全体社会主义劳动者、社会主义事业的建设者、拥护社会主义的爱国者、拥护祖国统一和致力于中华民族伟大复兴的爱国者的广泛的爱国统一战线，这个统一战线将继续巩固和发展。中国人民政治协商会议是有广泛代表性的统一战线组织，过去发挥了重要的历史作用，今后在国家政治生活、社会生活和对外友好活动中，在进行社会主义现代化建设、维护国家的统一和团结的斗争中，将进一步发挥它的重要作用。中国共产党领导的多党合作和政治协商制度将长期存在和发展。

第二条　中华人民共和国的一切权力属于人民。

人民行使国家权力的机关是全国人民代表大会和地方各级人民代表大会。

人民依照法律规定，通过各种途径和形式，管理国家事务，管理经济和文化事业，管理社会事务。

第三十三条第一款、第二款　凡具有中华人民共和国国籍的人都是中华人民共和国公民。

中华人民共和国公民在法律面前一律平等。

■■■■　**活动设计**

查阅《国籍法》第4~7条，了解一下获得中国国籍的条件和途径。

2. 什么是人权?

■■■■　**理论解析**

所谓人权，是指在一定社会关系中，每个人按其本质享有或应该享有的基本权利和自由。人权的本质特征和要求是自由和平等，人权的实质内容和目标是生存和发展。人权既包括经济、社会、文化权利和公民、政治权利等个人人权，也包括国家主权、民族自决权、生存权、发展权等集体人权。

人权是一个具有鲜明阶级性的社会历史范畴。在不同的社会、不同的历史时期，人权具有不完全相同的内容。在同一历史时期，不同的阶级也具有不同的人权观。由于世界上每一个国家的历史、政治、经济、风俗习惯、文化传统等存在很大的差异，各国对人权的理解也不尽相同，不可能有完全统一的国际人权观念。人权的具体内容和范围总是随着历史发展、社会进步而不断丰富和扩展的。

保障人权，是法治的终极目标。人权的实现要靠法律的确认和保护。没有法律对人权的确认、宣布和保护，人权要么只能停留在道德权利的应有状态，要么经常面临受侵害的危险而无法救济。

在国际法层面，联合国通过的《世界人权宣言》（1948年）是第一份保护世界人权的国际性法律文件。《世界人权宣言》《公民权利和政治权利国际公约》和《经济、社会及文化权利国际公约》共同构成国际人权宪章。1945年以来，一系列国际人权条约和其他法律文件的通过，大大扩充了国际人权法的内容。

在国内法层面，人权构成一国宪法中公民基本权利的来源，基本权利是人权宪法化的具体表现。人权与宪法中公民基本权利的区别主要在于：人权是一种自然权，而基本权利是实在法上的权利；人权具有道德上的效力，而基本权利具有法律效力。人权与基本权利的区别决定了人权需要法定化，即通过立法转化为具有具体权利内容的基本权利形态。人权一旦转化为宪法中的基本权利后，各个国家机关的权力就应受到公民基本权利的约束，国家权力的行使也必须以保障人权为目的。

典型案例

1991年11月1日，国务院新闻办公室发表《中国的人权状况》白皮书，这是中国政府向世界公布的第一份以人权为主题的官方文件，它首次以政府文件的形式正面肯定了人权概念在中国社会主义政治发展中的地位。

1997年9月，中国共产党第十五次全国代表大会上的报告指出："共产党执政就是领导和支持人民掌握管理国家的权力，实行民主选举、民主决策、民主管理和民主监督，保证人民依法享有广泛的权利和自由，尊重和保障人权。"人权首次被写入党的正式文件，此后，尊重和保障人权被作为中国共产党执政的基本目标，同时作为政治体制改革和民主法制建设的一个重要主题。

2004年3月14日，第十届全国人民代表大会第二次会议通过宪法修正案，首次将"人权"概念引入宪法，明确规定"国家尊重和保障人权"。尊重和保障人权由中国共产党和中国政府文件的政策性规定上升为国家根本大法的一项原则。

拓展资源

1948年联合国《世界人权宣言》指出："发布这一世界人权宣言，作为所有人民和所有国家努力实现的共同标准，以期每一个人和社会机构经常铭念本宣言，努力通过教诲和教育促进对权利和自由的尊重，并通过国家的和国际的渐进措施，使这些权利和自由在各会员国本身人民及在其管辖下领土的人民中得到普遍和有效的承认和遵行。"

将学生分成若干小组，组织阅读《世界人权宣言》。各组按照不同的议题，交流分享阅读体会。

3. 公民权利与国家权力的区别是什么?

理论解析

在政治领域，公民与国家相互对应。在法律上，公民依法享有权利，而国家依法行使权力，这两个基本概念存在重要差别。

1. 主体不同。公民权利的主体是公民，即拥有一国国籍的自然人。国家权力的主体是各类国家机关，在我国主要包括人大、政府、监察委、法院、检察院等各级国家机关。

2. 性质不同。公民的权利可以理解为自由，法律赋予公民的权利，一般可以行使，也可以放弃，可以这样行使，也可以那样行使，只要不违反法律即可。国家机关的权力可以理解为一种职责，法律赋予国家机关的权力，不仅要行使，而且要积极行使、妥善行使，如果滥用权力或推诿懈怠，就会构成违法，会被追究法律责任。

3. 内容不同。公民的权利主要包括生命权、人身权、财产权、选举权、结社权、劳动权、申诉权、言论自由、宗教自由等，这些权利的拥有和行使使得个人可以获得有尊严的生活。国家机关行使的权力因机关属性不同而不同，比如人大行使立法权、决定权、监督权等，政府行使行政执法权，包括决定权、处罚权等，监察机关行使监督权，司法机关行使审判权、检察权等。

在公民权利与国家权力的相互关系上，一般认为，公民权利构成国家权力的基础和来源，国家的公权力源于公民的私权利，公权力的行使的目的在于保障公民权利和自由。

典型案例

案例 1

从 2016 年开始，全国新一轮县乡两级人大换届选举陆续展开，有 9 亿多选民参加选举，直接选举产生 250 多万名县乡两级人大代表。

在县乡人大代表选举中，选民行使的是公民选举权，而当选的人大代表组成县乡人大，属于国家机关，行使的是国家权力。

案例 2

2016 年 12 月 1 日，某县交警大队针对邓某驾驶轿车在高速公路上超速的违法行为，决定处以 200 元罚款，记 3 分。邓某对该处罚决定不服，遂向县人民法院提起了行政诉讼。

在本案中，县交警大队属于执法机构，行使的是行政执法权，具体来说是行政处罚权，而司机邓某不服向人民法院起诉，属于公民行使自己的诉讼权或司法救济权。

案例 3

2017 年 2 月 19 日，甲县人大举行全体会议，进行大会选举，362 名县人大代表投出神圣一票。郑某当选县长，周某当选县监察委员会主任，陈某当选县人民法院院长，潘某当选县人民检察院检察长。

在上述材料中，县人大行使选举国家机关负责人的权力，当选的各个国家机关负责人行使相应的行政、监察、审判、检察等国家权力。

法律原文

《宪法》

第三条 中华人民共和国的国家机构实行民主集中制的原则。

全国人民代表大会和地方各级人民代表大会都由民主选举产生，对人民负责，受人民监督。

国家行政机关、监察机关、审判机关、检察机关都由人民代表大会产生，对它负责，受它监督。

中央和地方的国家机构职权的划分，遵循在中央的统一领导下，充分发挥地方的主动性、积极性的原则。

拓展资源

2000 年 11 月，荷兰议会下议院以 104 票赞成，40 票反对的绝对多数通过安乐死法案。2001 年 4 月，该法案又在荷兰议会上议院以 46 票赞成、28 票反对的结果获得了通过。在获得议会两院通过以后，该法案于 2002 年 4 月 1 日起正式生效。这意味着，荷兰公民从此享有了安乐死的权利，而今后荷兰医生在给身患绝症的病人实施安乐死的时候，也不必再担心会受到法律的追究。这个法案的通过，使荷兰成为世界上第一个以法律形式承认安乐死的国家。荷兰议会通过了安乐死法案。这一法案的通过意味着，身患绝症的病人在垂危情况下可以选择最小限度承受痛苦、最大程度享受安详的死亡过程。换句话说，人们有了实施"安乐死"的权利。

话题讨论

在我国，安乐死能否能为一项权利？如果可以成为一项权利，需要哪些国家机关通过行使什么权力以及什么程序予以实现？

4. 我国宪法是如何产生与发展的?

理论解析

中华人民共和国成立前夕颁布的《中国人民政治协商会议共同纲领》（以下简称《共同纲领》），既是中国人民民主统一战线的纲领，又起了临时宪法的作用。《共同纲领》在 1949 年中国人民政治协商会议第一届全体会议通过，在内容上和法律效力上都具有国家宪法的特征，基本解决了制宪的根本问题。《共同纲领》的许多原则在 1954 年《宪法》中得到了继承和发展，在我国宪法史上具有重要地位。

1954 年第一届全国人民代表大会第一次会议通过了《宪法》。这部宪法是在起临时宪法作用的《共同纲领》的基础上修改制定的，是中华人民共和国的第一部宪法。该宪法明确指出了我国建设社会主义的目标，确认了从新民主主义社会向社会主义社会过渡时期的党的总任务，同时对国家机构、公民基本权利和义务以及经济制度等事项进行了规定。该宪法还确认了人民民主原则和社会主义原则为其宪法原则。该宪法结构以及关于国家机构的基本框架，为以后几部宪法确立了模式。但由于1954年宪法深受1936年苏联宪法的影响，并且将自己定位为过渡时期的宪法，过分注重经济所有制模式的演变，并且其实施缺乏系统的制度保障，因此具有其内在的局限性。

1975年全面修改的宪法由第四届全国人民代表大会第一次会议通过。从内容上看，它肯定了我国社会主义改造的成果，属于社会主义性质的宪法。但由于该宪法是在"文化大革命"这一动荡时期制定，存在缺点和问题。

1978年全面修改的宪法由第五届全国人民代表大会第一次会议通过。从内容上看，该宪法恢复了1954年宪法的一些基本原则，指明我国进入了社会主义建设的历史时期，规定了国家在新时期的总任务。但由于当时历史条件的限制，还存在一些不适应客观实际情况的条文规定。其后该宪法又经历了两次局部修改，分别对国家机构和公民基本权利的相关事项进行了修正。

1982年全面修改的宪法由第五届全国人民代表大会第五次会议通过。与过去几部宪法相比，该宪法有以下几方面特点：①确定了四项基本原则为总的指导思想。②强调以经济建设为工作重点，同时又高度重视社会主义精神文明建设。③坚持和完善社会主义经济制度。④保障和扩大公民基本权利。如将章节位置由第三章提前到第二章，置于"国家机构"一章之前。⑤开始注意促进国家机构的民主化和效率化。同时，1982年宪法开始体现对国家权力进行规范的功能，如加强人民代表大会制度、县级人大代表实现直接选举、恢复设立国家主席的设置。

1982年宪法实施之后，我国以宪法修正案的形式对1982年宪法进行了5

次修改，以此保持 1982 年宪法的连续性和稳定性，同时增强宪法对现实的适应性，有利于以宪法为核心的中国特色社会主义法律体系的建构。第一次修正是在 1988 年，对经济制度的相关条款进行了修正，增加规定"国家允许私营经济在法律规定的范围内存在和发展"，同时将有关条款修改为"土地的使用权可以依照法律的规定转让"。第二次修正是在 1993 年，其内容主要是对政治制度和经济制度的改革成果的确认，如确立中国处于社会主义初级阶段，突出强调了社会主义市场经济，确定我国的多党合作制度和政治协商制度将长期存在。第三次修正是在 1999 年，在政治方面主要增加了邓小平理论和长期处于社会主义初级阶段的内容，修改了部分经济制度条款，明确中华人民共和国实行依法治国，建设社会主义法治国家。第四次修正是在 2004 年，在政治方面确立了"三个代表"重要思想在国家政治和社会生活中的指导地位，同时，"公民的合法的私有财产不受侵犯""国家尊重和保障人权"内容成为两大亮点。第五次修改是在 2018 年，在政治方面确立了科学发展观、习近平新时代中国特色社会主义思想在国家政治和社会生活中的指导地位。同时，宪法宣誓制度的确立、关于国家主席任期届数的限制以及国家监察委员会宪法地位的确立也是此次宪法修改的重点，体现了依宪治国的要求。

　　1982 年宪法的五次修改，在程序上没有多少变化，但是在修宪的内容上可以看出中国宪法变迁的方向。中国宪法修改的内容越来越注重对国家权力的建构和规范，越来越多的人权条款写入宪法，这使得这部宪法越来越呈现出它作为法律规范而非政治文献的特点。

拓展资源

　　没有哪个社会可以制订一部永远适用的宪法，甚至一条永远适用的法律。

——［美］杰斐逊

活动设计

　　分小组采用思维导图、手绘报等多种形式展现我国宪法的产生与发展历程。

5. 根据我国现行宪法的规定和学理的分类，将公民基本权利分为哪几种类型?

理论解析

根据宪法规定，公民是享受宪法基本权利的主体。我国《宪法》第33条第1款明确规定："凡具有中华人民共和国国籍的人都是中华人民共和国公民。"宪法在限定公民概念的同时，具体地规定了我国公民的基本权利。根据我国现行宪法的规定和学理的分类，公民基本权利，大致可以分为以下七大类：

1. 平等权。现行宪法在"公民的基本权利和义务"一章中首先明确规定了公民在法律面前一律平等的原则。公民在法律面前一律平等，是我国公民的一项基本权利，也是社会主义法治的一个基本原则。首先，我国公民不分民族、种族、性别、职业、家庭出身、宗教信仰、教育程度、财产状况、居住期限，都一律平等地享有宪法和法律规定的权利，也都平等地履行宪法和法律规定的义务；其次，公民的合法权益都一律平等地受到保护，对违法行为一律依法予以追究，决不允许任何违法犯罪分子逍遥法外；最后，在法律面前，不允许任何公民享有法律以外的特权，任何人不得强迫任何公民承担法律以外的义务，不得使公民受到法律以外的处罚。这一宪法原则既包括司法平等，即公民在适用法律上一律平等，又包括公民在守法上一律平等。

2. 政治权利和自由。公民的政治权利和自由是指公民依法参与国家政治生活、管理国家事务的权利和自由。它包括下列内容：①选举权和被选举权。选举权是公民依法享有选举组成国家权力机关的代表的权利；被选举权是公民依法享有被选举为组成国家权力机关的代表的权利。选举权和被选举权是公民的基本的最主要的政治权利，是人民当家作主行使管理国家权利的主要的途径。我们国家的政治制度是人民代表大会制度。人民行使国家权力的机关是全国人民代表大会和地方各级人民代表大会。人民通过依法选举人民代表或者被选为人民代表组成全国的和地方的各级国家权力机关，行使国家权力，从而实现人民管理国家事务的权利。②公民有言论、出版、集会、结社、游行、示威的自由。公民的政治自由是公民的政治权利的补充。公民只有享有充分的政治自由才能更好地行使政治权利，没有政治自由也就不可能更好地行使当家作主的权利。我国宪法为公民规定了广泛的自由，它是实现人民当家作主的保障，是我国民主制度的又一重要表现。

3. 宗教信仰自由。《宪法》第 36 条第 1、2 款规定："中华人民共和国公民有宗教信仰自由。任何国家机关、社会团体和个人不得强制公民信仰宗教或者不信仰宗教，不得歧视信仰宗教的公民和不信仰宗教的公民。"国家保护正常的宗教活动，同时规定，任何人不得利用宗教进行破坏社会秩序、损害公民身体健康、妨碍国家教育制度的活动。为了维护国家的主权，宪法规定，宗教团体和宗教事务不受外国势力的支配。

4. 人身自由权利。包括：①人身自由。《宪法》第 37 条第 1 款规定："中华人民共和国公民的人身自由不受侵犯。"为了保障公民的人身自由，《宪法》规定，任何公民，非经人民检察院批准或者决定或者人民法院决定，并由公安机关执行，不受逮捕。并且规定，禁止非法拘禁和以其他方法非法剥夺或者限制公民的人身自由，禁止非法搜查公民的身体。公民的人身自由是享受其他自由和权利的前提，公民的人身自由没有保障，其他的自由和权利也就无从谈起。②人格尊严不受侵犯。《宪法》第 38 条规定："中华人民共和国公民的人格尊严不受侵犯。禁止用任何方法对公民进行侮辱、诽谤和诬告陷害。"人格尊严是指公民所具有的自尊心和应受到社会和他人的最起码的尊重的权利。人格在法律上表现为姓名权、肖像权和名誉权。根据《宪法》和法律规定，当公民的人格尊严受到侵犯时有权要求侵犯者停止其侵犯行为，如其侵犯者不停止侵犯行为，受害者可向司法机关提出控告。对公然侮辱他人或者捏造事实诽谤他人，情节严重的应追究刑事责任。③住宅不受侵犯。

《宪法》第 39 条规定："中华人民共和国公民的住宅不受侵犯。禁止非法搜查或者非法侵入公民的住宅。"在需要对刑事被告进行搜查时，必须依照法律规定的程序由国家侦办人员办理，其他任何人不得非法侵入或搜查公民的住宅。④通信自由。《宪法》第 40 条规定："中华人民共和国公民的通信自由和通信秘密受法律的保护。除因国家安全或者追查刑事犯罪的需要，由公安机关或者检察机关依照法律规定的程序对通信进行检查外，任何组织或者个人不得以任何理由侵犯公民的通信自由和通信秘密。"

5. 社会经济权利。包括：①财产权。《宪法》第 13 条规定："公民的合法的私有财产不受侵犯。国家依照法律规定保护公民的私有财产权和继承权。国家为了公共利益的需要，可以依照法律规定对公民的私有财产实行征收或者征用并给予补偿。"②继承权。《宪法》第 13 条第 1 款、第 2 款规定："公民的合法的私有财产不受侵犯。国家依照法律规定保护公民的私有财产权和继承权。"③劳动的权利和义务。《宪法》第 42 条第 1 款中规定："中华人民共和国公民有劳动的权利和义务。"为保障劳动权利的实现，国家通过各种途径，创造劳动就业条件，在发展生产的基础上，提高劳动报酬和福利待遇。国家对就业前的公民进行必要的劳动就业训练。④劳动者的休息权。《宪法》第 43 条规定："中华人民共和国劳动者有休息的权利。国家发展劳动者休息和休养的设施，规定职工的工作时间和休假制度。"⑤获得物质帮助的权利。《宪法》第 45 条第 1 款规定："中华人民共和国在年老、疾病或者丧失劳动能力的情况下，有从国家和社会获得物质帮助的权利。"为实现这个权利，《宪法》还规定了一些措施。如国家和社会帮助安排盲、聋、哑和其他有残疾的公民的劳动、生活和教育。⑥妇女、婚姻、家庭、母亲和儿童受国家的保护。《宪法》对妇女、婚姻、家庭、母亲和儿童的权益作了充分的规定。《宪法》第 48 条第 1 款规定："中华人民共和国妇女在政治的、经济的、文化的、社会的和家庭的生活等各方面享有同男子平等的权利。"《宪法》规定国家保护妇女的权利和利益，实行男女同工同酬，培养和选拔妇女干部。还规定，父母有抚养教育未成年子女的义务，成年子女有赡养扶助父母的义务。禁止破坏婚姻自由，禁止虐待老人、妇女和儿童。还规定夫妻双方有实行计划生育的义务。

6. 文化教育权。《宪法》对于公民在教育、科学、文化事业方面的权利作了多方面的规定，保障和鼓励教育、科学和文化事业的发展。《宪法》第46条第1款规定："中华人民共和国公民有受教育的权利和义务。"要求国家培养青年、少年、儿童在品德、智力、体质等方面全面发展。《宪法》规定，中华人民共和国公民有进行科学研究、文学艺术创作和其他文化活动的自由。国家对于从事教育、科学、技术、文学、艺术和其他文化事业的公民的有益于人民的创造性工作，给以鼓励和帮助。

7. 监督权。公民有批评、建议权，有申诉、控告或者检举权，有依法取得赔偿权。《宪法》第41条第1款规定："中华人民共和国公民对于任何国家机关和国家工作人员，有提出批评和建议的权利；对于任何国家机关和国家工作人员的违法失职行为，有向有关国家机关提出申诉、控告或者检举的权利，但是不得捏造或者歪曲事实进行诬告陷害。"为了保障我国公民的监督权，《宪法》第41条第2款还规定："对于公民的申诉、控告或者检举，有关国家机关必须查清事实，负责处理。任何人不得压制和打击报复。"而且还规定，由于国家机关和国家工作人员侵犯公民权利而受到损失的人，有依照法律规定取得赔偿的权利。

■ 典型案例

田某诉北京科技大学不授予学位案

1994年9月田某考入北京科技大学下属的应用科学学院物理化学系，取得本科生学籍。1996年2月29日，田某在参加电磁学考试的过行程中携带写有电磁学公式的纸条，在去厕所时不慎掉出，监考老师虽未发现其偷看纸条的行为，但是还是停止了其考试。1996年3月5日，北京科技大学按照"068号通知"第3条所规定的"夹带着，包括写在手上作弊行为者"认定田某的行为属于考试作弊，同时根据第 1 条"凡考试作弊的，一律按退学处理"的规定，决定对田某按照退学处理，4 月 10 日发了学籍变动通知。但是处分决定并没有送达田某，也未给田永办理退学手续。田某则以缴纳学费、办理学生证、注册报到、参加毕业答辩等方式继续正常地以该校学生的身份参加正常的学习和生活。1998 年北京科技大学的有关部门以田某不具有学籍为由，拒绝为其颁发毕业证。1998 年底，田某一纸诉状将北京科技大学告上法院，要求其颁发毕业证，并赔偿损失。

法院认为，北京科技大学的"068 号文件"与相关法律明显抵触，侵犯了《宪法》所规定的原告的受教育权，判决北京科技大学向田某颁发毕业证。

法律原文

《宪法》

第三十三条第一、二款　凡具有中华人民共和国国籍的人都是中华人民共和国公民。

中华人民共和国公民在法律面前一律平等。

第三十四条　中华人民共和国年满 18 周岁的公民，不分民族、种族、性别、职业、家庭出身、宗教信仰、教育程度、财产状况、居住期限，都有选举权和被选举权；但是依照法律被剥夺政治权利的人除外。

第三十五条　中华人民共和国公民有言论、出版、集会、结社、游行、示威的自由。

第三十六条第一款　中华人民共和国公民有宗教信仰自由。

第三十七条第一款　中华人民共和国公民的人身自由不受侵犯。

第三十八条　中华人民共和国公民的人格尊严不受侵犯。禁止用任何方法对公民进行侮辱、诽谤和诬告陷害。

第三十九条　中华人民共和国公民的住宅不受侵犯。禁止非法搜查或者非法侵入公民的住宅。

第四十条　中华人民共和国公民的通信自由和通信秘密受法律的保护。

除因国家安全或者追查刑事犯罪的需要，由公安机关或者检察机关依照法律规定的程序对通信进行检查外，任何组织或者个人不得以任何理由侵犯公民的通信自由和通信秘密。

第四十一条 中华人民共和国公民对于任何国家机关和国家工作人员，有提出批评和建议的权利；对于任何国家机关和国家工作人员的违法失职行为，有向有关国家机关提出申诉、控告或者检举的权利，但是不得捏造或者歪曲事实进行诬告陷害。

对于公民的申诉、控告或者检举，有关国家机关必须查清事实，负责处理。任何人不得压制和打击报复。

由于国家机关和国家工作人员侵犯公民权利而受到损失的人，有依照法律规定取得赔偿的权利。

第四十二条第一款 中华人民共和国公民有劳动的权利和义务。

第四十三条第一款 中华人民共和国劳动者有休息的权利。

第四十四条 国家依照法律规定实行企业事业组织的职工和国家机关工作人员的退休制度。退休人员的生活受到国家和社会的保障。

第四十五条第一款 中华人民共和国公民在年老、疾病或者丧失劳动能力的情况下，有从国家和社会获得物质帮助的权利。国家发展为公民享受这些权利所需要的社会保险、社会救济和医疗卫生事业。

第四十六条第一款 中华人民共和国公民有受教育的权利和义务。

第四十七条 中华人民共和国公民有进行科学研究、文学艺术创作和其他文化活动的自由。国家对于从事教育、科学、技术、文学、艺术和其他文化事业的公民的有益于人民的创造性工作，给以鼓励和帮助。

第四十八条 中华人民共和国妇女在政治的、经济的、文化的、社会的和家庭的生活等各方面享有同男子平等的权利。

国家保护妇女的权利和利益，实行男女同工同酬，培养和选拔妇女干部。

第四十九条第一款 婚姻、家庭、母亲和儿童受国家的保护。

第五十条 中华人民共和国保护华侨的正当的权利和利益，保护归侨和侨眷的合法的权利和利益。

■■■■ **拓展资源** ◆

凡权利无保障和分权未确立的社会，就没有宪法。

——法国 1789 年《人权与公民权利宣言》

■■■■ **活动设计** ◆

以"基本权利知多少"为题，在年级开展法治知识竞赛活动。

6. 为什么要加强宪法实施?

■■■■ **理论解析** ◆

在一国法律体系中，宪法具有最高的法律地位、法律权威、法律效力。因此，宪法能否得到有效实施，宪法的权威能否得到尊重和保障，直接影响一国的法治状况。一般认为，宪法实施的方式主要包括：宪法的执行，指国家代议机关和国家行政机关贯彻落实宪法内容的活动；宪法的适用，指国家司法机关在司法活动中贯彻落实宪法的活动；宪法的遵守，指一切国家机关、社会组织和公民个人严格依照宪法规定从事各种行为的活动。

加强宪法实施，对于保障公民权利、推进依法治国具有极其重要的价值。

1. 加强宪法实施是保障人权的需要。宪法是一个国家最重要的法律，在没有它之前，国家的合法性是经不起推敲的；宪法是一国法律体系中最高的法律，任何违背宪法的法律，都会因缺乏正当性基础而失去效力；最后但最重要的是，宪法是一国法律系统中最爱人民的法律，她规定了公民的各项基本权利，用心呵护公民的各项自由，为了防止公权力侵害私人自由，她对国家机关的权力进行了细致的限定和制衡、监督。历史证明，凡是宪法得到尊重的国家，人民就一定能够过上有尊严的生活。

2. 加强宪法实施是推进依法治国的需要。宪法是国家根本大法，是治国理政的总章程。依法治国，首先就要依宪治国，如果宪法没有权威，法治便只能成为一个梦想。在我国，宪法是党和人民意志的集中体现，是通过科学民主程序形成的根本法。坚持依法治国首先要坚持依宪治国，坚持依法执政首先要坚持依宪执政。只有认真实施宪法，方可推进依法治国，建设法治国家，这是实现国家富强、民族振兴、社会进步、人民幸福的必然要求。

由于种种原因，我国宪法的实施状态还不够好，宪法的许多条文，还仅仅停留在纸面，无法进入生活。在此背景下，全国各族人民、一切国家机关和武装力量、各政党和各社会团体、各企业事业组织，都应当以宪法为根本的活动准则，积极担负起维护宪法尊严、保证宪法实施的职责。

典型案例

案例1

近日，广东省人大常委会召开新闻发布会，针对社会普遍关心的"超生职工辞退条款"问题，广东省人大常委会法工委副主任李如章表示，将抓紧时间通过修改相关法规保证国家政策在广东落地。

2017年10月，全国人大常委会法工委向广东等五省人大发函，建议对地方人口与计划生育条例中"有关企业对其超生职工给予开除或者解除劳动（聘用）合同"的规定适时进行修改，理由是这些相关条例已经与变化的情况不适应，需要进行调整。

这是全国人大常委会通过备案审查纠正地方立法存在问题的又一典型事例。十二届全国人大以来，全国人大常委会法工委共收到公民、组织提出的各类审查建议1527件，对审查中发现存在与法律相抵触或者不适当问题的，积极稳妥地作出了处理。

良法是善治的前提。对所有规范性文件进行备案审查，确保所有"红头文件"合乎法治精神，本质上是维护宪法权威、保证宪法实施的体现。党的十九大提出"加强宪法实施和监督，推进合宪性审查工作，维护宪法权威"。从备案审查到合宪性审查，确保法律法规规范性文件符合宪法、符合上位法、符合立法法，必将有力推动宪法实施和监督，必将保障全面依法治国的深入推进。[1]

案例 2

2015 年 10 月，杭州市居民潘某的一辆电动自行车被杭州交警依据《杭州市道路交通安全管理条例》扣留。潘某认为该条例增设了"扣留非机动车并托运回原籍"的行政强制手段，涉嫌违法，因此于 2016 年 4 月致信全国人大常委会提出审查建议。全国人大常委会法工委后向潘某进行了书面反馈。2017 年 3 月杭州市人大常委会决定将《杭州市道路交通安全管理条例》的修改列入 2017 年立法计划。

拓展资源

宪法，就是一张写着人民权利的纸。　　——〔苏联〕列宁

世界上历来的宪政，不论是英国、法国、美国或者是苏联，都是在革命成功有了民主事实之后，颁布一个根本大法去承认它，这就是宪法。

——毛泽东

活动设计

通过网络和报纸搜集一下违反宪法的案例，开展以案说法活动，感悟宪法权威。

7. 什么是宪法监督?

理论解析

宪法监督是指国家为保障宪法的贯彻落实而建立的制度和开展的活动的总称。宪法监督的主要活动是违宪审查。违宪审查是指有权机关为保障宪法实施对法律、法规等规范性法律文件，以及一切国家机关、组织和个人的行

---

〔1〕　徐隽："备案审查，以良法促善治"，载《人民日报》2018 年 1 月 24 日，第 17 版。

为进行审查，以对其是否违宪作出裁决的活动。

宪法监督的内容包括两个方面：一是规范的合宪性审查和监督，即审查法律、法规、规章等规范性文件的合宪性，使其与宪法不抵触；二是行为的合宪性审查和监督，即对国家机关及其工作人员、各政党、武装力量、社会团体、企业事业组织和全体公民违宪行为进行审查，追究违宪责任，维护宪法权威。

在当今世界，宪法监督的体制主要有三种模式：①由普通司法机关作为宪法监督机关的体制。由普通司法机关作为宪法监督机关的体制起源于美国"马伯里诉麦迪逊"案。②由代议机关作为宪法监督机关的体制。由代议机关作为宪法监督机关的体制起源于英国。我国《宪法》规定，全国人大及其常委会负有监督宪法实施的职责。③由专门机关作为宪法监督机关的体制。由专门机关作为宪法监督机关的体制起源于1799年法国宪法设立的护法元老院。负责进行宪法监督的专门机关，有的称宪法法院（如德国），有的称宪法委员会（如法国）。

宪法监督的方式包括：①事先审查和事后审查。事先审查又称预防性审查。这种方式通常适用于法律、法规和法律性文件的制定过程。当法律、法规和法律性文件尚未正式颁布实施之前，由特定机关对其是否合宪所进行的审查；事后审查是指在法律、法规和法律性文件颁布实施以后，由特定机关对其是否合宪所进行的审查。②附带性审查和宪法控诉。附带性审查是指司法机关在审理具体案件过程中，对案件涉及的法律、法规和规范性文件是否合法而进行的合宪性审查。附带性审查往往以争讼事件为前提，所审查的也是与诉讼有关的法律、法规和法律性文件；宪法控诉也就是宪法诉讼，指当公民个人的宪法权利受到侵害后向宪法法院或者其他相关机构提出控诉的制度。

我国的宪法监督机关是全国人大及其常委会，采取事先审查与事后审查相结合的方式。为了加强宪法监督，需要不断完善全国人大及其常委会宪法监督制度，健全宪法解释程序机制；需要不断加强备案审查制度和能力建设，把所有规范性文件纳入备案审查范围，依法撤销和纠正违宪违法的规范性文件，禁止地方制发带有立法性质的文件。

■■■■■ 典型案例

案例 1

2003 年 3 月 17 日晚上，任职于广州某公司的湖北青年孙某在前往网吧的路上，因缺少暂住证，被警察送至广州市"三无"人员（即无身份证、无暂居证、无用工证明的外来人员）收容遣送中转站收容。次日，孙某被收容站送往一家收容人员救治站。在这里，孙某受到工作人员以及其他收容人员的野蛮殴打，并于 3 月 20 日死亡。这一事件被称为"孙某事件"。

"孙某事件"的发生后，在社会上掀起了对收容遣送制度的大讨论。2003年 5 月 14 日，3 名法学博士向全国人大常委会递交审查《城市流浪乞讨人员收容遣送办法》的建议书，认为收容遣送办法中限制公民人身自由的规定与中国宪法和有关法律相抵触，应予以撤销。2003 年 5 月 23 日，5 位著名法学家以中国公民的名义，联合上书全国人大常委会，就孙某案及收容遣送制度实施状况提请启动特别调查程序。

同年 6 月 20 日，国务院第 12 次常务会议通过的《城市生活无着的流浪乞讨人员救助管理办法》正式公布，并将于 2003 年 8 月 1 日起施行。1982 年5 月 12 日国务院发布的《城市流浪乞讨人员收容遣送办法》同时废止。

案例 2

2018 年 3 月，全国人大"法律委员会"更名为"宪法和法律委员会"，十三届全国人大一次会议表决通过了全国人大宪法和法律委员会主任委员、副主任委员、委员人选名单。

将"全国人大法律委员会"更名为"宪法和法律委员会"意味着，未来该专委会在承担法律议案审议工作的同时，还将承担起合宪性审查工作，审查把关法律法规、规范性文件是否合宪、合法，并对发现的违宪违法文件和行为进行纠正，让宪法真正长出"牙齿"。

■■■■　**法律原文**

《宪法》

第六十二条第（一）、（二）项　全国人民代表大会行使下列职权：

（一）修改宪法；

（二）监督宪法的实施；

第六十七条第（一）项　全国人民代表大会常务委员会行使下列职权：

（一）解释宪法，监督宪法的实施；

■■■■　**拓展资源**

对这块土地上的每一个臣民，不论他的力量多么强大，我都要奉献托马斯·富勒三百多年前说过的一句话：无论你的地位有多高，法律总要高过你。

——［英］丹宁

■■■■　**活动设计**

某市民政局、公安局、城管局拟联合发布《关于加强对城市生活无着的流浪乞讨人员救助管理的通告》，禁止在火车站、三星级以上宾馆周边繁华街区以及风景旅游区、重要公务活动场所、交通要道进行乞讨。对不听劝阻的乞讨者，要遣送到民政部门。对屡劝不听者，还可以进行罚款、治安拘留，移送回原籍，严重的将追究刑事责任。

问题：组织学生进行讨论，上述限制乞讨活动的规定是否符合宪法？为什么？

8. 哪些国家工作人员就职时需要进行宪法宣誓？

■■■■　**理论解析**

宪法宣誓制度的实施，有利于促使国家工作人员树立宪法意识、恪守宪法原则、弘扬宪法精神、履行宪法使命，也有利于彰显宪法权威，激励和教育国家工作人员忠于宪法、遵守宪法、维护宪法，加强宪法实施。2018 年 3 月 11 日通过的《中华人民共和国宪法修正案》第 40 条规定："国家工作人员就职时应当依照法律规定公开进行宪法宣誓。"这确立了宪法宣誓制度的宪法地位。

2018 年 2 月 24 日修订的《全国人民代表大会常务委员会关于实行宪法宣誓制度的决定》对依法需要进行宪法宣誓的国家工作人员进行了具体规定。该决定首先对应当进行宪法宣誓的国家工作人员进行了总体规定。规定为：各级人民代表大会及县级以上各级人民代表大会常务委员会选举或者决定任命的国家工作人员，以及各级人民政府、监察委员会、人民法院、人民检察院任命的国家工作人员，在就职时应当公开进行宪法宣誓。

具体为以下几类国家工作人员：

1. 全国人民代表大会选举或者决定任命的中华人民共和国主席、副主席，全国人民代表大会常务委员会委员长、副委员长、秘书长、委员，国务院总理、副总理、国务委员、各部部长、各委员会主任、中国人民银行行长、审计长、秘书长，中华人民共和国中央军事委员会主席、副主席、委员，国家监察委员会主任，最高人民法院院长，最高人民检察院检察长，以及全国人民代表大会专门委员会主任委员、副主任委员、委员等。此类人员进行宪法宣誓的宣誓仪式由全国人民代表大会会议主席团组织。

2. 全国人民代表大会闭会期间，全国人民代表大会常委会任命或者决定任命的全国人民代表大会专门委员会个别副主任委员、委员，国务院部长、委员会主任、中国人民银行行长、审计长、秘书长，中华人民共和国中央军事委员会副主席、委员。此类人员进行宪法宣誓的宣誓仪式由全国人民代表大会常务委员会委员长会议组织。

3. 全国人民代表大会常务委员会任命的全国人民代表大会常务委员会副秘书长，全国人民代表大会常务委员会工作委员会主任、副主任、委员，全国人民代表大会常务委员会代表资格审查委员会主任委员、副主任委员、委员等。此类人员进行宪法宣誓的宣誓仪式由全国人民代表大会常务委员会委员长会议组织。

4. 全国人民代表大会常务委员会任命或者决定任命的国家监察委员会副主任、委员，最高人民法院副院长、审判委员会委员、庭长、副庭长、审判员和军事法院院长，最高人民检察院副检察长、检察委员会委员、检察员和军事检察院检察长，中华人民共和国驻外全权代表。此类人员进行宪法宣誓的宣誓仪式由国家监察委员会、最高人民法院、最高人民检察院、外交部分别组织。

5. 国务院及其各部门、国家监察委员会、最高人民法院、最高人民检察院任命的国家工作人员。此类人员进行宪法宣誓的宣誓仪式由任命机关组织。

6. 地方各级人民代表大会及县级以上地方各级人民代表大会常务委员会选举或者决定任命的国家工作人员，以及地方各级人民政府、监察委员会、人民法院、人民检察院任命的国家工作人员。此类人员进行宪法宣誓的具体组织办法由省、自治区、直辖市人民代表大会常务委员会参照本决定制定，报全国人民代表大会常务委员会备案。

宪法宣誓制度在国外由来已久。自 1919 年德国《魏玛宪法》首次确认国家公职人员就职宣誓制度以后，很多国家如德国、意大利、新加坡、芬兰、希腊、荷兰、葡萄牙、南非等国的宪法中都明确规定，官员任职前要进行忠于宪法的宣誓。在 142 个有成文宪法的国家中，规定相关国家公职人员必须宣誓拥护或效忠宪法的有 97 个国家。由此可以看出各国对宪法宣誓制度的重视，也证明宪法宣誓制度在维护宪法尊严，促进宪法实施方面独特的价值。

典型案例

2015 年 7 月十二届全国人大常委会通过关于实行宪法宣誓制度的决定。为推进法治政府建设，激励和教育政府工作人员弘扬宪法精神，忠于宪法、遵守宪法、维护宪法，依法履职尽责，2016 年 7 月 20 日国务院常务会议通过了《国务院及其各部门任命的国家工作人员宪法宣誓组织办法》，明确规定了参加宣誓人员的范围、宣誓形式和程序等。

2016 年以来国务院任命的 38 个组成部门、直属特设机构、直属机构、办事机构、直属事业单位的 55 名负责人依法进行宪法宣誓。宣誓台上摆放着《宪法》。全体起立，面向国旗，同唱中华人民共和国国歌。领誓人左手抚按宪法，右手举拳，宣读誓词。其他宣誓人列队站立，举起右拳，跟诵誓词。这彰显了宪法权威，激励和教育国家工作人员忠于宪法、遵守宪法、维护宪法，加强宪法实施。

法律原文

《宪法》

第二十七条第三款　国家工作人员就职时应当依照法律规定公开进行宪法宣誓。

《全国人民代表大会常务委员会关于实行宪法宣誓制度的决定》

一、各级人民代表大会及县级以上各级人民代表大会常务委员会选举或者决定任命的国家工作人员，以及各级人民政府、监察委员会、人民法院、人民检察院任命的国家工作人员，在就职时应当公开进行宪法宣誓。

三、全国人民代表大会选举或者决定任命的中华人民共和国主席、副主席，全国人民代表大会常务委员会委员长、副委员长、秘书长、委员，国务院总理、副总理、国务委员、各部部长、各委员会主任、中国人民银行行长、审计长、秘书长，中华人民共和国中央军事委员会主席、副主席、委员，国家监察委员会主任，最高人民法院院长，最高人民检察院检察长，以及全国人民代表大会专门委员会主任委员、副主任委员、委员等，在依照法定程序产生后，进行宪法宣誓。宣誓仪式由全国人民代表大会会议主席团组织。

四、在全国人民代表大会闭会期间，全国人民代表大会常务委员会任命或者决定任命的全国人民代表大会专门委员会个别副主任委员、委员，国务院部长、委员会主任、中国人民银行行长、审计长、秘书长，中华人民共和国中央军事委员会副主席、委员，在依照法定程序产生后，进行宪法宣誓。

宣誓仪式由全国人民代表大会常务委员会委员长会议组织。

五、全国人民代表大会常务委员会任命的全国人民代表大会常务委员会副秘书长，全国人民代表大会常务委员会工作委员会主任、副主任、委员，全国人民代表大会常务委员会代表资格审查委员会主任委员、副主任委员、委员等，在依照法定程序产生后，进行宪法宣誓。宣誓仪式由全国人民代表大会常务委员会委员长会议组织。

六、全国人民代表大会常务委员会任命或者决定任命的国家监察委员会副主任、委员，最高人民法院副院长、审判委员会委员、庭长、副庭长、审判员和军事法院院长，最高人民检察院副检察长、检察委员会委员、检察员和军事检察院检察长，中华人民共和国驻外全权代表，在依照法定程序产生后，进行宪法宣誓。宣誓仪式由国家监察委员会、最高人民法院、最高人民检察院、外交部分别组织。

七、国务院及其各部门、国家监察委员会、最高人民法院、最高人民检察院任命的国家工作人员，在就职时进行宪法宣誓。宣誓仪式由任命机关组织。

九、地方各级人民代表大会及县级以上地方各级人民代表大会常务委员会选举或者决定任命的国家工作人员，以及地方各级人民政府、监察委员会、人民法院、人民检察院任命的国家工作人员，在依照法定程序产生后，进行宪法宣誓。宣誓的具体组织办法由省、自治区、直辖市人民代表大会常务委员会参照本决定制定，报全国人民代表大会常务委员会备案。

拓展资源

宪法宣誓誓词：

我宣誓：忠于中华人民共和国宪法，维护宪法权威，履行法定职责，忠于祖国、忠于人民，恪尽职守、廉洁奉公，接受人民监督，为建设富强民主文明和谐美丽的社会主义现代化强国努力奋斗！

1. 结合学校团队活动，开展"模拟宣誓"活动，体会宪法权威。

2. 访谈身边的国家公职人员，请他们分享自己"向宪法宣誓"的故事。

9. 如何区分立法、执法和司法？

理论解析

1. 立法。立法又称法律制定，通常是指特定国家机关依照一定程序，制定、认可、废止法律的活动。从国家管理的角度讲，立法是国家的重要职权活动，是国家开展行政管理和司法审判的前提。在我国，立法体制主要包括：①全国人大及其常委会行使国家立法权。全国人大修改宪法，制定和修改刑事、民事、国家机构的和其他的基本法律，全国人大常委会制定和修改除应当由全国人大制定的法律以外的其他法律。②国务院根据宪法和法律制定行政法规。③省、自治区、直辖市、设区的市的人民代表大会及其常务委员会，可以制定地方性法规。④民族自治地方（即自治区、自治州、自治县）的人民代表大会有权依照当地民族的政治、经济和文化的特点，制定自治条例和单行条例。⑤国务院各部委、省、自治区、直辖市和设区的市、自治州的人民政府，可以制定规章。

2. 执法。在我国，执法这个概念有广义和狭义之分。广义的执法，是指一切国家机关执行法律的活动，包括国家立法机关、行政机关、司法机关及其公职人员依照法定职权和程序实施法律的活动。狭义上的执法，则专指国家行政机关、法律授权的社会组织及其公职人员依法行使管理职权、实施法律的活动，有时候可以叫"行政执法"，我们在这里所讲的执法，仅指狭义的执法。

行政执法是法律实施的主要途径之一。在现代国家的各种职权中，行政权或执行权是最重要的权力，行政机关的任务最重大，管理的事务最广泛，因此它在法律实施中具有不可替代的地位。从某种程度上讲，法律实施的关键就在于行政机关是否依法管理、依法服务，同时，法治实现的关键也在于行政机关是否依法办事、依法行政。

与立法和司法相比，行政执法活动具有自己的特征：

（1）执法的主体是国家行政机关及其公职人员，以及依法被授权的社会组织。执法是代表国家进行的社会管理活动，其主体是特定的机关与组织。在我国，执法主体可以分为三类：第一类是中央和地方各级人民政府及其公职人员，包括国务院和地方各级人民政府及其公职人员，它们是最重要的执法主体；第二类是各级人民政府中的工作部门及其公职人员，如国务院的各部委和地方人民政府中的厅、局等机构，包括公安部门、市场监管部门、教育部门、税务部门等；第三类是依法被授权和被委托的社会组织，包括法律法规授权的组织和行政机关委托的组织，比如村委会、居委会、消费者协会等。

（2）执法具有国家权威性和国家强制性。行政机关的执法行为是依照法律授权进行的公共管理活动，代表着国家，因此具有国家权威性，其他机关、社会组织和公民必须尊重，不可进行不正当的干涉。同时，行政机关依据法律对社会进行有效管理，前提是必须享有一定的行政权。行政权的合法行使对被管理的对象具有强制性，公民和组织必须服从，否则行政机关可以采取强制措施。

（3）与司法的被动性不同，执法具有主动性和单方面性。执法权既是国家行政机关进行社会管理的权力，也是它对社会、对民众承担的义务，既是职权，也是职责。因此，行政机关在进行社会管理时，应当以积极的态度主动执行法律，严格履行职责。与此同时，行政机关在采取行政措施时，不一定依赖行政相对人的请求，在作出行政决定时，也不一定要征得行政相对人的同意。相反，如果行政机关消极怠工，推卸职责，则构成行政不作为，要承担相应的法律责任。

3. 司法。法的适用就是司法，俗称"打官司"，是国家司法机关依据法定职权和程序，应用法律处理案件、解决纠纷的专门活动。司法的任务是解决纠纷，目的是"定纷止争"。与调解、仲裁等其他纠纷解决机制不同，司法属于现代社会最权威、最公平、最文明的纠纷解决机制。

（1）司法的公平性。司法是最公平的纠纷解决机制，而这种公平性是依赖一套科学合理的诉讼程序来保障和实现的。程序法的存在，就是保障正义得到实现，而且是以看得见的、公开和公正的方式得到实现。诉讼程序对审判公正具有两方面的价值：一是其工具价值，即程序作为手段或工具可以最大化地保障审判结果的准确与公正；二是其独立价值，即理性和正当的程序本身就增加了审判的权威性和可接受性。"程序是法治和恣意而治的分水岭。"正当的诉讼程序的存在，对司法官员的审判行为构成一种有效的规范和约束，使他们不得肆意妄为，从而保障了诉讼当事人的合法权益。

（2）司法的文明性。现代司法是一种文明的纠纷解决机制。在通过司法解决纠纷的过程中，一切主张都得有道理，一切结论都得有依据，因此，"讲理"成为司法诉讼的一个重要特点。在公平的司法诉讼过程中，参与各方，包括作为裁决者的法院，都必须讲理，必须拿证据和法律来支持自己的主张，暴力性的因素是被司法拒绝和排斥的。当然，司法要"讲理"，但讲的不是情理或伦理，而是法理，也就是说，司法诉讼要以法律为依据，而法律则具有理性的特征，法律的理性保障了司法的文明性。

典型案例

案例1：立法

中华人民共和国第十二届全国人民代表大会第五次会议2017年3月15日表决通过了《中华人民共和国民法总则》，国家主席习近平签署第66号主席令予以公布，自2017年10月1日起施行。《中华人民共和国民法总则》是民法典的总则编，规定了民事活动的基本原则和一般规定，在民法典中起统领性作用。

案例 2：执法

2017 年 6 月 1 日，因自身原因晚到导致误机，武汉某大学在读女博士张某情绪失控，大闹武汉天河国际机场值机柜台，掌掴机场工作人员，被湖北省公安厅机场公安局依法处以行政拘留 10 日。

案例 3：司法

2017 年 6 月 22 日清晨，杭州"蓝色钱江公寓"2 幢 1 单元 1802 室发生火灾，该户女主人朱某某及其三个孩子遇难，保姆莫某某逃生，男主人林某某当时不在家。当天，警方调查明确火灾为放火案，莫某某有重大作案嫌疑。

2017 年 2 月 9 日，杭州中级人民法院一审公开宣判被告人莫某某放火、盗窃一案，以放火罪判处莫某某死刑，剥夺政治权利终身；以盗窃罪判处其有期徒刑 5 年，并处罚金人民币 1 万元，二罪并罚，决定执行死刑，剥夺政治权利终身，并处罚金人民币 1 万元。

法律原文

《宪法》

第六十二条第（一）、（二）、（三）项　全国人民代表大会行使下列职权：

（一）修改宪法；

（二）监督宪法的实施；

（三）制定和修改刑事、民事、国家机构的和其他的基本法律；

第六十七条第（一）～（四）项　全国人民代表大会常务委员会行使下列职权：

（一）解释宪法，监督宪法的实施；

（二）制定和修改除应当由全国人民代表大会制定的法律以外的其他法律；

（三）在全国人民代表大会闭会期间，对全国人民代表大会制定的法律进行部分补充和修改，但是不得同该法律的基本原则相抵触；

（四）解释法律；

第八十五条　中华人民共和国国务院，即中央人民政府，是最高国家权力机关的执行机关，是最高国家行政机关。

第一百二十八条　中华人民共和国人民法院是国家的审判机关。

第一百三十四条　中华人民共和国人民检察院是国家的法律监督机关。

第一百二十三条　中华人民共和国各级监察委员会是国家的监察机关。

《立法法》

第三条　立法应当遵循宪法的基本原则，以经济建设为中心，坚持社会主义道路、坚持人民民主专政、坚持中国共产党的领导、坚持马克思列宁主义毛泽东思想邓小平理论，坚持改革开放。

第四条　立法应当依照法定的权限和程序，从国家整体利益出发，维护社会主义法制的统一和尊严。

第五条　立法应当体现人民的意志，发扬社会主义民主，坚持立法公开，保障人民通过多种途径参与立法活动。

第六条　立法应当从实际出发，适应经济社会发展和全面深化改革的要求，科学合理地规定公民、法人和其他组织的权利与义务、国家机关的权力与责任。

法律规范应当明确、具体，具有针对性和可执行性。

拓展资源

立法，即审慎地制定法律，已被恰如其分地描述为人类所有发明中隐含着最严峻后果的发明之一，其影响甚至比火的发现和弹药的发明还要深远……立法正被人们操纵成一种威力巨大的工具。　　——［英］哈耶克

正义不仅要实现，而且要以人们看得见的方式实现。　——西方法律格言

活动设计

将全班分为"立法、执法、司法"三组，通过搜集案例与解析的方式，开展学习分享活动。

10. 对违宪行为如何追究法律责任?

理论解析

当违宪行为出现时，特定机关应当追究违宪主体的违宪责任。根据违宪主体，违宪行为内容的不同，违宪行为一般有以下六种责任形式：

1. 弹劾。弹劾是指特定国家机关（一般是国家权力机关）依照法定程序和权限剥夺失职的国家领导人和重要公职人员职务的一种违宪责任。这一违宪制裁措施主要适用于实行总统制的国家。弹劾的对象主要是由人民和特殊机构选举出来的在其任职期间选举人无权罢免的政府官员。

2. 罢免。罢免是对政府公共官员在其任职届满之前由选民或原选举单位以选举方式撤免其职务的违宪责任。罢免措施在 1852 年为瑞士所采用，美国各州 1908 年后也陆续开始采用。现在这一违宪责任亦为社会主义国家宪法所普遍采纳。罢免责任适用对象主要是违宪失职，或有违民意，或失职腐败，或缺乏为官之德的政府官员。

3. 撤销。撤销是指违宪审查机关撤销违宪的法律法规的一种措施。撤销这一违宪责任一般由实行立法机关审查或专门机关审查模式的国家的宪法所规定。例如，我国宪法规定全国人民代表大会常务委员会有权撤销国务院制定的同宪法、法律相抵触的行政法规、决定和命令，有权撤销省、自治区、直辖市国家权力机关制定的同宪法、法律和行政法规相抵触的地方性法规和决议等。

4. 拒绝适用。这种宪法责任的追究方式在英美法系国家较为普遍。因为在英美法系国家中，法院仅具有具体的违宪审查权，其不能撤销某项法律规范并宣布其无效，亦即法院对违宪的法律规范只能拒绝适用，而不能抽象地撤销。但英美法系国家属于判例法国家，各级法院受上级法院及本法院裁判之约束，故凡经最高法院宣布为违宪并拒绝适用的法律规范，实际上具有将来不得再行适用的一般效果。

5. 宣告无效。宣告无效是指宪法审判机关对具有明显违宪情形的法律规范宣布其效力自始至终不存在。因此，宣告无效与撤销是不同的。被宣告无效的法律规范自制定之日起失去效力，而被撤销的法律只能自撤销之日起或撤销之日起一定期限后失去效力，亦即宣告无效的宪法判决具有溯及力，而撤销的宪法判决不具有溯及力。一般而言，刑事法律因涉及公民的生命与人身自由等重大权利，故有关刑事法律规范方面的宪法判决应具有溯及力，以便启动依该法律规范审结的刑事案件的再审程序，所以宪法审判机关应对违宪的刑事规范作宣告无效的判决，而对其他法律规范仅作撤销判决。

6. 取缔政治组织。它是指违宪审查机关禁止违宪政党存在与活动的一种措施。目前不少实行政党政治的国家都采用了这一违宪责任。例如德国宪法规定，被联邦德国宪法法院裁决违宪的政党必须承担被取缔的违宪责任。

典型案例

朴槿惠是韩国历史上第一位被成功弹劾的总统。此次事件也被称为"亲信干政门"。此事件因朴槿惠的"闺蜜"崔顺实而起。崔顺实借助朴槿惠"闺蜜"的身份设立基金、阅读总统机密讲稿并协助女儿舞弊进入韩国第一女校梨花女子大学。虽然朴槿惠多次向国民道歉，但未能平息民众不满。随着越来越多的与朴槿惠有关的丑闻接连曝光，韩国国会开始介入，并于 2016 年 11 月通过了相关的检察法案及国会调查委员会调查计划。其后，171 名韩国在野党及无党派议员联合向国会提交对朴槿惠的弹劾动议案。最终，国会以 234 票赞成、56 票反对、9 票弃权表决通过这一动议。2018 年 2 月 28 日特别检察组公布调查结果，认定朴槿惠多项罪名成立。3 月 10 日，韩国宪法法院投票赞成弹劾朴槿惠。朴槿惠由此成为韩国宪政史上第二名被国会弹劾的总统，其对总统权力进行了滥用。"亲信干政门"构成其遭弹劾最重要的法律依据，而其之后并未配合相关调查也被视为损害了民主和法治的根本。

法律原文

《宪法》

第六十三条　全国人民代表大会有权罢免下列人员：

（一）中华人民共和国主席、副主席；

（二）国务院总理、副总理、国务委员、各部部长、各委员会主任、审计长、秘书长；

（三）中央军事委员会主席和中央军事委员会其他组成人员；

（四）国家监察委员会主任；

（五）最高人民法院院长；

（六）最高人民检察院检察长。

第六十七条第（六）～（八）项　全国人民代表大会常务委员会行使下列职权：

（六）监督国务院、中央军事委员会、国家监察委员会、最高人民法院和最高人民检察院的工作；

（七）撤销国务院制定的同宪法、法律相抵触的行政法规、决定和命令；

（八）撤销省、自治区、直辖市国家权力机关制定的同宪法、法律和行政法规相抵触的地方性法规和决议。

拓展资源

国王不应服从任何人，但应服从上帝和法律，国王在法律之下。

—— ［英］布莱克顿

活动设计

结合"追究违宪行为的六种责任形式"，查阅资料开展以案说法的活动。

11. 宪法规定的财产权与民法规定的财产权有什么不同?

▰▰▰ **理论解析**

财产权在宪法权利体系和民法权利体系中都占有举足轻重的地位。两种体系中的财产权有如下几点不同:

1. 宪法财产权防范来自国家的侵犯,民法财产权防范来自民事主体的侵犯。宪法财产权和民法财产权都不调整人和财产的关系,而是调整由于使用财产而形成的主体间的关系。但两者所调整的主体之间的关系呈现出不同之处。宪法财产权防范来自国家权力的侵犯,民法财产权防范来自民事主体的侵犯。宪法财产权不仅防范专制政府的侵犯,也防范来自民主政府的僭越,构成对民主的限制。而民法财产权是公民对抗公民或私人对抗私人的一种权利。

2. 宪法财产权是一项消极人权,防止因国家的不当侵入导致社会财富总量的减少;民法财产权是一项积极的权利,通过鼓励财产的流动从而增加社会财富的总量。宪法财产权作为一项人权,主要是作为针对国家的"防御权"来构造的,针对国家权力而对个人宪法上地位的不当侵害,宪法上的财产权使个人凭借法的手段所进行的防御成为可能。民法上的财产权作为一项基本民事权利,在界定财产归属的同时,鼓励财产所有者之间的交易,在财富流动的过程中促进社会财富总量的增加。即使是作为一种消极的对其他民事主体的防御权时,也是作为一项积极的权利来构造的。

3. 宪法财产权强调财产权中的人格因素,而民法财产权强调财产权中物的因素。宪法财产权作为一种与人身紧密关联的资格,往往比民法财产权更加注重人际关系的因素,且不明确地指向具体的客体,一个人并不因为暂时没有财产而失去宪法上取得、占有和使用财产的资格。民法上的财产权是以物为中介的人与人的关系的表现,有明确、具体的权利客体。对于一个没有财产的人来说，民法上的财产权是不存在的。

4. 宪法财产权以所有权为核心，而民法财产权包括物权、债权和知识产权，所有权在民法财产权体系中不占核心地位。宪法财产权是以所有权为核心的，即保护公民个人对自己所有财产的绝对支配性。当然，这个所有权既包括现实的所有权，也包括将来的所有权，即期待的所有权。民法财产权是与人身权对应的概念。所以，所有不属于人身权的民事权利，几乎都可以归结在财产权的范围内。围绕财产、民事主体之间可以发生各种性质的民事关系。因此，民法上的财产权是一个权利束的组合，包括物权、债权和知识产权。

▰▰▰ 典型案例

　　魏某与其兄魏某财两户6口人，均是胜利村的村民。1998年1月1日，魏某以自己的名义与胜利村签订土地承包合同，承包胜利村土地12亩。该地在胜利村的水渠两侧。该土地被征用前，魏某将水渠平掉后耕种。2002年魏某承包的6.6亩土地被征用，被征用土地的土地补偿费、安置费、青苗补偿费胜利村已给付魏某。但同时征用的还有魏某将胜利村的公用水渠平掉后，开垦耕种的4.38亩土地的青苗。青苗补偿费的标准为每平方米3.8元。胜利村以原告擅自开垦耕种集体公用水渠，致使征地时给被告造成经济损失为由，拒绝给付魏某青苗补偿费11 101.54元。魏某向法院起诉，要求胜利村支付青苗补偿费11 101.54元。

　　法院审理认为，青苗补偿费是征地部门对所征用土地的地表种植物的一种补偿。魏某对地表种植作物，投入了人力、物力、财力，青苗补偿费理应给付魏某。原告方魏某向法院提交了相关证据后，证明其要求胜利村给付青苗补偿费的诉讼请求有理。因此法院判决胜利村于判决生效后10日内给付原告方魏某4.38亩青苗补偿费11 101.54元。案件受理费455元由被告胜利村负担。

法律原文

《宪法》

第十一条 在法律规定范围内的个体经济、私营经济等非公有制经济，是社会主义市场经济的重要组成部分。

国家保护个体经济、私营经济等非公有制经济的合法的权利和利益。国家鼓励、支持和引导非公有制经济的发展，并对非公有制经济依法实行监督和管理。

第十二条 社会主义的公共财产神圣不可侵犯。

国家保护社会主义的公共财产。禁止任何组织或者个人用任何手段侵占或者破坏国家的和集体的财产。

第十三条 公民的合法的私有财产不受侵犯。

国家依照法律规定保护公民的私有财产权和继承权。

国家为了公共利益的需要，可以依照法律规定对公民的私有财产实行征收或者征用并给予补偿。

《民法典》

第二条 民法调整平等主体的自然人、法人和非法人组织之间的人身关系和财产关系。

第三条 民事主体的人身权利、财产权利以及其他合法权益受法律保护，任何组织或者个人不得侵犯。

拓展资源

财产是神圣不可侵犯的权利。 ——法国 1789 年《人权与公民权利宣言》

显而易见，确认财产权是划定我们免于压迫的私人领域的第一步。

—— ［德］康德

活动设计

针对财产权的讨论，同学们有不同的认识：

甲同学：人人都享有宪法财产权。

乙同学：民法财产权是有产者才享有的权利。

结合以上观点，开展法治辩论活动。

12. 宪法规定的人民当家作主的途径和方式有哪些?

理论解析

人民当家作主是社会主义民主政治建设的出发点和归宿。我国宪法中规定的人民当家作主的途径和方式有坚持和完善人民代表大会制度、中国共产党领导的多党合作和政治协商制度、民族区域自治制度、基层群众自治制度。

人民代表大会制度是我国的根本政治制度，是我国人民当家作主的重要途径和最高形式，它有力地保证了人民当家作主。该制度是指国家的一切权力属于人民，人民在普选的基础上选派代表，按民主集中制原则组成全国人民代表大会和地方各级人民代表大会，行使国家权力，其他国家机关由人民代表大会产生，对它负责并受它监督，人民代表大会对人民负责，最终实现人民当家作主。

人民代表大会制度保证人民当家作主，主要体现在三个方面：首先，它规定了符合我国国情的人民行使国家权力的方式。《宪法》明确指出：人民行使国家权力的机关是全国人民代表大会和地方各级人民代表大会。据此，人民代表大会制度采用"代议制"的形式，由人民选举自己的代表，进入全国人民代表大会和地方各级人民代表大会，成为国家权力机关的组成人员，代表人民行使国家权力，这不仅充分体现了主权在民的性质，而且能够全面、直接、充分地反映"一切权力属于人民"的宪法精神。其次，它规定了人民代表大会处于国家机关的核心地位。人民代表大会制度明确规定并充分体现了由人大代表组成的代表人民行使国家权力的人民代表大会，是整个国家权力体系的核心和基础。其他国家机关，包括国家行政机关、监察机关、审判机关、检察机关都由人大产生、对人大负责、受人大监督。而人民代表大会只对人民负责，受人民监督。最后，它保证了让人大代表拥有直接参与管理国家事务的权力。依照人大制度的运作规则，由人民选出的人大代表，在人民代表大会开会期间，代表人民选举国家机关领导人，代表人民讨论决定国家重大事项；在人代会闭会期间，则以参加视察、执法检查以及提出批评、意见、建议等方式，代表人民行使对一府两院的监督权，这些都是保证人民当家作主的有力体现。

我国《宪法》中规定基层群众自治制度，该制度是人民当家作主最广泛、最有效的途径。基层群众自治制度是指处于基层的城市和农村居民群众通过居民委员会和村民委员会，直接行使民主选举、民主决策、民主管理和民主监督等权利，实行自我管理、自我服务、自我教育、自我监督的制度。其中，城市居民自治是指城市居民通过居民委员会进行的、管理自己事务的制度，而村民自治是指农村村民通过村民委员会进行的、管理自己事务的制度。直接民主是基层群众自治制度的内在要素。在《城市居民委员会组织法》和《村民委员会组织法》中，直接民主得到了体现。根据这两部法律的规定，居民会议和村民会议讨论决定与全体居民和村民利益密切相关的问题。

中国共产党领导的多党合作和政治协商制度也体现了人民当家作主，该制度在我国《宪法》序言中得到了确认。多党合作制度是以中国共产党为唯一执政党，领导国家政权。民主党派在接受中国共产党领导的前提下，同中国共产党通力合作，参与国家政权，共同致力于建设中国特色社会主义事业，具有参政党地位。政治协商是在中国共产党领导下，各民主党派，各人民团体、各少数民族和社会各界的代表，对国家的大政方针以及政治、经济、文化和社会生活中的重要事务，在决策之前举行协商和就决策执行过程中的重要问题进行协商的制度。多党合作和政治协商是以中国人民政治协商会议为重要的活动场所和组织机构，是实行科学决策、民主决策的重要环节。把政治协商纳入决策程序，是政治协商的重要原则，体现了人民当家作主。

民族区域自治制度在我国宪法和法律中得到了确认，规定了民族自治地方自治机关的法律地位。民族自治机关既是国家一级地方政权机关，又是少数民族实行区域自治的机关，它既行使同级一般地方国家机关的职权，又行使民族自治权。各民族自治机关都实行民主集中制原则，自治地方的人民代表大会是自治地方的国家权力机关，自治地方的人民政府是国务院统一领导下的地方国家行政机关。民族自治地方在许多事项具有自主权，如可制定自治条例和单行条例、自主管理财政、对上级国家机关的决议、决定、命令和指示进行变通执行和停止执行等，体现了民族自治地方人民的当家作主。

十九大报告明确指出，人民当家作主是社会主义民主政治的本质特征。通过一系列行之有效的制度安排和活动规范形成的人民当家作主，能够实现形式民主与实质民主相统一、程序民主与实体民主相结合、选举民主与协商民主相促进，是维护人民根本利益的最广泛、最真实、最有效的民主。

典型案例

十二届全国人大常委会第三十三次会议2018年2月24日表决通过了十二届全国人大常委会代表资格审查委员会关于十三届全国人大代表的代表资格的审查报告，确认2980名十三届全国人大代表的代表资格全部有效，其中包括江苏选出的150名代表。这150人中，工人、农民代表26名，占比17.3%；女性代表33名，占比22%；大专以上学历137名，占比91.3%；45岁以下18名，占比12%。这些代表将代表人民行使国家权力，并且其组成的全国人民代表大会将审议政府工作报告，审查2017年国民经济和社会发展计划执行情况与2018年国民经济和社会发展计划草案的报告等其他国家重大事项。体现了人民当家作主的要求。

法律原文

《宪法》

序言　……中国共产党领导的多党合作和政治协商制度将长期存在和发展……

第一条第一款　中华人民共和国是工人阶级领导的、以工农联盟为基础的人民民主专政的社会主义国家。

第二条　中华人民共和国的一切权力属于人民。

人民行使国家权力的机关是全国人民代表大会和地方各级人民代表大会。

人民依照法律规定，通过各种途径和形式，管理国家事务，管理经济和文化事业，管理社会事务。

第三条　中华人民共和国的国家机构实行民主集中制的原则。

全国人民代表大会和地方各级人民代表大会都由民主选举产生，对人民负责，受人民监督。

国家行政机关、监察机关、审判机关、检察机关都由人民代表大会产生，对它负责，受它监督。

中央和地方的国家机构职权的划分，遵循在中央的统一领导下，充分发挥地方的主动性、积极性的原则。

第四条第三、四款　各少数民族聚居的地方实行区域自治，设立自治机关，行使自治权。各民族自治地方都是中华人民共和国不可分离的部分。

各民族都有使用和发展自己的语言文字的自由，都有保持或者改革自己的风俗习惯的自由。

第一百一十一条　城市和农村按居民居住地区设立的居民委员会或者村民委员会是基层群众性自治组织。居民委员会、村民委员会的主任、副主任和委员由居民选举。居民委员会、村民委员会同基层政权的相互关系由法律规定。

居民委员会、村民委员会设人民调解、治安保卫、公共卫生等委员会，办理本居住地区的公共事务和公益事业，调解民间纠纷，协助维护社会治安，并且向人民政府反映群众的意见、要求和提出建议。

拓展资源

针对人民当家作主的实现途径和方式，在班级中组织学生对自己实现当家作主的亲身经历进行讨论。

13. 什么是法律效力?

理论解析

"法律效力"这个词有较多含义,在不同场合使用时其含义会存在差别。

如果说一个决定或行为的法律效力,一般指这个决定或行为对相关当事人的约束力。比如,甲乙签订了一份买卖合同,这个合同就对买卖双方具有法律效力;公安部门对一个肇事司机进行了处罚,这个处罚对该司机就具有法律效力;人民法院针对甲乙的离婚案件作出了判决,这个判决书就具有法律效力。一个决定或行为是否有法律效力,取决于该行为本身是否依法进行,违法作出的行为不具有法律约束力,比如通过暴力签订的合同、滥用职权作出的决定等,就不会产生法律效力。

如果说一部法律的法律效力,往往是指这个法律的效力等级。法的效力等级,是法的效力问题的一个重要组成部分,在一个多元化的法律体系中,法律的来源与形式不同,其效力也往往不同,有的法律效力很高,有的法律效力较低,相互之间形成一个有机的整体。一般说来,法律的效力高低是和立法主体及法律的内容相关联的,立法主体的地位较高,法律的内容较重要,法律的效力也就比较高。

根据我国《宪法》和《立法法》的有关规定,我国法律的效力等级大致可以分为下面几个层次:

第一等级:宪法。宪法是国家的根本法,由最高国家权力机关即全国人大制定,规定的内容具有根本性和重要性,因而,宪法具有最高的法律效力,一切法律、行政法规、地方性法规、自治条例和单行条例、规章都不得同宪法相抵触。

第二等级:法律、国际公约。这里的"法律"专指全国人大及其常委会制定的规范性法律文件,而国际公约指我国参加和缔结的国际公约,它们的效力仅次于宪法，处于效力等级的第二个层次。

第三等级：行政法规。国务院根据宪法和法律，在行政管理领域制定的行政法规，是我国法律体系的重要组成部分，其效力处于第三个层次。

第四等级：地方性法规、自治条例、单行条例。一般来说，地方性法规、自治条例和单行条例这几类规范性法律文件的效力大致处于同一个效力等级，但是由于该类法律文件的制定主体比较多，所以在其内部依据制定主体的级别高低又会有所区别。具体说来包括：上一级人大和常委会制定的规范性文件高于下一级人大和常委会制定的规范性文件，同级人大制定的规范性文件高于同级人大常委会制定的规范性文件。

第五等级：规章。在我国的法律体系中，行政机关制定的规章是效力最低的。具体说来：地方性法规的效力高于本级和下级地方政府规章；省、自治区的人民政府制定的规章的效力高于本行政区域内的设区的市、自治州的人民政府制定的规章；部门规章之间、部门规章与地方政府规章之间具有同等效力，在各自的权限范围内施行。

典型案例

甘某原系暨南大学华文学院语言学及应用语言学专业 2004 级硕士研究生。2005 年间，甘某在参加现代汉语语法专题科目的撰写课程论文考试时，提交了《关于"来着"的历时发展》的考试论文，任课老师发现其提供的考试论文是从互联网上抄袭的，遂对其进行批评、教育后，要求重写论文。甘某第二次向任课老师提供的考试论文《浅议东北方言动词"造"》，又被任课老师发现与发表于《江汉大学学报》2002 年第 2 期《东北方言动词"造"的语法及语义特征》一文雷同。

2006 年 6 月 19 日，暨南大学校长办公会议决定同意给予甘某开除学籍的处分，并制作了暨学〔2006〕33 号《关于给予硕士研究生甘某开除学籍处分的决定》（以下简称开除学籍决定），对甘某作出开除学籍处分。2007 年 6 月 11 日，甘某以暨南大学作出的开除学籍决定没有法律依据及处罚太重为由，向广州市天河区人民法院提起行政诉讼，请求撤销暨南大学作出的开除学籍决定并承担案件诉讼费。广州市天河区人民法院以（2007）天法行初字第62号行政判决维持了开除学籍决定。甘某不服提起上诉，广东省广州市中级人民法院判决驳回甘某上诉，维持原判。

甘某依然不服，继续向最高人民法院申请再审。最高法院依据《行政诉讼法》以及教育部《高等学校学生行为准则》《普通高等学校学生管理规定》，最终撤销广州市天河区和中级人民法院的判决；并确认暨南大学暨学 [2006] 33号《关于给予硕士研究生甘某开除学籍处分的决定》违法。

在本案中，《行政诉讼法》、教育部《高等学校学生行为准则》《普通高等学校学生管理规定》具有普遍性的法律效力，相关国家机关、学校、个人均应遵守。而法院的判决具有针对性的法律效力，即仅仅对本案的原被告即暨南大学和甘某有约束力。

活动设计

不同的社会规范具有不同的约束力，围绕上述甘某案，分组采用适合的图示设计，体现它们不同的效力。

14. 公民监督权与人大的监督权有何不同？

理论解析

公民的监督权，使得公民可以对国家机关开展监督，这属于私权利对公权力的监督，而人大的监督权，主要涉及人大对政府、监察机关、司法机关的监督，属于公权力对公权力的监督。

根据我国《宪法》的规定，公民的监督权主要包括：①批评、建议权。批评权是指公民有对国家机关和国家工作人员工作中的缺点和错误提出批评意见的权利。建议权则指公民有对国家机关和国家工作人员的工作提出合理化建议的权利。②控告、检举权。控告是指公民对任何国家机关和国家工人员的违法失职行为，有向有关机关进行揭发和指控的权利。检举权是指公民对于违法失职的国家机关和国家工作人员，有向有关机关揭发事实、请求依法处理的权利。③申诉权。申诉权是指公民的合法权益因行政机关或司法机关作出错误的、违法的决定或裁判，或者因国家工作人员的违法失职行为而受到侵害时，有向有关机关申述理由、要求重新处理的权利。

人大监督是国家监督体系的重要组成部分，监督的目的是确保国家各项权力依法得到正确有效行使。宪法和法律对人大监督权的行使作出了明确规定。根据宪法和《中华人民共和国各级人民代表大会常务委员会监督法》，人大常委会开展监督的方式主要有如下几种：

1. 听取和审议人民政府、人民法院和人民检察院的专项工作报告。各级人民代表大会常务委员会每年选择若干关系改革发展稳定大局和群众切身利益、社会普遍关注的重大问题，有计划地安排听取和审议本级人民政府、人民法院和人民检察院的专项工作报告。

2. 审查和批准决算，听取和审议国民经济和社会发展计划、预算的执行情况报告，听取和审议审计工作报告。

3. 法律法规实施情况的检查。各级人大常委会，每年选择若干关系改革发展稳定大局和群众切身利益、社会普遍关注的重大问题，有计划地对有关法律、法规实施情况组织执法检查。

4. 规范性文件的备案审查。县级以上地方各级人民代表大会常务委员会可以审查、撤销下一级人民代表大会及其常务委员会作出的不适当的决议、决定和本级人民政府发布的不适当的决定、命令。

5. 询问和质询。各级人民代表大会常务委员会会议审议议案和有关报告时，本级人民政府或者有关部门、人民法院或者人民检察院应当派有关负责人员到会，听取意见，回答询问。全国人民代表大会常务委员会组成人员 10 人以上联名，省、自治区、直辖市、自治州、设区的市人民代表大会常务委员会组成人员 5 人以上联名，县级人民代表大会常务委员会组成人员 3 人以上联名，可以向常务委员会书面提出对本级人民政府及其部门和人民法院、人民检察院的质询案。

6. 特定问题调查。各级人民代表大会常务委员会对属于其职权范围内的事项，需要作出决议、决定，但有关重大事实不清的，可以组织关于特定问题的调查委员会。调查委员会应当向产生它的常务委员会提出调查报告。常务委员会根据报告，可以作出相应的决议、决定。

7. 撤职案的审议和决定。县级以上地方各级人民代表大会常务委员会在本级人民代表大会闭会期间，可以决定撤销本级人民政府个别副省长、自治区副主席、副市长、副州长、副县长、副区长的职务；可以撤销由它任命的本级人民政府其他组成人员和人民法院副院长、庭长、副庭长、审判委员会委员、审判员，人民检察院副检察长、检察委员会委员、检察员，中级人民法院院长，人民检察院分院检察长的职务。

典型案例

案例 1：群众举报

党的十八大以来，随着中央反腐败力度加大，群众举报总量大幅攀升。中央纪委信访室一位负责办理群众来信的工作人员介绍说："某省的群众来信在 2013 年之前，每月不过几百封，目前达到了每月近 3000 封。"

中央纪委信访室采取多种手段，进一步畅通和拓宽举报渠道。近年，网络举报数量逐年攀升。打开中央纪委监察部网站，在右侧醒目的位置，可以看到"举报指南""我要举报""举报查询""其他举报网站"四个板块，举报者只需点击"我要举报"板块就可进入中央纪委监察部举报网站，轻松提交举报，既免去了到来访接待大厅的舟车劳顿之苦，也不用像写信、打电话举报那样耗费邮资话费。如今，网络举报已占举报总量的近一半。

2014 年 12 月 9 日，中央纪委监察部网站开通反腐败国际追逃追赃线索举报平台，接受海内外人士对党员和国家工作人员逃往国（境）外，或者向国（境）外转移涉嫌违法违纪资产等行为的举报。

案例 2：公民建议

2017 年 10 月 16 日起，江苏 12345 在线面向全社会展开有奖征集"人民建议"活动，为期 2 个月。获"金点子"奖的参与者最高可得到 2000 元现金奖励，被确定为"好点子"的也有 50 元话费鼓励。多次提出"好点子"的参与者，还将获聘为江苏省级（市级）12345 在线"社会监督员"。

建议者可以通过江苏政务服务网、APP 江苏 12345 在线的电话、微信、微博、邮箱等多个渠道提交建议，标题请加注"人民建议"。活动择优选出 20 个"金点子"和若干"好点子"，并在江苏政务服务网、《扬子晚报》和全省 12345 在线平台上进行公示。

活动坚持"即征即办"，各设区市对征集到的建议按职责交办相关部门，并及时更新"人民建议"项目清单库，汇总到省平台；相关部门对照群众诉求焦点，通过走访调研等多种方式，确认相关建议的可行性，推动问题解决。

案例 3：人大监督

2016 年，全国人大常委会在全国范围内开展环境保护法执法检查，这是首次对新修订的环境保护法实施情况进行检查。有"史上最严"之称的新环保法实施一年多来，受到广泛关注。此次全国人大常委会启动环保法执法检查，将坚持问题导向，充分回应社会关切，突出重点。通过全面检查环保法实施情况，研究提出法律实施中存在的主要问题和有效贯彻落实法律的建议。

此次执法检查的重点包括：政府及相关部门环保责任落实情况；污染物排放总量控制、排污许可、环境监测、环境影响评价、环境信息公开等主要法律制度措施落实情况；加强法律宣传教育，推动公众参与环境保护方面的情况；大气、水、土壤等污染防治情况以及环保监察执法，违法行为查处等方面采取的措施和存在的主要问题。

执法检查组分成 5 个小组，自 6 月开始分赴河北、山西、黑龙江、河南、广西、贵州、云南、宁夏等 8 个省、自治区开展检查工作。全国人大常委会还委托其他 23 个省区市人大常委会分别对本行政区域内环保法的贯彻实施情况进行检查。

案例4：人大监督

2006年10月24日，在某市第十二届人大常委会会议上，某市政府有关负责人作了《〈关于解决城乡弱势群体看病难，看病贵问题〉代表议案办理情况的汇报》，但是这份报告在表决中未获得人大代表通过。该事件被媒体披露后在社会上激起了强烈反响。

事件起因是某市人大代表刘某在长期基层医疗服务工作中看到，医疗机构收取的检查和治疗费用居高不下，不但低收入的农民和市民感到不能承受治病的费用，而且这种势头正在向农村和城市中的普通家庭迅速蔓延。"小病抗、大病弃"已日益成为城乡居民生活中的无奈选择。因此，由刘某等12名市人大代表于2006年2月25日，第十二届人大三次会议上提出了《关于解决城乡弱势群体看病难、看病贵问题》的议案稿。议案稿随即成为正式议案，某市人大常委会将议案交由市政府办理。8个月后，市政府提交的《代表议案办理情况的汇报》中充斥着"高度重视""加强了"等没有实际意义的空话，代表们认为市政府的处理未秉承对人民负责的态度。所以，代表们行使了否决权，凸显了人大监督的权威。

法律原文

《宪法》

第四十一条　中华人民共和国公民对于任何国家机关和国家工作人员，有提出批评和建议的权利；对于任何国家机关和国家工作人员的违法失职行为，有向有关国家机关提出申诉、控告或者检举的权利，但是不得捏造或者歪曲事实进行诬告陷害。

对于公民的申诉、控告或者检举，有关国家机关必须查清事实，负责处理。任何人不得压制和打击报复。

由于国家机关和国家工作人员侵犯公民权利而受到损失的人，有依照法律规定取得赔偿的权利。

《各级人民代表大会常务委员会监督法》

第三条 各级人民代表大会常务委员会行使监督职权，应当围绕国家工作大局，以经济建设为中心，坚持中国共产党的领导，坚持马克思列宁主义、毛泽东思想、邓小平理论和"三个代表"重要思想，坚持人民民主专政，坚持社会主义道路，坚持改革开放。

第四条 各级人民代表大会常务委员会按照民主集中制的原则，集体行使监督职权。

第五条 各级人民代表大会常务委员会对本级人民政府、人民法院和人民检察院的工作实施监督，促进依法行政、公正司法。

第六条 各级人民代表大会常务委员会行使监督职权的情况，应当向本级人民代表大会报告，接受监督。

第七条 各级人民代表大会常务委员会行使监督职权的情况，向社会公开。

■■■■■ 活动设计

活动设计1："我向政府提建议"——组织同学就本地区存在的问题，向当地政府信访部门撰写公民建议。

活动设计2."模拟质询活动"——组织同学开展模拟人大质询活动，针对政府和司法机关的工作开展质询。

15. 什么是非法证据排除制度？

■■■■■ 理论解析

非法证据排除制度是指在刑事诉讼中，对采取非法手段取得的证据予以排除，不得作为证据采纳的统称。非法证据是指一切直接包含违法因素的证据材料，包括执法机关违反法定程序制作和调查收集的证据材料、执法机关在超越职权或者滥用职权时制作或者调查收集的证据材料、律师或者当事人采用非法手段制作或者调查收集的证据材料。但非法证据不包括执法机关以非法的证据材料为线索调查收集的其他证据，并且通过非法手段制作或者调查收集的证据材料在证明制作或者调查取证行为本身的违法性时不是非法证据。

非法证据排除规则源自于英美法，于 20 世纪初产生于美国。当今世界各国及国际组织，大都制定有非法证据排除规则。它通常指执法机关及其工作人员通过非法行为取得的证据不得在刑事审判中采纳的规则。"非法"者，本为非法取得之意；"排除"者，一开始指非法证据不得在刑事审判中采纳为不利于被告的证据，后扩大到包括在审前程序中不得以非法取得的证据为根据签发逮捕证和搜查证等司法行为，以及被告方可以法院未排除非法证据为由进行上诉和请求最高法院审查案件。

非法证据排除规则在我国的初步确立发生在 2010 年。在这一年，最高人民法院会同其他四个部门发布了两份规范性文件，确立了非法证据排除规则的基本框架，并对死刑案件中排除非法证据问题提出了更为详尽的要求。2012 年，立法机关通过修改刑事诉讼法，将非法证据排除规则确立在国家基本法律之中。随后，最高人民法院发布了关于适用刑事诉讼法的司法解释，对非法证据排除规则的适用对象和适用范围作出了较为具体的解释。随着"以审判为中心的诉讼制度改革"的深入展开，我国的非法证据排除规则得到了发展。最高人民法院、最高人民检察院、公安部、国家安全部、司法部于 2017 年共同发布了《关于办理刑事案件严格排除非法证据若干问题的规定》，进一步细化和完善了我国的非法证据排除规则体系，标志着我国非法证据排除规则走向成熟，体现了我国越来越重视保障司法人权和实现司法公正。

典型案例

1963 年 3 月 13 日，被告米兰达在自己家中被捕，被警察带到警察局，事后警方承认，讯问前未告知其有获得律师帮助的权利。2 小时后，米兰达在警察"为什么要干"的讯问下供认了犯罪事实，在讯问笔录上也签了字。据此他被以强奸罪和绑架罪提起诉讼，经法院几次审理都被判有罪，判处监禁50年。米兰达不服，最后上诉到联邦最高法院。当时的首席大法官沃伦经审理认为：警察的讯问违背了美国宪法第五修正案，即任何人不得被迫在刑事案件中自证其罪。所以由此获得的被告承认有罪的供述不能作为定罪的证据，故撤销原判决，立即释放被告。

该案的判决对美国社会震动很大，由此使警察在履行公务时必须遵守"忠告"义务，保护嫌疑人的合法权利。由此确立了著名的"米兰达规则"。

米兰达规则包括两个方面的内容：

1. 沉默权。沉默权是保护犯罪嫌疑人基本人权的强有力的工具。沉默权，即对提问可以不回答，从而减少和避免刑讯逼供、诱供或惧于强权的假供，是当今世界各国普遍确立的无罪推定原则下犯罪嫌疑人拥有的一项重要权利，它肯定了犯罪嫌疑人不得被迫自证有罪。

2. 获得律师帮助的权利。嫌疑人个人的力量不足以保证讯问的"正常"进行，律师的参与对讯问程序的合法有效起到监督保证作用，在程序上是必不可少的。因此对无力聘请律师的，应由政府免费提供，以确保法律面前人人平等。

法律原文

《宪法》

第十三条第一款　公民的合法的私有财产不受侵犯。

第三十七条　中华人民共和国公民的人身自由不受侵犯。

任何公民，非经人民检察院批准或者决定或者人民法院决定，并由公安机关执行，不受逮捕。

禁止非法拘禁和以其他方法非法剥夺或者限制公民的人身自由，禁止非法搜查公民的身体。

第三十九条　中华人民共和国公民的住宅不受侵犯。禁止非法搜查或者非法侵入公民的住宅。

第四十条　中华人民共和国公民的通信自由和通信秘密受法律的保护。除因国家安全或者追查刑事犯罪的需要，由公安机关或者检察机关依照法律规定的程序对通信进行检查外，任何组织或者个人不得以任何理由侵犯公民的通信自由和通信秘密。

《刑事诉讼法》

第五十二条　审判人员、检察人员、侦查人员必须依照法定程序，收集能够证实犯罪嫌疑人、被告人有罪或者无罪、犯罪情节轻重的各种证据。严禁刑讯逼供和以威胁、引诱、欺骗以及其他非法方法收集证据，不得强迫任何人证实自己有罪。必须保证一切与案件有关或者了解案情的公民，有客观地充分地提供证据的条件，除特殊情况外，可以吸收他们协助调查。

《最高人民法院关于适用〈中华人民共和国刑事诉讼法〉的解释》

第四章　证据

第九节　非法证据排除

最高人民法院、最高人民检察院、公安部、国家安全部、司法部《关于办理刑事案件严格排除非法证据若干问题的规定》

拓展资源

"毒树之果"

所谓"毒树之果"，是美国刑事诉讼中对某种证据所作的一个形象化的概括，意指"根据以刑讯逼供等非法手段所获得的犯罪嫌疑人、刑事被告人的口供，并获得的第二手证据（派生性证据）"。以非法手段所获得的口供是毒树，而以此所获得的第二手证据是毒树之果。"毒树之果"原则作为非法证据排除的规则，对遏制办案人员刑讯逼供，保护刑事被告人的基本权利有着进步作用。20世纪60年代美国联邦最高法院以微弱优势正式确立了"毒树之果"规则，即"美国联邦政府机构违反美国宪法规定所取得的证据材料，在审判中不具有证明力"。

活动设计

分组收集案例，以"认识非法证据排除"主题，开展案例分享交流活动。

第二单元

理解权利义务

1. 公民的政治权利和自由有哪些？

理论解析

政治权利和自由是公民依据宪法和法律的规定，参与国家政治生活的行为可能性，是公民权利的重要组成部分，也是公民其他权利的基础。

我国宪法和法律对于政治权利和自由的保障主要体现在三个方面：其一，政治保障。我国《宪法》第 2 条第 3 款规定了人民参与政治生活的基本形式："人民依照法律规定，通过各种途径和形式，管理国家事务，管理经济和文化事业，管理社会事务。"其二，法律保障。我国还通过了一系列保障公民政治权利和自由的法律，例如《选举法》《集会游行示威法》等。其三，物质保障。我国宪法还注重对政治权利和自由的物质保障。如《选举法》明确规定，选举经费由国库开支，从物质上保障了选举权的实现。

公民的政治权利和自由包括：①选举权和被选举权；②政治自由，即言论、出版、集会、结社、游行、示威的自由；③监督权。

1. 选举权与被选举权。选举应当符合以下四个基本原则：

（1）普遍选举。普遍选举意味着选举权和被选举权不应只限于某些群体或阶层，而必须是所有人都享有的权利。普遍选举的原则早在法国大革命时期就被提出，当时妇女并不享有选举权和被选举权，直到 1944 年妇女的这一权利才得以确立；而美国也是在 19 世纪 70 年代通过颁布宪法修正案的方式才确立了黑人的选举权利。但是普遍选举的原则并不排斥合理的限制，比如各国法律普遍规定，儿童、外国人、精神病患者不享有选举权和被选举权，就是对这一权利的合理限制。

对于被选举权，国家可以作出更为广泛的限制，例如，担任公共职务如议员或总统的最低年龄通常要高于参加选举的最低年龄，以确保被选举人能够承担起责任。此外，要求候选人必须满足一些形式条件，如支付某些费用或提供一定数量的支持声明等，只要这些条件不是过分或带有歧视性的，也都被认为是合理的。在我国，享有选举权和被选举权的选民，是指依照宪法和法律的规定，享有选举权，并经过选民登记，领取《选民证》的公民。要成为选民必须具备以下两方面的条件：

第一，实质要件。实质要件又可以分为积极要件和消极要件两个方面。①积极要件。包括国籍要件和年龄要件。其一，国籍要件。根据我国《宪法》和《选举法》的规定，只有"公民"才享有选举权和被选举权，外国人、无国籍的人只有在根据中国法律取得中国国籍之后，才能享有该权利。其二，年龄要件。目前，世界各国通常都将 18 周岁作为行使选举权的最低年龄限度要求。我国也是如此。这是因为人的知识和经验往往随着年龄的增长而增进，年龄是反映公民在政治上的成熟程度和判断是非的能力高低的一个重要指标。②消极要件。包括身体要件和政治权利要件。其一，身体要件。《选举法》第 26 条第 2 款规定，精神病患者不能行使选举权利的，经选举委员会确认，不列入选民名单。由于选举权的主体应当是心智健全，能够判断是非的具有行为能力的公民，而精神病患者精神错乱、神志不清，缺乏相应的辨认和控制能力，不具备这一能力。但是间歇性精神病患者在神志清楚时，仍享有选举权，应当列入选民名单。其二，政治权利条件。《宪法》第 34 条规定，中华人民共和国年满 18 周岁的公民，不分民族、种族、性别、职业、家庭出身、宗教信仰、教育程度、财产状况、居住期限，都有选举权和被选举权；但是依照法律被剥夺政治权利的人除外。根据我国《刑法》的规定，剥夺政治权利主要适用于危害国家安全以及故意杀人、强奸、爆炸、投毒、抢劫等严重破坏社会秩序的犯罪人。

第二，形式要件。除了具备实质条件之外，成为选民还需要经过选民登记。选民登记是一种国家对选民选举权进行确认的法律程序，具有法律效力。1986 年，第六届全国人大常委会第十八次会议对《选举法》进行了修改，简化了选民登记手续，规定选民登记按选区进行，经登记确认的选民资格长期有效。每次选举前只对上次选举以后新满 18 周岁的、剥夺政治权利期满后恢复政治权利的选民给予登记，确认了"一次登记、长期有效"的办法，方便了选民参与选举，有助于提高投票率。

(2) 平等选举。平等选举意味着一人一票，每张选票具有同等的价值。联合国人权委员会在 1996 年《公民权利和政治权利国际公约》第 25 条的一般性意见中，确立了平等选举权的标准，即必须适用一人一票的原则，并且在每个国家的选举制度的框架中，每个选民的选票应当具有相同的价值。选区的划分以及分配选票的方法不得与选民的分布不符或对任何群体构成歧视，也不得在没有正当理由的情况下排除或限制公民自由选择代表的权利。

(3) 秘密投票。秘密投票是指选民在选票上只对候选人通过一定的方式表明同意、不同意、弃权等意向，而不标明自己姓名以及其他标识身份的符号和文字等的一种投票方式。秘密投票有利于充分保障选民真实地、不受干涉地按照自己的意愿行使选举权。我国《选举法》第 40 条第 1 款规定，全国和地方各级人民代表大会代表的选举，一律实行无记名投票的方式，选举时应当设有秘密写票处，从而确立了秘密投票的原则。

(4) 自由选举。自由选举要求选民有权自由表达自己的意愿，不受任何威胁、利诱、强迫、操纵。秘密投票是保障自由选举的方式之一。我国《选举法》第 58 条规定，为保障选民和代表自由行使选举权和被选举权，对于破坏选举，违反治安管理规定的，依法给予治安管理处罚；构成犯罪的，依法追究刑事责任。

2. 政治自由。我国宪法中的政治自由体现在《宪法》第 35 条的规定中："中华人民共和国公民有言论、出版、集会、结社、游行、示威的自由。"

（1）言论自由。言论自由是公民通过各种语言形式宣传自己的思想和观点的自由。从广义上说，言论自由还包括新闻自由、出版自由。言论自由按照性质可以分为政治性言论和非政治性言论（商业言论、艺术言论等）。言论自由作为政治口号和公民的基本权利，最初是由资产阶级在反封建斗争中提出的，它构成了人权的基本内容。1789 年法国《人权宣言》第 11 条规定，自由表达思想和以及意见是人类最宝贵的权利之一，因此每个公民都有言论、著作和出版自由。美国《宪法第一修正案》明确规定："国会不得制定关于下列事项的法律：确立国教或禁止信教自由；剥夺言论自由或出版自由；或剥夺人民和平集会和向政府请愿申冤的权利。"《世界人权宣言》第 19 条规定，人人有权享有主张和发表意见的自由；此项权利包括持有主张而不受干涉的自由；和通过任何媒介和不论国界寻求、接受和传递消息和思想的自由。《公民权利和政治权利国际公约》的第 19 条也规定，人人有权持有主张，不受干涉。人人有自由发表意见的权利；此项权利包括寻求、接受和传递各种消息和思想的自由，而不论国界，也不论口头的、书写的、印刷的、采取艺术形式的，或通过他所选择的任何其他媒介。《世界人权宣言》和《公民权利和政治权利国际公约》中规定的这一权利被称为表达自由（Freedom of Expression）。

言论自由的行使也有一定的界限。根据我国《宪法》第 51 条的规定，公民在行使言论自由时不得损害国家、社会、集体的利益和他人的合法权益。《公民权利和政治权利国际公约》第 19 条规定，言论自由权利的行使带有特殊的义务和责任，因此得受某些限制，但这些限制只应由法律规定并为下列条件所必需：①尊重他人的权利或名誉；②保障国家安全或公共秩序，或公共卫生或道德。《欧洲人权公约》第10条规定，行使言论自由伴随一定的义务和责任，故应当受制于一定的形式、条件、限制或刑罚。此类制约应该为法律所规定，为民主社会所必需，并且有利于国家安定、领土完整或公共安全，服务于防止秩序混乱或犯罪、维护健康或道德、保障其他人的名誉或权利、防止泄露秘密获得的消息，或者维护司法的权威和公正无偏。

（2）出版自由。出版自由（Freedom of Press）是指公民有以出版物的形式表达其思想和见解的自由，它与言论自由同属"表达自由"的形式。出版自由是公民交流思想和见解的重要手段，也是进行思想教育和促进科学文化传播的重要途径。出版自由包括两方面内容：①著作自由，即公民自由地在报纸、期刊、图书、音像制品、电子出版物上发表自己作品的自由；②设立出版机构的自由。报社、期刊社、图书出版社、音像出版社和电子出版社的设立和管理，遵循国家宪法和法律的规定。

出版自由最早由弥尔顿提出，后被各国宪法所认可。我国最早规定出版自由的宪法性文件是清末的《钦定宪法大纲》，其中"附臣民权利义务部分"第2条规定，臣民于法律范围以内，所有言论、著作、出版及集会、结社等事，均准其自由。中华人民共和国成立后，宪法虽然多次修订，但都规定了出版自由。国务院发布的《出版管理条例》是我国目前规范出版自由的主要立法。《出版管理条例》第5条规定，公民依法行使出版自由的权利，各级人民政府应当予以保障。公民在行使出版自由的权利的时候，必须遵守宪法和法律，不得反对宪法确定的基本原则，不得损害国家的、社会的、集体的利益和其他公民的合法的自由和权利。

（3）结社自由。结社自由是指公民为了一定宗旨，依照法律规定组织某种社会团体的自由，包括成立社团的自由、参加社团的自由和参加社团活动的自由。我国对结社自由主要采取的是事前审查和事后追惩相结合的管理制度。根据《社会团体登记管理条例》第3条第1款的规定，成立社会团体，应当经其业务主管单位审查同意，并依照本条例的规定进行登记。

（4）集会、游行、示威自由。集会、游行、示威自由是言论自由的延伸，是公民表达政治意愿的重要形式。集会是指公民聚集于露天公共场所，发表意见、表达意愿。游行是指公民在公共道路、露天公共场所列队行进，表达共同意愿的活动。示威则是指公民在露天公共场所或公共道路上以集会、游行、静坐等方式，表达要求、抗议或者支持、声援等共同意愿的自由。许多国家的宪法使用了"请愿权"这一概念来涵盖游行和示威。集会、游行、示威是现代民主政治的必然要求，公民通过这些形式来表达意愿，能够监督政府及其工作人员的行为，也使得政府能及时了解民意，作出积极回应。1989年我国制定了《集会游行示威法》，并于 2009 年对其作了修正，从法律上确定了集会、游行、示威自由的保障与限制。

3. 监督权。对国家权力进行监督是公民参与国家事务的管理、表达政见、行使主权的重要方式，是一种重要的政治权利。根据卢梭"人民主权说"理论，人民是主权的所有者，人民为了更好地维护自身的权利，通过订立社会契约表达"公共意志"，将权力委托给国家行使。[1] 而国家则通过立法、行政和司法等国家机关的具体运作以确保人民利益的最大化，人民自然有权通过各种形式对国家权力的行使进行监督。

（1）批评权和建议权。批评权是指公民有权对国家机关及其工作人员在工作中的缺点和错误提出谴责性意见。建议权是指公民有权对国家机关及其工作人员的工作提出建设性意见。批评权和建议权是公民参与政治生活的重要途径，也是公民行使监督权的表现。我国《宪法》第41条第1款规定，中华人民共和国公民对于任何国家机关和国家工作人员，有提出批评和建议的权利。公民行使批评权和建议权有多种渠道：既可以以个人名义提出，也可以以集体或组织的名义提出；既可以直接向国家机关及其工作人员提出，也可以通过人大代表或其他政治组织（如工会、妇联等）提出；既可以在各种

---

〔1〕［法］卢梭：《社会契约论》，何兆武译，商务印书馆 1980 年版，第 125 页。

政治会议上提出，也可以通过各类媒体提出，还可以通过信访等方式提出。

（2）申诉、控告、检举权。当公民的合法权益受到损害时，公民有权向有关机关提出申诉、控告、检举。申诉权是指公民对本人及其亲属所受到的有关处罚或者处分不服，或者受到不公正的待遇，向有关国家机关陈述理由、提出要求的权利。申诉分为法律中的申诉和非法律中的申诉。法律中的申诉是指公民对已经发生法律效力的判决或者裁定不服，而向上级司法机关申诉的行为。非法律中的申诉是指公民对有关国家机关给予的处罚或者处分不服而向司法机关以外的国家机关提出的申诉。控告权是指公民向有关国家机关指控或者告发某些国家机关及其工作人员存在违法失职行为的权利。包括到司法机关就有关的刑事诉讼、民事诉讼和行政诉讼的案件进行告发，到党的纪律检查机关告发，到行政机关告发等。检举权是指公民向有关国家机关揭发国家机关及其工作人员违法失职行为的权利。我国《刑法》第 254 条规定了打击报复检举人的刑事责任，国家机关工作人员滥用职权、假公济私，对控告人、申诉人、批评人、举报人实行报复陷害的，处 2 年以下有期徒刑或者拘役；情节严重的，处 2 年以上 7 年以下有期徒刑。

典型案例

北京市人民政府人民建议征集办公室数据显示：2019 年第四季度征集专栏共收到网民建议 302 件，其中已按照工作规程转交相关单位办理有效建议 270 件，留存 32 件（包含重复建议、无效建议）。

截至 12 月 31 日，134 件建议尚在规定办理期限内，其他 136 件建议已由承办单位办理完毕，通过书面答复或电话沟通反馈给建议人，或转相关部门进行参阅。

法律原文

《宪法》

第三十四条　中华人民共和国年满 18 周岁的公民，不分民族、种族、性别、职业、家庭出身、宗教信仰、教育程度、财产状况、居住期限，都有选举权和被选举权；但是依照法律被剥夺政治权利的人除外。

第三十五条　中华人民共和国公民有言论、出版、集会、结社、游行、示威的自由。

第四十一条　中华人民共和国公民对于任何国家机关和国家工作人员，有提出批评和建议的权利；对于任何国家机关和国家工作人员的违法失职行为，有向有关国家机关提出申诉、控告或者检举的权利，但是不得捏造或者歪曲事实进行诬告陷害。

对于公民的申诉、控告或者检举，有关国家机关必须查清事实，负责处理。任何人不得压制和打击报复。

由于国家机关和国家工作人员侵犯公民权利而受到损失的人，有依照法律规定取得赔偿的权利。

拓展资源

言论自由是一切权利之母。　　　　　　　　　　　　——［美］卡多索

活动设计

依据依法行使权利和自由的要求，采用歌谣、图示等多种形式，分组设计"政治权利和自由行使指南"，并在班级中展示交流。

表2-1　政治权利和自由行使指南

政治权利与自由	内容	行使的要求（注意事项）
选举权与被选举权		
政治自由		
监督权		

2. 公民的社会经济权利有哪些?

▰▰▰　理论解析

公民的社会经济权利是指公民享有的经济生活和物质利益方面的权利，是公民实现其他权利的物质基础。社会经济权利包括财产权、劳动权、物质帮助权等。

1. 财产权。财产权是与人身权相对应的一种权利。财产权既包括物权、债权、继承权，也包括知识产权中的财产权利、网络虚拟财产。我国经济制度的基础是生产资料的社会主义公有制，同时也保护私有财产。我国《宪法》第 13 条规定："公民的合法的私有财产不受侵犯。国家依照法律规定保护公民的私有财产权和继承权。国家为了公共利益的需要，可以依照法律规定对公民的私有财产实行征收或者征用并给予补偿。"《民法典》第 113 条也规定，民事主体的财产权利受法律平等保护。《民法典》规定，私人对其合法的收入、房屋、生活用品、生产工具、原材料等不动产和动产享有所有权。此外，私人合法的储蓄、投资及其收益受法律保护。国家依照法律规定保护私人的继承权及其他合法权益。私人的合法财产受法律保护，禁止任何单位和个人侵占、哄抢、破坏。

财产权作为一种基本人权最早是在资产阶级革命时期提出的。1789 年法国颁布的《人权宣言》第 2 条确认自由、财产、安全和反抗压迫是天赋的、不可剥夺的人权，《世界人权宣言》第 17 条规定："①人人得有单独的财产所有权以及同他人合有的所有权。②任何人的财产不得任意剥夺。"

2. 劳动权。劳动权是指有劳动能力的公民有获得参与社会劳动和领取相应的报酬的权利。劳动权是生存权的基础。我国《宪法》第 42 条规定了公民的劳动权，包括三部分内容：一是公民有按照自己的劳动能力获得劳动的机会；二是公民在劳动中有获得适当劳动条件的权利；三是公民享有根据劳动的数量和质量取得劳动报酬和其他劳动所得的权利。

早在 19 世纪初，法国工人就发出了争取劳动权的号召。1831 年里昂工人起义时，曾以"生活、工作或死亡"为口号进行斗争。《联合国经济、社会、文化权利国际公约》（以下简称《经社文公约》）详细规定了劳动权。联合国国际劳工组织还制定了一系列国际公约，我国加入了《同工同酬公约》《消除（就业和职业）歧视公约》《最低就业年龄公约》《禁止和立即行动消除最恶劣形式的童工劳动公约》。

我国通过《中华人民共和国劳动法》（以下简称《劳动法》）、《中华人民共和国劳动合同法》（以下简称《劳动合同法》）、《中华人民共和国工会法》（以下简称《工会法》）、《中华人民共和国安全生产法》（以下简称《安全生产法》）、《中华人民共和国职业病防治法》（以下简称《职业病防治法》）、《中华人民共和国就业促进法》（以下简称《就业促进法》）等一系列法律，建立了对劳动者较为完整的保障。

3. 物质帮助权。物质帮助权是指公民因丧失劳动能力而不能获得必要的物质生活资料时，有从国家和社会处获得生活保障，享受集体福利的权利。《宪法》第 45 条规定了公民的物质帮助权。《军人抚恤优待条例》规定了对于残疾军人、烈士、军人遗属等人员的物质帮助制度。《中华人民共和国残疾人保障法》（以下简称《残疾人保障法》）规定了对残障人士的物质帮助制度。《中华人民共和国老年人权益保障法》（以下简称《老年人权益保障法》）规定了对老年人的物质帮助制度。《经社文公约》第 9 条规定，缔约各国承认人人有权享受社会保障，包括社会保险。

为了确保公民的物质帮助权的实现，国家应当努力发展社会保障事业，具体要在以下三个方面大力发展社会保障事业：①发展社会保险事业。社会保险是通过保险方式为公民在年老、患病、丧失劳动能力等情况下提供各种帮助措施的总称。②发展社会救济事业。社会救济既包括对无人供养又丧失劳动能力的人的救济，也包括对因自然灾害或者其他不幸事故而陷入困境的人的救济。③发展医疗卫生事业。

■■■■　典型案例

2007 年 3 月，重庆市九龙坡区鹤兴路 17 号房屋的产权人——杨某和吴某，因拆迁时未能与开发商达成一致而拒绝拆迁，开发商将周围房屋拆除，同时挖断了房子边上的路，将该房屋变成了无法靠近的孤岛。面对相关部门的强制拆迁令，杨某住进了无水无电的小楼。一时间，这栋悬挂着国旗和标语的小楼，成为全世界瞩目的焦点。杨某、吴某一家被称为"史上最牛钉子户"。经过艰难谈判，2007 年 4 月 2 日，杨某、吴某与相关部门、开发商达成协议，当日晚 10 点 37 分，该房屋被拆除。

■■■■　法律原文

《宪法》

第十三条　公民的合法的私有财产不受侵犯。

国家依照法律规定保护公民的私有财产权和继承权。

国家为了公共利益的需要，可以依照法律规定对公民的私有财产实行征收或者征用并给予补偿。

第四十二条　中华人民共和国公民有劳动的权利和义务。

国家通过各种途径，创造劳动就业条件，加强劳动保护，改善劳动条件，并在发展生产的基础上，提高劳动报酬和福利待遇。

劳动是一切有劳动能力的公民的光荣职责。国有企业和城乡集体经济组织的劳动者都应当以国家主人翁的态度对待自己的劳动。国家提倡社会主义劳动竞赛，奖励劳动模范和先进工作者。国家提倡公民从事义务劳动。

国家对就业前的公民进行必要的劳动就业训练。

第四十三条　中华人民共和国劳动者有休息的权利。

国家发展劳动者休息和休养的设施，规定职工的工作时间和休假制度。

第四十五条　中华人民共和国公民在年老、疾病或者丧失劳动能力的情况下，有从国家和社会获得物质帮助的权利。国家发展为公民享受这些权利所需要的社会保险、社会救济和医疗卫生事业。

国家和社会保障残废军人的生活，抚恤烈士家属，优待军人家属。

国家和社会帮助安排盲、聋、哑和其他有残疾的公民的劳动、生活和教育。

拓展资源

在人的生活中最主要的是劳动训练。没有劳动就不可能有正常人的生活。

——［法］卢梭

一个人的家，就是一个人的城堡，风可进，雨可进，国王不能进。

——英国法谚

活动设计

组织全班同学讨论：如何完善我国的社会保障制度？

活动步骤：

1. 分组查阅资料，了解我国现行的社会保障制度。

2. 说一说我国社会保障制度在社会生活中发挥作用的典型事例。

3. 结合目前存在的问题，提出完善的建议。

3. 通信秘密受法律保护与隐私权有什么关系？

理论解析

1. 通信秘密和隐私权的概念。通信秘密是指公民与他人进行交往的信件、电话、电报、电子邮件等所涉及的内容，任何个人、任何组织或者单位都无权非法干预，无权偷看、隐匿、涂改、弃毁、扣押、没收、泄露或者窃听。通信秘密是公民十分重要的宪法权利，核心在于保护公民的隐私权。

隐私是一种与公共利益、群体利益无关的，当事人不愿他人知道或他人不便知道的私人信息，当事人不愿他人干涉或他人不便干涉的私人活动，当事人不愿他人侵入或他人不便侵入的私人空间。因此，隐私主要有三种形态：

一是私人信息，为无形的隐私；二是私人活动，为动态的隐私；三是私人空间，为有形的隐私。[1]

有时候，隐私权也会和个人信息存在交叉之处。如《网络安全法》中就使用了个人信息这个概念。日本、韩国、俄罗斯等国使用了"个人信息法"概念。根据日本《个人信息保护法》第2条的界定，个人信息就是指有关生存着的个人的信息，根据该信息所含的姓名、出生年月以及其他一些描述，能把该人从他人中识别出来的与该人相关的信息（包含能容易地与其他的信息相比照并可以借此识别个人的信息）。由这些个人信息组成的集合物形成个人信息数据库。个人信息强调可识别性，而隐私权则强调私密性。个人信息包括个人那些已经依法公开的信息（不属于隐私），也包括未公开的隐秘的信息（属于隐私）。隐私包括私人空间和私人生活，而个人信息仅指与特定人相关的数据资料等。

可见，通信秘密属于隐私权的一种，但是隐私权保护的范围更大。

对通信秘密的理解应当从以下几个方面进行：一是享有通信秘密权的主体，应当属于公民个人，而不包括有关单位、组织。《宪法》规定通信秘密旨在保护公民个人的隐私权利，有关单位或者组织的通信秘密属于国家秘密或者商业秘密的范围。二是通信秘密所保护的信息，既包括公民在通讯中依照法律不应当公开而未公开的信息，也包括已经公开但应当受法律保护而不公开的信息。三是通信秘密的范围，不仅包括通信的内容，还包括与通信内容相关的资料。通信方式包括邮政通信和电信通信两种。其中，邮政通信秘密的范围，不仅包括纸质信件的内容，还包括与信件相关的邮政编码、发件人、收件人、通讯地址等资料。电信通讯秘密的范围，不仅包括电报、电话、寻呼机、电子邮件中的内容，还包括与通信相关的主叫号码、被叫号码、联络时间、通话次数、通话地点等资料。

---

[1]　王利明主编：《人格权法新论》，吉林人民出版社1994年版，第480~482页。

2. 对通信秘密的限制。

（1）限制通信秘密的理由通常有两个，即侦查刑事犯罪的需要以及保护国家安全的需要。这也是各国普遍的做法。根据《宪法》的规定，公民的通信自由和通信秘密只在以下两种情况下受到限制：一是出于国家安全的需要。二是出于追查刑事犯罪的需要。《刑法》规定了各种犯罪行为。对于实施犯罪行为的人可以限制其通信自由和通信秘密。但需要注意的是，由于限制通信自由和通信秘密是严重侵犯公民隐私的行为，其对公民权利的侵犯极有可能超过侦查犯罪所需的必要限度，因此，即使是出于追查刑事犯罪的需要，采取这一措施也必须十分慎重。只可以限制那些严重的刑事犯罪的犯罪嫌疑人通信自由和通信秘密，同时，也只有在穷尽了其他侦查手段而仍然不能取得证据时，才可以通过限制犯罪嫌疑人的通信自由和通信秘密来获取证据。除了上述两个理由之外，对于违反行政纪律或者党内纪律的行为以及其他违法行为，一律不得通过窃听电话、开拆信件等限制通信自由和通信秘密的方式来获取证据。

（2）限制通信自由和通信秘密的主体。根据《宪法》的规定，限制通信自由和通信秘密的主体只有两个，即公安机关和检察机关。1983 年全国人大常委会决定将国家安全机关从公安机关中分离出来，并授权国家安全机关行使部分侦查职权，因此，国家安全机关也有权限制公民的通信自由和通信秘密。但除了上述三个主体外，我国的监狱机关也有权依照法律规定限制公民的通信自由和通信秘密。《中华人民共和国监狱法》（以下简称《监狱法》）第 47 条规定，罪犯在服刑期间可以与他人通信，但是来往信件应当经过监狱检查。监狱发现有碍罪犯改造内容的信件，可以扣留。罪犯写给监狱的上级机关和司法机关的信件，不受检查。《中华人民共和国监察法》（以下简称《监察法》）第 18 条规定，监察机关有权依法向有关单位和个人了解情况，收集、调取证据。有关单位和个人应当如实提供。第 25 条规定，监察机关在调查过程中，可以调取、查封、扣押用以证明被调查人涉嫌违法犯罪的财物、文件和电子数据等信息。

■■■■■　**典型案例**

案例 1

2005 年，江苏省东台市法院的执行人员来到常州电信分公司所属湖塘营业厅，要求该电信公司向其提供相关电信用户机主的资料。湖塘营业厅负责人员援引《宪法》第 40 条及《中华人民共和国电信条例》（以下简称《电信条例》，此处为 2000 年版）第 66 条的规定，拒绝向人民法院提供电信用户的资料信息。之后，该法院的执行人员又来到常州电信分公司负责处，再次要求该电信公司提供相关用户的电信资料信息，负责处工作人员依然坚持按照法律规定，法院无权要求他们提供电信用户资料的查询服务。这次，东台市法院的执行人员并没有离开，而是当场对常州电信分公司、湖塘营业厅开具了两张《罚款决定书》，分别给予它们各 3 万元人民币的罚款。作出处罚的决定，是依据《中华人民共和国民事诉讼法》（以下简称《民事诉讼法》，此处为 1991 年版）第 103 条、第 104 条，而罚款的理由则是在甲公司与乙公司买卖合同纠纷一案中，需要查清楚被执行人甲公司的相关财产信息以方便法院尽快执行，因此法院相关执行人员前往常州电信分公司，要求其协助查询和提供用户的相关资料，而常州电信分公司却拒绝向法院执行人员提供相关电信用户信息，拒绝协助法院调查取证。

案例 2

2015 年 9 月 28 日，交警挡下了艾滋病病毒感染者张某的三轮车。因为成都市政府规定，城区禁止非法三轮车营运拉客。拦他的交警把他的三轮车拖到了二环路南四段的一个停车场。他跟着交警到停车场取车，交警要求他出示相关证件，他向交警出示自己感染艾滋病病毒的告知书后，交警同意放行。但在张某不注意的情况下，在三轮车上写了 8 个字："爱（艾）滋患者，请勿靠近"。张某推车回到家门口才发现，一路走来，许多行人都看到了车尾挡板上的这 8 个字，这个消息就像长了翅膀，整个小区的人都知道了。张某的母亲因此受到刺激昏倒，被送往医院治疗。对此，当事交警解释，这是出于保护他的目的。"我对艾滋一点也不排斥，写上这几个字，以免其他交警再拦他。"

法律原文

《宪法》

第四十条　中华人民共和国公民的通信自由和通信秘密受法律的保护。除因国家安全或者追查刑事犯罪的需要，由公安机关或者检察机关依照法律规定的程序对通信进行检查外，任何组织或者个人不得以任何理由侵犯公民的通信自由和通信秘密。

《民法典》

第一百一十条　自然人享有生命权、身体权、健康权、姓名权、肖像权、名誉权、荣誉权、隐私权、婚姻自主权等权利。

法人、非法人组织享有名称权、名誉权和荣誉权。

《监察法》

第十八条　监察机关行使监督、调查职权，有权依法向有关单位和个人了解情况，收集、调取证据。有关单位和个人应当如实提供。

监察机关及其工作人员对监督、调查过程中知悉的国家秘密、商业秘密、个人隐私，应当保密。

任何单位和个人不得伪造、隐匿或者毁灭证据。

第二十五条第一款　监察机关在调查过程中，可以调取、查封、扣押用以证明被调查人涉嫌违法犯罪的财物、文件和电子数据等信息……

活动设计

小明的父母出于关心，拆看了朋友写给他的信。你如何看待其父母的行为？

4. 科学文化权利与著作权、专利权有什么区别？

理论解析

　　科学文化活动是经济发展和社会进步的动力，科学文化活动是社会主义精神文明的重要内容，是推动社会主义物质文明建设的强大动力。为促进科学文化的繁荣和发展，广大公民应当享有广泛的科学文化活动的自由和权利。国家对公民的科学文化活动自由也应当给予支持和帮助。根据《宪法》第47条的规定，我国公民享有的科学文化活动的自由和权利包括以下方面：①公民有进行科学研究的自由。这里的科学研究包括自然科学，也包括社会科学。公民享有科学研究自由，是指公民有权通过各种方式从事各种科研工作，并可以在科学研究中自由地探讨问题，发表意见，对各种科学问题可以持有不同的见解。②公民有从事文学艺术创作的自由。文学包括小说、诗歌、散文、戏剧等；艺术包括音乐、舞蹈、美术、摄影、书法、雕刻、电影、电视等。文化艺术活动自由是指公民有权按照自己的兴趣和意愿从事上述各项文化艺术活动，有权按照自己的特点形成和发展自己的文化艺术风格。③公民有权从事其他文化活动，包括教育和各种体育活动、健康的娱乐活动等。国家通过各种方式促进科学文化事业的发展。对于从事教育、科学、技术、文学、艺术和其他文化事业的有益于人民的创造性工作的公民，给以鼓励和帮助。国家通过制定政策和法律，鼓励和帮助公民开展科学文化活动。目前，我国在教育、科学、文化等方面制定了一系列保护和促进科学文化事业发展的法律、法规，如《中华人民共和国促进科技成果转化法》（以下简称《促进科技成果转化法》）、《中华人民共和国公共文化服务保障法》（以下简称《公共文化服务保障法》）等。

　　知识产权是权利人对其所创作的智力劳动成果所享有的权利，包括著作权、专利权、商标权。知识产权对于文化产业的发展具有非常重要的意义。

著作权也称版权，是指作者因创作文学、艺术和科学作品而享有的专有权利。著作权有广义和狭义之分：狭义的著作权，仅指作者对其作品依法享有的权利；广义的著作权既包括狭义的著作权，还包括邻接权，即作品传播者依法享有的权利，如表演者的权利、录音录像制品制作者的权利、广播电视组织的权利、出版者的权利等。著作权在文化产业发展中占据着至关重要的地位。在美国，文化产业即被称为"版权产业"。著作权法的根本目的在于维护作者、传播者的利益与社会公共利益之间的平衡，促进经济、文化、科学的发展繁荣。

了解著作权应当把握以下几个方面：①著作权的主体是著作权人，既可能是创作作品的自然人，也可能是法人。自然人的作品就是自然人创作的作品。法人的作品是指由法人或者其他组织主持，代表法人或者其他组织意志创作，并由法人或者其他组织承担责任的作品。②著作权的保护对象是作品。作品指文学、艺术和科学领域内具有独创性并能以某种形式复制的智力创作成果。

专利制度对于科技进步具有巨大的意义。正是因为各种技术的不断涌现，才推动了文化产业的蓬勃发展。专利权，是指权利人对其获得专利的发明创造（发明、实用新型或外观设计），在法定期限内所享有的独占权或专有权。专利权具有以下特征：①专有性或独占性。专利权人对其获得专利的发明创造，享有专有或独占的权利。除法律另有规定外，未经专利权人的许可，任何人不得为生产经营目的制造、使用、许诺销售、销售、进口其专利产品，或者使用其专利方法以及使用、销售、进口依照该专利方法直接获得的产品。否则，就构成对他人专利权的侵犯，应依法承担侵权责任。②地域性。在某一国家依照该国专利法取得的专利权，仅在该国法律管辖的范围内有效，受该国法律的保护，在其他国家没有法律约束力，不能得到他国的保护。要想在其他国家也得到专利保护，必须依照他国的法律向该国申请专利，取得他国的专利权。③时间性。专利权仅在法律规定的期限内有效。一旦期限届满或者因出现法律规定的提前终止事由而被公告终止，专利权人对其发明创造享有的专有权即行消灭，该项发明创造即成为社会公共财产，任何人均可无偿利用。④法定授权性。专利权不是基于发明创造的事实自动产生的，而是由国家专利主管机关依法批准授予的。发明人或者设计人须向法定的国家专利主管机关提出申请，经专利主管机关依法审查合格后，授予其专利权。我国专利法上可以获得专利权的成果包括：发明、实用新型和外观设计三种类型。

典型案例

2014 年 4 月，《舌尖上的中国》第二季（以下简称《舌尖 2》）多轮播出，创新纪录片周播模式，央视综合频道每周五晚 9 点、纪录频道每周五晚 10 点黄金时段播出，并在财经、军事农业、少儿等多个频道进行重播。在新媒体分授环节，有选择地将整片、花絮、宣传片、访谈分授给优酷、乐视、爱奇艺、搜狐等网站，并通过新媒体渲染、推广主题。在社交电视方面，导演及主创团队在每周五晚 9 点《舌尖 2》播出时，都会在中央电视台微视直播间与广大"舌尖迷"们热聊互动，发挥粉丝效应。在客户端方面，央视网与搜狐设立自媒体平台"吃货联盟"客户端，美食社区豆果网则整合《舌尖 2》中官方的食材和食谱的内容，与节目同步推出了"豆果美食 App 舌尖特别版"和"舌尖上的中国贰"同名 App 两款移动应用。在电商方面，与合作体验平台天猫食品开发主题特色食品销售，与电视同步上线了雷山鱼酱、四川腊肉、西藏林芝蜂蜜等一百多款食材，真正实现了边看边买。在衍生产品开发方面，全面开展音像制品、图书和海外版权的发售。通过产业链运营方式，央视成功打造了"舌尖"这一现象级电视节目，提升了电视节目版权的价值。[1]

---

〔1〕 郑直："媒体融合背景下的广电版权管理"，载《中国广播》2015 年第 3 期。

法律原文

《宪法》

第四十七条　中华人民共和国公民有进行科学研究、文学艺术创作和其他文化活动的自由。国家对于从事教育、科学、技术、文学、艺术和其他文化事业的公民的有益于人民的创造性工作，给以鼓励和帮助。

拓展资源

需要是发明之母，但专利权是发明之父。　　——［美］乔西．比林斯

世界未来的竞争，就是知识产权的竞争。　　　　　　——温家宝

活动设计

请以"中学生撰写的作文是否拥有知识产权"为题开展辩论活动。

5. 公民权利与基本权利、公民义务与基本义务、基本权利与法律权利、基本权利与人权有何联系与区别?

理论解析

公民权利，是指一国公民在该国宪法和法律上所拥有、为国家所保障的公民的权利，涉及公民的政治权利、经济权利、文化权利和社会权利等诸多方面。公民的基本权利是指公民权利中最重要的，为宪法所规定的权利。与此相对应，公民义务是指由宪法和法律规定的公民必须遵守的义务，而公民的基本义务是指宪法规定的公民应当遵守的义务，是公民义务中最重要的部分。

基本权利也称宪法权利，和法律权利不同。基本权利是在宪法中规定的，主要由国家来保障的权利。而法律权利则是规定在法律中的，更具体的权利。比如：人格权在《宪法》和《民法典》等法律中都有规定，但宪法上的人格权主要是强调国家不能侵犯个人的人格权，而民法上的人格权则更强调其他平等的私人主体不得侵犯人格权。

　　基本权利与人权关系密切，人权是指人作为人所应当具有的权利。2004年我国把"国家尊重和保障人权"写入了《宪法》，这是我国宪法史上具有划时代意义的事件，不仅对我国的价值观和人权观产生积极的影响，而且对我国宪法中的基本权利体系也产生重要的影响。首先，人权概念的入宪使得我国宪法中原有的基本权利体系具有了极大的开放性，大大拓展了基本权利体系的主体范围和内容。宪法中的人权的主体就变成了"人"，不仅仅是公民，也包括外国人和无国籍人等。其次，人权概念的入宪拓宽了我国宪法中的基本权利内容。我国宪法以明示的方法列举了公民的基本权利，从人权的价值性以及基本权利体系的开放性上看，可以作扩大解释，将没有写入宪法但与人的尊严与价值又密不可分的那部分权利——如生命、健康权等从人权条款中解释出来。

典型案例

案例 1

　　2015 年 12 月 25 日，北京市第一中级人民法院对"方某与崔某互诉侵犯名誉案"作出二审判决。判决驳回双方上诉，维持一审判决。

　　方某与崔某就转基因食品是否有害的问题，在微博上公开辩论，被舆论称为"方崔骂战"，导致双方互认为对方侵犯自己的名誉权。2014 年 1 月，方某向北京市海淀区人民法院提起诉讼。审理过程中，崔某提起反诉，由法院合并审理。2015 年 6 月，海淀法院作出一审判决，认定方某、崔某均有部分微博构成侵权，判令双方各自删除侵权微博，并通过媒体向对方道歉，互相赔偿对方精神损害抚慰金及诉讼合理支出，两人均被判赔偿对方 4.5 万元。

　　二审法院认为，崔某部分微博当中使用的"流氓肘子""人渣"等有明显人格侮辱性的言论已经脱离了基于公共利益进行质疑、驳斥不同观点的范畴，应认定构成侵权。同时其使用的侮辱性词语，逾越了网络用语的合理边界，应当承担侵权责任。而对于方某的部分微博言论，二审法院认为，其虽主张该部分言论是为回应他人不当言论，但回击亦应当遵守法律规范，回击性言论是否构成侵权不能以对方言论的用语强度和主观恶性作为"参照系"，因此该主张不能作为方某不构成侵权的抗辩理由。同时，方某的部分微博使用了"诽谤成瘾""疯狗"等对崔某进行恶意侮辱的词语，言论本身偏离了质疑批评性言论的轨道，因此亦应认定构成侵权。因此，双方上诉认为所发微博不构成侵权的理由缺乏事实和法律依据。

案例 2

为了解决农村饮用水安全问题，2006 年至 2010 年，我国政府总投资 1053 亿元进行农村饮水安全工程建设，解决了 19 万个行政村、2.12 亿农村人口的饮水安全问题。2011 年至 2015 年，国家共安排农村饮水安全建设工程资金 1215 亿元，地方配套资金 600 多亿元。截至 2016 年底，全国农村饮水安全卫生监测乡镇覆盖率达 85% 以上，农村集中式供水覆盖人口比例提高到 82%。国家针对个别地区的特殊困难安排专项资金，提高补助标准，投入 4.95 亿元资金解决西藏自治区 1400 多座寺庙、3.23 万僧尼和 6 万多临时供水人口的饮水安全问题。

法律原文

《宪法》第三十三条第三款　国家尊重和保障人权。

活动设计

在班级开展以案说法的活动，以当年"中国年度十大宪法案例"为内容，分析案件中涉及公民的哪些基本权利？

6. 宪法是如何规定公民生命健康权的？

理论解析

生命健康权是公民的生命权和健康权这两种权利的统称，是公民享有的最基本的人权。生命健康权是公民享有一切权利的基础，如果生命健康权得不到保障，那么公民的其他权利就无法实现。

1. 生命权。所谓生命权，简单地说，就是"活的权利"或"生命安全的权利"，是指人的生命受法律保护，不受任何非法剥夺的权利。法学家们普遍认为，生命权是宪法价值的基础和核心。[1]

生命权不同于生存权。1991年国务院新闻办公室发布了我国第一份人权白皮书——《中国的人权状况》，在我国，"生存权"主要是指国家独立权和人民基本生活保障权。当然，二者也有密切的联系：生命权是一种消极人权，它强调生命不被随意剥夺，国家一般态度表现为不作为，即只有生命受到威胁时，国家才出面保护；而生存权则是一种积极人权，侧重于国家保护生命的作为，要求国家积极采取措施维系生命。[2]

一系列国际人权公约和文件都规定了生命权。《世界人权宣言》第3条明确规定："人人有权享有生命、自由和人身安全。"《公民权利和政治权利国际公约》第6条规定："①人人有固有的生命权。这个权利应受法律保护。不得任意剥夺任何人的生命。②在未废除死刑的国家，判处死刑只能是作为对最严重的罪行的惩罚，判处应按照犯罪时有效并且不违反本公约规定和防止及惩治灭绝种族罪公约的法律。这种刑罚，非经合格法庭最后判决，不得执行。③兹了解：在剥夺生命构成灭种罪时，本条中任何部分并不准许本公约的任何缔约国以任何方式克减它在防止及惩治灭绝种族罪公约的规定下所承担的任何义务。④任何被判处死刑的人应有权要求赦免或减刑。对一切判处死刑的案件均得给予大赦、特赦或减刑。⑤对18岁以下的人所犯的罪，不得判处死刑；对孕妇不得执行死刑。⑥本公约的任何缔约国不得援引本条的任何部分来推迟或阻止死刑的废除。"

尽管生命权至关重要，但也不是一项绝对的权利，在一定的条件下它也有可能被剥夺。例如，法官依法判处他人死刑；军人因作战夺取他人的生命；

---

〔1〕　韩大元："宪法学为何关注生命权问题"，载《法制资讯》2012年第11期。
〔2〕　上官丕亮："生命权应当首先入宪"，载《法学论坛》2003年第4期。

警察因正当行使职权而致人死亡；个人因正当防卫或紧急避难而致人死亡等。但是，这些合法剥夺生命权的情形，必须要有明确的法律规定，且遵循正当程序。

2. 健康权。健康权是公民维护其身体健康，即生理机能正常运行，具有良好心理状态的权利。健康权也是一项重要人权，我国宪法虽未明确规定这项权利，但《宪法》中的一些条款可以被视作健康权的依据，第 33 条第 3 款："国家尊重和保障人权。"第 21 条规定："国家发展医疗卫生事业，发展现代医药和我国传统医药，鼓励和支持农村集体经济组织、国家企业事业组织和街道组织举办各种医疗卫生设施，开展群众性的卫生活动，保护人民健康。国家发展体育事业，开展群众性的体育活动，增强人民体质。"第 26 条第 1 款规定："国家保护和改善生活环境和生态环境，防治污染和其他公害。"第 36 条第 3 款规定："国家保护正常的宗教活动。任何人不得利用宗教进行破坏社会秩序、损害公民身体健康、妨碍国家教育制度的活动。"第 45 条第 1 款规定："中华人民共和国公民在年老、疾病或者丧失劳动能力的情况下，有从国家和社会获得物质帮助的权利。国家发展为公民享受这些权利所需要的社会保险、社会救济和医疗卫生事业。"

此外，一系列国际文件也规定了健康权。《世界卫生组织组织法》序言规定，享受可能获得的最高健康标准是每个人的基本权利之一，不因种族、宗教、政治信仰、经济及社会条件而有区别。《世界人权宣言》第 25 条规定，人人有权享受为维持他本人和家属的健康和福利所需的生活水准，包括食物、衣着、住房、医疗和必要的社会服务；在遭到失业、疾病、残废、守寡、衰老或在其他不能控制的情况下丧失谋生能力时，有权享受保障。

《经济、社会及文化权利国际公约》第 12 条规定："①本公约缔约各国承认人人有权享有能达到的最高的体质和心理健康的标准。②本公约缔约各国为充分实现这一权利而采取的步骤应包括为达到下列目标所需的步骤：（甲）降低死胎率和婴儿死亡率，和使儿童得到健康的发育；（乙）改善环境卫生和工业卫生的各个方面；（丙）预防、治疗和控制传染病、风土病、职业病以及其他的疾病；（丁）创造保证人人在患病时能得到医疗照顾的条件。"

典型案例

案例 1

自 2007 年 3 月起，媒体接连曝光发生在山西的多起黑砖窑主非法限制民工人身自由、非法雇用童工、强迫民工超强度劳动、殴打民工致残、致死等事件，引起强烈反响。5 月，山西洪洞警方破获一起黑砖场虐工案，解救出 31 名民工，其中有部分童工。7 月 31 日，山西省临汾市和运城市五家法院，依法对一批"黑砖窑"案件公开宣判，31 名被告人被判有罪，另有 95 名党员干部、公职人员因该案受到处分。

案例 2

我国儿童健康水平显著提高。2013 年，全国 0~6 个月婴儿纯母乳喂养率上升到 58.5%，母乳喂养率不断提高。2016 年，婴儿死亡率和 5 岁以下儿童死亡率分别为 7.5‰和 10.2‰，均提前实现联合国可持续发展目标和《中国儿童发展纲要（2011-2020 年）》目标，与发达国家之间的差距进一步缩小。2016 年，5 岁以下儿童低体重率、生长迟缓率、贫血患病率分别下降到 1.49%、1.15%、4.79%，均提前实现《中国儿童发展纲要（2011-2020 年）》目标。截至 2016 年底，全国创建 30 家国家级儿童早期发展示范基地。开展贫困地区儿童营养改善项目，为国家连片特殊困难地区的 6~24 月龄儿童每天提供 1 包富含蛋白质、维生素和矿物质的辅食营养补给品。2016 年第五次中国儿童体格发育调查结果显示，最近 40 年，全国 7 岁以下儿童体格发育水平快速提高，已超过世界卫生组织颁布的儿童生长发育标准。

法律原文

《宪法》

第二十一条　国家发展医疗卫生事业，发展现代医药和我国传统医药，鼓励和支持农村集体经济组织、国家企业事业组织和街道组织举办各种医疗卫生设施，开展群众性的卫生活动，保护人民健康。

国家发展体育事业，开展群众性的体育活动，增强人民体质。

第二十六条第一款　国家保护和改善生活环境和生态环境，防治污染和其他公害。

第三十三条第三款　国家尊重和保障人权。

第三十六条第三款　国家保护正常的宗教活动。任何人不得利用宗教进行破坏社会秩序、损害公民身体健康、妨碍国家教育制度的活动。

第四十五条第一款　中华人民共和国公民在年老、疾病或者丧失劳动能力的情况下，有从国家和社会获得物质帮助的权利。国家发展为公民享受这些权利所需要的社会保险、社会救济和医疗卫生事业。

■■■■　拓展资源

健康不是一切，但没有健康就没有一切。　　　　　　　　——吴阶平

■■■■　活动设计

结合生活实例，以"国家和政府保障公民生命健康权"为主题，开展"法治故事会"活动。

7. 限制公民基本权利的方式和原则是什么？

■■■■　理论解析

宪法是公民权利的保障书，保障公民的基本权利不受公权力的侵犯是宪法的主要功能之一。但是，宪法在保障公民基本权利的同时，又对它加以限制，这是各国宪法通常的规定。任何基本权利都是有界限的，任何一项基本权利的行使都有可能与他人权利发生冲突，或者与公共利益发生冲突。为了避免权利主体在行使权利时相互妨碍，为了保证公共利益和个人利益的协调发展，必须要对基本权利进行限制。《宪法》第51条规定，公民在行使自由和权利的时候，不得损害国家的、社会的、集体的利益和其他公民的合法的

自由和权利。

公民基本权利限制，就是在符合宪法规定、宪法精神的前提下，通过一定的形式，对公民基本权利的内容、范围和实现途径作出一定的限制，从而实现权利之间的平衡，最终保障公民权利的实现。例如：《宪法》第13条第3款规定，国家为了公共利益的需要，可以依照法律规定对公民的私有财产实行征收或者征用并给予补偿。该条文实际上就是对于公民私有财产权的限制，但是《宪法》也规定了对限制的反限制，即"为了公共利益"。《宪法》第34条规定，中华人民共和国年满18周岁的公民，不分民族、种族、性别、职业、家庭出身、宗教信仰、教育程度、财产状况、居住期限，都有选举权和被选举权；但是依照法律被剥夺政治权利的人除外。"但是依照法律被剥夺政治权利的人除外"就是对选举权和被选举权的限制。《宪法》第36条规定中华人民共和国公民有宗教信仰自由。同时，第36条第2款又规定了对宗教自由的限制：任何人不得利用宗教进行破坏社会秩序、损害公民身体健康、妨碍国家教育制度的活动。第37条规定，中华人民共和国公民的人身自由不受侵犯。同时也规定了对人身自由的限制：经人民检察院批准或者决定或者人民法院决定，并由公安机关执行，公民可以受逮捕。第40条规定，中华人民共和国公民的通信自由和通信秘密受法律的保护。同时也规定了对通信自由和通信秘密的限制：因国家安全或者追查刑事犯罪的需要，可以由公安机关或者检察机关依照法律规定的程序对通信进行检查。第41条规定，中华人民共和国公民对于任何国家机关和国家工作人员，有提出批评和建议的权利；对于任何国家机关和国家工作人员的违法失职行为，有向有关国家机关提出申诉、控告或者检举的权利，同时也规定了不得捏造或者歪曲事实进行诬告陷害。

《公民权利与政治权利国际公约》《欧洲人权公约》都规定了对基本权利的限制，即限制应该符合"三段论"原则，三段论的三个要求缺一不可，具体内容如下：

1. 为法律所规定（Prescribed by Law）。首先，限制应当在国内法中有根据。这里的法包括制定法，也包括判例法。其次，法律必须可充分获知（Accessible）：公民必须能够在法律规则所适用的一定案件的情况中获得充分指引，最基本的要求是法律要公布。最后，法律必须具有可预见性（Foreseeable）。一项规范应当制定得足够准确以使公民能够依照其调整自己的行为，否则就不能被视为"法律"。

2. 有正当的目的（Legitimate Aims）。限制还应当具有正当的目的，即符合公约规定的一个或多个合法目的。比如，《公民权利与政治权利国际公约》第 19 条第 3 款中规定的合法目的包括：①尊重他人的权利或名誉；②保障国家安全或公共秩序，或公共卫生或道德。《欧洲人权公约》第 10 条第 2 款所提及的目的更加广泛，大致可以区分为三类：①公共利益，包括国家安定、领土完整或公共安全，防止秩序混乱或犯罪，维护公众健康或公共道德等；②私人利益，包括保障他人的名誉或权利，防止披露秘密获得的消息等；③维护司法的权威和公正无偏。这类目的兼顾公私利益：一方面，维护司法权威和公正无疑是公共利益的要求；另一方面，司法的权威和公正又常常关涉诉讼当事人的权利，以及法官个人的名誉的维护。关于人格权的限制，《欧洲人权公约》第 8 条也规定了合法目的包括：国家安全，公共安全或国家的经济福利的利益，防止混乱或犯罪、保护健康或道德或保护他人的权利与自由。

3. 为民主社会所必需（Necessary in a Democratic Society）该要求又包括以下两个层次的含义：其一，应当有"紧迫的社会需要"（Pressing Social Need）。其二，手段和目的之间充分且相关（Relevant and Sufficient）、成比例。当涉及国家安全、道德等问题时，成员国有较为宽泛的裁量权（Wider Margin of Appreciation）。三段论的限制原则强调合法性、合目的性以及合比例性，和我国行政法上的比例原则有类似之处。

典型案例

案例1

2006 年 2 月，陈某执导的影片《无极》被网民胡某戏谑改编为《一个馒头引发的血案》（以下简称《血案》），在《血案》中，胡某大量剪辑使用了《无极》的影像片断，并重新进行了配音和编排，对《无极》进行嘲讽。片中多次用戏谑手法指出《无极》缺乏常识、艺术水准低下。《血案》的视频迅速在网络上传播，引起了《无极》的导演陈某的强烈不满，声称要起诉胡某。

案例2

2003 年，我国多地爆发了大规模传染病"非典型肺炎"，为控制疫情，多地政府采取了限制措施，如对外来人员进行登记，测量体温，对受非典影响的人员及场地进行隔离。

法律原文

《宪法》

第五十一条　中华人民共和国公民在行使自由和权利的时候，不得损害国家的、社会的、集体的利益和其他公民的合法的自由和权利。

活动设计

结合"公民基本权利行使受到限制"的要求，分组设计"权利行使温馨提示语"，如"有边界、守程序"等。

8. 宪法规定的公民基本义务包括哪些类型?

理论解析

我国《宪法》规定的公民基本义务包括以下四种类型：

1. 遵守宪法法律的义务。该项义务具体包括：①遵守宪法和法律。②保守国家秘密。国家秘密是指在国家活动中，不应当公布和对外透露的秘密文件、秘密资料、秘密情报和秘密情况等。保守国家秘密，就是要严格保护国家秘密不被泄露，防止国内外敌对分子窃取国家秘密，防止各种人员泄露、遗失国家秘密。为保证国家秘密不被泄露，我国《刑法》对泄露国家机密的犯罪行为规定了刑事责任。③爱护公共财产。公共财产是指一切国家财产和集体财产。爱护公共财产包括两方面的内容：一是任何人必须珍惜和保护国家和集体的财产；二是当公共财产受到破坏、威胁和出现危险的时候，任何公民都有责任保护、捍卫和维护公共财产的安全。④遵守劳动纪律。劳动纪律是指在社会共同劳动中，劳动者必须共同遵守的劳动规章和制度。⑤遵守公共秩序。公共秩序是指社会生活中由法律、纪律和道德习惯等构成的、人们应当共同遵守的行为准则，包括公共场所的活动秩序、交通秩序、工作秩序、社会管理秩序和群众生活秩序等。我国刑法和治安管理处罚法对各类危害社会秩序的行为规定了处罚方式。⑥遵守社会公德。社会公德是要求一般人共同遵守的公共道德准则，包括守纪律、讲礼貌、讲卫生等。

2. 维护国家利益的义务。该项义务具体包括：

(1) 维护国家统一和民族团结。国家的统一包括以下几个方面的内容：其一，国家领土的统一。国家的领陆、领水、领空是完整的统一体，属于中华人民共和国所有。中华人民共和国享有完整的所有权和管辖权，任何人不得破坏和分裂。其二，国家政权的统一。中华人民共和国中央人民政府是中国唯一合法的统辖全国的政府，任何人不得分裂国家政权，破坏国家政权的统一。其三，国家主权的统一。中华人民共和国享有独立自主地处理本国对内、对外事务，不受外国或者其他势力干预的权力。任何人不得以任何方式破坏国家主权的统一，使国家主权受他国支配。其四，各民族团结互助，是各民族共同发展和繁荣的基本条件。维护民族团结是公民的基本义务。各民族之间应当提倡互爱、互谅、互助。维护民族团结是指公民有责任维护民族之间平等、和睦、融洽和合作的关系。任何人不得以任何形式制造民族纠纷，破坏民族团结。

（2）维护国家安全、荣誉和利益。国家的安全、荣誉和利益是国家政权稳定和公民依法行使各项自由和权利的根本保障。因此，维护国家的安全、荣誉和利益是每一个公民的义务。为此，公民不得以任何理由、任何形式侵犯、损害和危及国家的安全、荣誉和利益。"祖国的安全"是指中华人民共和国的国家安全，主要包括：国家的领土、主权不受侵犯；国家的政权不受威胁；国家的社会秩序不被破坏；国家的秘密不被泄露。"祖国的荣誉"是指中华人民共和国国家的荣誉和尊严，主要包括：国家的尊严不受侵犯；国家的信誉不受破坏；国家的荣誉不受玷污；国家的名誉不受侮辱。"祖国的利益"是指中华人民共和国的国家利益。国家利益的范围十分广泛，对外主要是指国家政治、经济、文化、荣誉等方面的权利和利益；对内主要是指相对于集体利益和个人利益的国家利益。对于危害国家安全、荣誉和利益的行为及其法律责任，《刑法》《国家安全法》等法律都已经作出了规定。

3. 依法服兵役的义务。国家的安全、领土完整和主权独立，关系全体人民各项权利和自由能否实现，关系改革开放和社会主义现代化建设能否顺利进行，关系中华民族的生死存亡，因此，保卫祖国、抵抗侵略，是每一个公民义不容辞的光荣职责。"保卫祖国"是指保卫国家领土完整、主权独立、政权统一以及捍卫国家的尊严。"抵抗侵略"是指抵御、抗拒外国及其他外来势力对我国领土的非法入侵。公民保卫祖国、抵抗侵略的直接方式就是服兵役和参加民兵组织。服兵役包括参加中国人民解放军和中国人民武装警察部队。民兵组织是指不脱离生产的群众武装组织，是中国人民解放军的助手和后备力量。服兵役、参加民兵组织是公民的光荣义务和神圣职责。

4. 纳税的义务。税收是国家为实现其职能，凭借政治权力，由税务机关按照法定比例向公民或者企业事业组织强制、无偿地征收货币和实物的行为。税收的特点是强制性、无偿性和法定性。在社会主义国家，国家的一切权力属于人民，人民通过选举产生各级国家政权机关，代替人民行使当家作主的权利。国家政权机关以及其他具有公共服务职能的机构，职责是为人民服务。

为实现为人民服务的职能，需要适当数量的经费开支，因而需要建立税收制度，向公民征税。但社会主义国家税收的基本原则是取之于民，用之于民。公民向国家纳税，是实现人民民主专政的国家职能所必需的条件，是一项光荣的义务。作为公民的一项重要义务，有关公民纳税的事项必须由国家法律作出规定，即税收法定原则。这是因为，一方面，税收是一项严肃和稳定的国家活动，具有很大的强制性、无偿性和权威性，因此，必须由高位阶法律予以规定。另一方面，由于税收涉及全体公民和义务纳税单位的财产权利，因此，创设税法、规定税收的权力应当属于全体人民或者由全体人民选出的代表机关。

典型案例

案例 1

2015 年 12 月 24 日，"虞城县征兵办公室"发布《虞城县人民政府关于对丁某等 5 人拒服兵役行为的处理公告》，5 名"90 后"以种种理由逃避服兵役，违反了《中华人民共和国兵役法》（以下简称《兵役法》），被处以各单位禁招、2 年内禁止出国（境）和升学等 6 条严肃处理。

《处理公告》显示，丁某等 5 人均为"90 后"。2015 年 9 月，5 人自愿报名参军到部队服役。但在服役期间，因怕苦怕累、不愿受部队纪律约束，5 人以种种理由逃避服兵役。经多次沟通劝导，思想仍无转变，直至被部队按思想退兵作出处理。

《处理公告》称，丁某等 5 人的行为违反了《兵役法》《河南省征兵工作条例》以及相关法律、法规，已构成拒服兵役的违法行为。经研究，决定对这 5 人进行以下处罚：

1. 经济处罚 1 万元，由所在乡镇执行，罚款上交县财政，用作下年度乡镇征兵经费。如当事人拒不执行，移交县人民法院强制执行。

2. 不得将其录用为公务员或者参照公务员法管理的工作人员。

3. 2 年内公安机关不得为其办理出国（境）手续。

4. 2年内教育部门不得为其办理升学手续。

5. 党（团）员由所在党（团）组织按照权限严肃处理。

6. 将其列入虞城县拒服兵役人员黑名单，通过新闻媒体向全社会公告，并上传公安网备案。

案例2

2010年3月，某地机场工作人员王某，在与他人互联网聊天时，为了对外吹嘘，通过QQ向网友泄露了有关部队在该机场的集结、调动情况，被我国有关部门截获。经鉴定，有关情况属机密级国家秘密。王某构成故意泄露国家秘密罪，被依法追究法律责任。

法律原文

《宪法》

第五十二条　中华人民共和国公民有维护国家统一和全国各民族团结的义务。

第五十三条　中华人民共和国公民必须遵守宪法和法律，保守国家秘密，爱护公共财产，遵守劳动纪律，遵守公共秩序，尊重社会公德。

第五十四条　中华人民共和国公民有维护祖国的安全、荣誉和利益的义务，不得有危害祖国的安全、荣誉和利益的行为。

第五十五条　保卫祖国、抵抗侵略是中华人民共和国每一个公民的神圣职责。

依照法律服兵役和参加民兵组织是中华人民共和国公民的光荣义务。

第五十六条　中华人民共和国公民有依照法律纳税的义务。

《国家安全法》

第十五条第二款　国家防范、制止和依法惩治任何叛国、分裂国家、煽动叛乱、颠覆或者煽动颠覆人民民主专政政权的行为；防范、制止和依法惩治窃取、泄露国家秘密等危害国家安全的行为；防范、制止和依法惩治境外势力的渗透、破坏、颠覆、分裂活动。

▰▰▰▰ **活动设计** ▰

以"公民的基本义务，我们的责任担当"为主题，开展法治情景剧表演活动。

9. 既是公民权利又是公民义务的有哪些?

▰▰▰▰ **理论解析** ▰

我国《宪法》规定受教育权和劳动权既是公民的基本权利，也是公民的基本义务。

1. 受教育的权利和义务。受教育的权利，是指公民有从国家获得接受教育的机会以及接受教育的物质帮助的权利。其中，教育的形式有学校教育、社会教育、成人教育、自学等。教育内部的等级包括学龄教育、初等教育、中等教育、高等教育以及职业教育等。

受教育权是人与生俱来的权利。人作为社会的一员，只有受到教育，才能适应社会和历史的发展，才能做社会和国家的主人，并在社会和历史的发展中起到推动作用。受教育权是公民文化权利的重要内容。而且，这一权利在很大程度上决定了公民其他权利实现的程度。公民在政治方面的言论、出版、选举等自由和权利的实现程度，往往取决于其受教育的程度。公民在经济方面的一系列权利也受到其受教育程度的制约。甚至公民劳动的权利能否得到充分实现，也大多是由受教育的程度决定的。所以说，充分保障和实现人权的关键因素之一是充分保障和实现公民的受教育权。

应当从以下几个方面理解公民受教育的义务:

（1）受教育为什么是公民的一项义务？一方面，就公民个人而言，人与动物的根本区别就在于，人是社会的人，必须谋求个人和社会的发展，而要谋求个人与社会的发展，受教育是一条基础性的、不可缺少的途径，是人作为社会的一员所必须具备的条件。另一方面，对于国家来说，公民是组成国家的具体要素，国家最重要的职能就是谋求个人的幸福和发展，提高民族精神，增进社会道德，推动科技发展，实现国家的繁荣富强；要达到这些目标，就必须不断提高作为国家组成要素的公民的素质；而使其接受教育又是提高公民素质的必由之路。因此，国家就自然会将接受教育作为公民的一项义务予以规定。

（2）公民受教育义务的实施主体。公民受教育义务的实施主体包括以下几方面：①受教育是每一个应当受教育者的义务。即使是学龄儿童、少年，不具备完全的民事行为能力，接受教育也是其一项基本义务。②受教育是父母等监护人的义务。父母等监护人有责任为子女受教育提供条件，将他们培养成人。③让公民受教育也是国家的义务。国家的义务就在于建立起基本的教育制度，为公民受教育权的实现提供条件。而在落实公民受教育的义务这一方面，国家则应当创造充分的条件，以保证所有经济困难的儿童都能够入学，以完成其受教育的义务。

2. 劳动的权利和义务。劳动的权利是指有劳动能力的公民有获得社会工作的资格。它包括三部分内容：一是公民有按照自己的劳动能力获得劳动的机会；二是公民在劳动中有获得适当劳动条件的权利；三是公民享有根据劳动的数量和质量取得劳动报酬和其他劳动所得的权利。劳动权是公民的一项基本权利，也是公民实现自身价值的最重要的途径。生产资料的社会主义公有制为劳动者和生产资料的结合提供了可能，因此，在社会主义条件下，国家和社会应当为劳动者提供和创造就业机会，努力保证每个有劳动能力的人都能获得劳动机会，享有适当的劳动条件，取得应得的劳动报酬。《宪法》第42条规定了国家实现公民劳动权利的基本政策。这一政策包括四个方面的内容：其一，国家通过各种途径，创造劳动就业条件，广开就业门路，扩大就业范围；其二，国家加强劳动保护，改善劳动条件，加强和改善为确保劳动者在劳动过程中的安全和健康而采取的各种劳动保险和安全措施；其三，国家对就业前的公民进行必要的劳动就业训练，以保障其就业时能掌握初步的劳动技能；其四，国家在发展生产的基础上，提高劳动报酬和福利待遇，最终使生产能够满足人民群众日益增长的物质和文化生活的需要。

为实现公民的劳动权利，我国制定了专门的《劳动法》和《劳动合同法》，对公民的劳动权利作出进一步规定。

《宪法》还规定劳动是公民的一项重要义务。这是因为，在社会主义条件下，劳动已经不再只是公民个人谋生的手段，而且也是公民为社会主义国家和集体利益做贡献的重要方式，为不断提高经济文化的发展水平，不断改善人民群众的物质文化生活水平，推动社会主义物质文明和精神文明协调发展，建设繁荣富强的社会主义国家，公民应当对国家和社会承担起劳动的义务。因此，劳动既是公民的权利，也是公民的光荣义务。所谓劳动的义务，就是指有劳动能力的公民，应当以国家主人翁的态度对待劳动，忠于职守，遵守劳动纪律，完成劳动任务，将劳动视为自己的一项职责。

◤ 典型案例

2017 年 3 月，云南省兰坪县啦井镇和某某等 5 名学生辍学回家，尽管镇政府的工作人员和学校老师进行反复劝说，家长仍然没有送辍学子女返校就读。由于沟通无效，同年 11 月 3 日，镇政府将 5 位学生的家长告上法庭，认为其行为违反《义务教育法》的规定。经法院调解，双方就学生返校时限、共同劝导等达成共识。被告家长声称，由于自己法律意识淡薄，不知道不送适龄子女读书是违法行为；辍学学生自己也表示，由于家里经济条件困难，成绩也不够理想，因此自己也不愿返校读书。镇政府工作人员表示，提起诉讼是无奈之举，此次诉讼的普法意义大于案件本身，希望可以通过本案扭转当地群众对教育的观念，解决义务教育阶段的辍学问题。本案被称为云南首例因子女辍学引发的"官告民"案件，体现了政府对教育事业的重视，做到了"控辍保学"。

法律原文

《宪法》

第四十二条　中华人民共和国公民有劳动的权利和义务。

国家通过各种途径，创造劳动就业条件，加强劳动保护，改善劳动条件，并在发展生产的基础上，提高劳动报酬和福利待遇。

劳动是一切有劳动能力的公民的光荣职责。国有企业和城乡集体经济组织的劳动者都应当以国家主人翁的态度对待自己的劳动。国家提倡社会主义劳动竞赛，奖励劳动模范和先进工作者。国家提倡公民从事义务劳动。

国家对就业前的公民进行必要的劳动就业训练。

第四十六条　中华人民共和国公民有受教育的权利和义务。

国家培养青年、少年、儿童在品德、智力、体质等方面全面发展。

活动设计

组织学生观看影片《一个都不能少》，从"享有受教育权利，履行受教育义务"的角度分享观影感受。

拓展资源

任何一个民族，如果停止劳动，不用说一年，就是几个星期，也要灭亡，这是每一个小孩都知道的。

——［德］马克思

只有受过一种合适的教育之后，人才能成为一个人。

——［捷克］夸美纽斯

10. 权利与义务一致性如何理解?

理论解析

公民的权利是指公民在宪法和法律规定的范围内，可以实施某种行为，以及要求国家或者其他公民或者组织实施或者不实施某种行为的资格。公民的义务是指依据宪法和法律的规定，公民必须实施或者不实施某种行为的责任。公民享有宪法和法律规定的权利，同时也必须履行宪法和法律规定的义务。既没有无义务的权利，也没有无权利的义务，任何公民都不能只享受权利，而不承担义务，也不能只承担义务，而不享受权利。进而言之，反对只享受权利而不承担义务的特权，反对只承担义务而不享受权利的歧视，从而确保在法律面前人人平等。

但是，对有关"公民享受宪法和法律规定的权利，同时必须履行宪法和法律规定的义务"的规定，不能作绝对化的理解。宪法所确立的权利与义务之间的这一关系，不是指在任何具体的情形下公民都必须享受权利和承担义务。这是因为在宪法和法律的具体规定中，公民的权利和义务关系具有一定的复杂性，这些复杂性主要体现在以下几个方面：一是任何权利的行使都意味着存在对应的义务主体。比如公民行使自己的财产权，意味着他人负有不侵犯其财产权的义务。二是在公民与他人的法律关系中，公民享受了某种权利，就必须承担起不得损害他人合法权利的义务，因为任何人权利和自由的行使必须以不损害他人的权利和自由为限。三是在公民与国家和社会的法律关系中，公民有时只享受权利而国家只承担义务。比如，公民在年老、疾病或者丧失劳动能力的情况下，有从国家和社会获得物质帮助的权利，却不需要因获得这种物质帮助而对国家和社会承担义务。在公民与国家的法律关系中，公民有时既要享受权利又要对国家承担义务。比如，公民对于国家机关及其工作人员的违法失职行为，有提出申诉、控告和检举的权利，但同时又负有不得捏造或者歪曲事实进行诬告陷害的义务。有时公民不享受权利却必须对国家承担义务。比如，在具体的税收法律关系中，公民就负有对国家纳税的义务。四是在一些特殊情况下，公民的某些权利和义务本身是不可分割的。如劳动和受教育既是公民的权利，又是公民的义务。

我国是人民当家作主的社会主义国家，公民权利的充分实现，可以激发人民群众的主人翁责任感，调动他们的积极性和主动性，使其自觉地承担对国家和社会的责任。而中国特色社会主义事业的发展，又会为公民权利的充分实现提供和创造物质条件。对于公民来说，一方面，要树立权利意识，依法行使公民权利；另一方面，也要树立义务意识，自觉履行公民义务。

典型案例

案例 1

中学生方某从小爱好写作，她用 1 年时间完成的反映中学生学习生活的中篇小说正式出版，并收到出版社寄来的样书和稿酬 6000 元，在稿酬支付单"备注"一栏写着应缴纳个人所得税 672 元（由出版社代缴），税后实得稿酬5328 元。奶奶看了支付单后有些不解："你还是个学生，好不容易得点稿酬，为什么还要纳税？"方某也纳闷："我要不要纳税呢？"

案例 2

某小区自行车停放混乱，小区业主委员会计划利用一块绿地来建造一个自行车棚。小区内 2000 户人家同意建车棚，只有 1 户人家不同意，因为车棚要建造在其房前。一个社群的公共利益与该社群内部的私人权利发生冲突时，究竟应当如何取舍？

法律原文

《宪法》

第三十三条第四款　任何公民享有宪法和法律规定的权利，同时必须履行宪法和法律规定的义务。

拓展资源

没有无义务的权利，也没有无权利的义务。　　　　——［德］马克思

没有义务的地方，就没有权利。　　　　　　　　　——［英］洛克

11. 公民、自然人、法人、法定代表人的区别是什么？

理论解析

1. 公民、自然人、法人、法定代表人的基本含义。公民是指具有一国国

籍，依法享有权利和承担义务的自然人。从其产生来看，公民作为一个法律概念，与民主政治相联系。依照我国《宪法》第33条第1款的规定，凡具有中华人民共和国国籍的人都是中华人民共和国公民。

自然人是指基于自然规律出生而取得民事主体资格的人。通常法律意义上的自然人必须具备两个要素：其一，自然人是生物学意义上的人，即自然人须具备自然属性；其二，自然人是被赋予民事主体资格的人，即自然人须具备社会属性。自近代以来，民法均赋予生物学意义上的人以民事主体资格，这标志着人类社会文明的重大进步。

法人是指具有民事权利能力和民事行为能力，依法独立享有民事权利和承担民事义务的组织。法定代表人是指依照法律或者法人章程的规定，代表法人从事民事活动的负责人。法人与法定代表人是一组紧密联系的概念，有法人才会有法定代表人，而法定代表人也是法人应登记的事项之一。法定代表人以法人名义从事的民事活动，其法律后果由法人承受。法定代表人有权在法律规定的职权范围内，直接代表法人对外行使职权，法定代表人因执行职务造成他人损害的，由法人承担民事责任。法人章程或者法人权力机构对法定代表人代表权的限制，不得对抗善意相对人。法人承担民事责任后，依照法律或者法人章程的规定，可以向有过错的法定代表人追偿。

2. 公民与自然人的区别。公民和自然人之间存在一定联系：公民必须是自然人，而绝大部分自然人都具有公民身份。公民与国民同义，而自然人是一种民事主体的概念，二者在概念外延及适用领域上均具有差异。在外延上，公民是指所有具有一国国籍的人，而自然人则是指一切具有自然生命形式的人，包括本国公民、外国公民和无国籍人。在适用领域上，公民为宪法概念，多用于公法领域，表明一个人所享有的宪法和政治权利；而自然人为私法概念，多用于私法领域，体现一个人拥有的民事权利。此外，自然人的身份在一个人的生存期间是不会丧失或改变的，但公民身份是可以改变或者丧失的（如脱离一国国籍而加入另一国国籍）。

3. 自然人与法人的区别。在我国，自然人与法人、非法人组织都是民事法律关系的主体。自然人和法人的主要区别可以概括为：①法人是组织体；而自然人是个人。②法人不具有自然属性，法人作为法律意义上的"人"，并非实实在在的生命体，其依法产生和消灭；而自然人是基于自然规律出生、生存的人，具有自然属性，自然人的生老病死系自然规律。③法人的民事权利能力、民事行为能力不同于自然人，法人的民事权利能力与其行为能力同时产生、同时消灭，而且同一法人的民事权利能力和民事行为能力的范围相同，但不同类型法人的权利能力的范围不同；而自然人的民事权利能力原则上始于出生，终于死亡，一律平等，其民事行为能力却根据年龄、智力的情况而不断变化。

■■■　**典型案例**

2009 年，济南市民吕某给女儿起名为"北雁云依"，办理户口时被当地派出所拒绝。吕某以女儿的名义向法院提起诉讼，成为全国首例姓名权行政诉讼案。山东省济南市历下区法院认为，公民选取或创设姓氏应当符合中华传统文化和伦理观念，仅凭个人喜好和愿望在父姓、母姓之外选取其他姓氏或者创设新的姓氏，不属于《全国人民代表大会常务委员会关于〈中华人民共和国民法通则〉第九十九条第一款、〈中华人民共和国婚姻法〉第二十二条的解释》第二款第三项规定的"有不违反公序良俗的其他正当理由"。最终法院驳回原告"北雁云依"要求确认被告燕山派出所拒绝以"北雁云依"为姓名办理户口登记行为违法的诉讼请求。该案被最高人民法院作为第 17 批指导性案例第 89 号公布（见〔2017〕332 号）。

■■■　**法律原文**

《民法典》

第十三条　自然人从出生时起到死亡时止，具有民事权利能力，依法享有民事权利，承担民事义务。

第十五条　自然人的出生时间和死亡时间，以出生证明、死亡证明记载的时间为准；没有出生证明、死亡证明的，以户籍登记或者其他有效身份登记记载的时间为准。有其他证据足以推翻以上记载时间的，以该证据证明的时间为准。

第五十七条　法人是具有民事权利能力和民事行为能力，依法独立享有民事权利和承担民事义务的组织。

第六十一条　依照法律或者法人章程的规定，代表法人从事民事活动的负责人，为法人的法定代表人。

法定代表人以法人名义从事的民事活动，其法律后果由法人承受。

法人章程或者法人权力机构对法定代表人代表权的限制，不得对抗善意相对人。

活动设计

结合下列案例，以"姓名能否如此任性"为题，开展辩论活动。

重庆某高校一个名叫"黄蒲军校"的女生刚入学，就因为名字独特走红校园和网络；陕西一名女婴被取名"王者荣耀"并且成功上了户口；济南某夫妇因给女儿起名"北雁云依"被拒绝上户口，纠纷由地方法院提交最高人民法院，又提交到全国人大常委会解释法律，才有了定论。

12. 解决民事纠纷的途径有哪些?

理论解析

在我国，民事纠纷发生后，争议双方可以协商解决，自行和解；协商不成的，可以通过各种调解组织调解，也可以提交仲裁机构仲裁，还可以直接向人民法院提起诉讼。

1. 和解，是指由当事人自行协商解决民事纠纷。当事人是民事纠纷的主体，他们对争议的事项享有处分权能，是否行使处分权能、何时行使处分权能以及以何种方式行使处分权能均由当事人自行决定。当事人自行协商达成的和解协议不具有法律约束力，即不能直接申请法院强制执行和解协议，如果当事人反悔的，可以直接向人民法院提起诉讼。

2. 调解，是指纠纷当事人之外的第三人依据一定的习惯、道德、法律等社会规范，在纠纷当事人之间沟通信息，摆事实、明道理，促成纠纷当事人相互谅解、妥协，最终达成解决纠纷的合意。调解分为诉讼外调解和诉讼中调解。

诉讼外调解的主持人可以是人民调解委员会、行政机关、仲裁机关、双方当事人所信赖的个人等，除仲裁机构制作的调解文书对当事人有法律约束力外，在其他机构或个人主持下达成的调解协议或者形成的调解书，均无法律约束力，如果当事人反悔，可以直接向人民法院提起诉讼。

诉讼中调解也称法院调解，这种调解发生在诉讼过程中，在法院的主持下进行，当事人达成调解协议后，诉讼结束。诉讼中通过调解达成协议，法院根据协议制作的调解书具有法律约束力，当事人可以直接申请强制执行。

3. 仲裁，是指当事人根据事先或者事后自愿订立的仲裁协议，将纠纷提交仲裁机构审理，仲裁机构依法作出对纠纷各方具有法律约束力的裁决以平息冲突的方法。仲裁被认为是一种兼具契约性、自治性、民间性和准司法性的争议解决方式，当事人在自愿基础上达成的仲裁协议是提起仲裁的前提。

在我国，仲裁实行一裁终局，裁决作出后即产生法律效力，即使当事人对裁决不服，也不能就同一案件向法院另行起诉，如果当事人就同一纠纷再次申请仲裁或者向人民法院起诉的，仲裁委员会和人民法院均不予受理。虽然仲裁机构对自己作出的裁决无权直接强制执行，但如果当事人不履行裁决确定的义务，另一方当事人可以请求人民法院强制执行。我国法律明确规定，当事人申请执行仲裁裁决案件，由被申请人住所地或者财产所在地的中级人民法院管辖。

4. 诉讼，是指在纠纷当事人和其他诉讼参与人的参加下，由人民法院主持审理案件以解决当事人之间民事权益冲突的活动。诉讼的本质是由人民法院代表国家行使审判权以解决民事争议。

以上四种民事纠纷的解决方式中，协商、调解和仲裁均体现了"以和为贵"的中华民族优良传统，大大降低和弱化了当事人之间的对抗性，不仅可以减少当事人的诉累，也有利于节约司法资源，营造和谐稳定的社会环境。

典型案例

案例1

某市体育用品厂和该市一体校签订了一份长期供应体育器械的合同。最初的一段时间内，体育用品厂都能够按照合同的约定交付体育用品，但后来体育用品厂的效益下滑，机器设备老化，生产出来的体育用品质量下降，供给体校的体育用品多为次品，严重影响体校的教学，甚至威胁师生的运动安全。体校多次与体育用品厂交涉，但是均未能就损害赔偿的具体数额达成一致。后双方商定将该合同纠纷提交某市仲裁委员会仲裁，并且签署了仲裁协议。现体校就下列问题向律师进行咨询，律师一一解答：

问题一：在双方已经签订了仲裁协议后，如果双方就该仲裁协议本身的效力问题发生争议，应当由何机构确认仲裁协议的效力？

律师答复：此时双方可以请求仲裁委员会仲裁，也可以向人民法院提起诉讼；但如果一方申请仲裁，一方提起诉讼的，则应当由人民法院裁定该仲裁协议的法律效力。

问题二：如果在仲裁过程中，仲裁委员会认为双方当事人之间的买卖合同无效，此时仲裁委员会能否根据双方当事人就合同纠纷达成的仲裁协议继续进行仲裁？

律师答复：此时可以继续进行仲裁。因为主合同是否有效不影响仲裁协议的法律效力，且因合同发生的纠纷既包括合同履行过程中产生的纠纷也包括因合同效力问题发生的纠纷，仲裁委员会对此均具有管辖权。

问题三：如果仲裁委员会作出了仲裁裁决后，体校对仲裁裁决不服，是否可以向人民法院提起诉讼，是否可以向人民法院提起上诉？

律师答复：仲裁裁决实行一裁终局制度。仲裁裁决作出后，当事人不得就同一案件再次起诉或者是上诉，也不得再次申请仲裁。

问题四：仲裁委员会进行仲裁时，没有公开开庭。此程序是否正当，为什么？

律师答复：此程序正当。因为仲裁虽然需要开庭，但是通常情况下不公开进行。如果双方当事人约定了要公开进行，可以公开进行。

问题五：如果体校在向人民法院申请强制执行后，体育用品厂向法院提交证据证明仲裁裁决所依据的证据是伪造的，人民法院应当如何处理？如果体校希望再次寻求法律救济，应当申请仲裁还是提起诉讼？

律师答复：人民法院经过审查，认为伪造证据的情况属实的，应当裁定不予执行。如果双方当事人再次达成仲裁协议，则可以再次申请仲裁；否则应当向人民法院提起诉讼。

案例 2

刘某驾车由西向东行驶时，将由北向南行驶的王某撞倒。王某经抢救无效死亡。交通事故责任书认定，刘某负全责，王某无责。事故发生后，刘某与王某家属在交警支队的主持下达成调解协议，约定刘某一次性赔偿王某死亡赔偿金、丧葬费等共计 20 万元。后刘某一直找理由拖欠支付该赔偿金。根据《中华人民共和国道路交通安全法》（以下简称《道路交通安全法》）第 74 条的规定，对交通事故损害赔偿的争议，当事人可以请求公安机关交通管理部门调解，也可以直接向人民法院提起民事诉讼。经公安机关交通管理部门调解，当事人未达成协议或者调解书生效后不履行的，当事人可以向人民法院提起民事诉讼。故王某向法院提起诉讼，要求判令刘某赔偿。法院受理案件后，依法作出判决，判令刘某赔偿王某的损失。

法律原文

《民事诉讼法》

第六条　民事案件的审判权由人民法院行使。

人民法院依照法律规定对民事案件独立进行审判，不受行政机关、社会团体和个人的干涉。

第七条　人民法院审理民事案件，必须以事实为根据，以法律为准绳。

第八条　民事诉讼当事人有平等的诉讼权利。人民法院审理民事案件，应当保障和便利当事人行使诉讼权利，对当事人在适用法律上一律平等。

第九条　人民法院审理民事案件，应当根据自愿和合法的原则进行调解；调解不成的，应当及时判决。

第十条　人民法院审理民事案件，依照法律规定实行合议、回避、公开审判和两审终审制度。

第十一条　各民族公民都有用本民族语言、文字进行民事诉讼的权利。

在少数民族聚居或者多民族共同居住的地区，人民法院应当用当地民族通用的语言、文字进行审理和发布法律文书。

人民法院应当对不通晓当地民族通用的语言、文字的诉讼参与人提供翻译。

第十二条　人民法院审理民事案件时，当事人有权进行辩论。

第十三条　民事诉讼应当遵循诚实信用原则。

当事人有权在法律规定的范围内处分自己的民事权利和诉讼权利。

第十四条　人民检察院有权对民事诉讼实行法律监督。

第十五条　机关、社会团体、企业事业单位对损害国家、集体或者个人民事权益的行为，可以支持受损害的单位或者个人向人民法院起诉。

第九十三条 人民法院审理民事案件，根据当事人自愿的原则，在事实清楚的基础上，分清是非，进行调解。

拓展资源

程序是法治和恣意而治的分水岭。　　　　　　　　　　　　——法谚

法律为未来作规定，法官为过去作判决。　　　　　　　　　——法谚

举证之所在，败诉之所在。　　　　　　　　　　　　　　　——法谚

一次不公的判断比多次不平的举动为祸尤烈。因为这些不平的举动不过弄脏了水流，而不公的判断则把水源败坏了。　　　　——［英］培根

活动设计

将同学们分为四个小组，各小组分别选择一种争议解决方式，以"优劣对比"的方式开展讨论活动。

13. 人民调解、行政调解、司法调解有何区别？

理论解析

1. 人民调解、行政调解和司法调解的基本含义。调解是解决纠纷的重要方式。根据调解的主体不同，可以将调解分为人民调解、行政调解与司法调解等。

人民调解，又称诉讼外调解，是指在人民调解委员会的主持下，以法律、法规、规章、政策和社会公德为依据，促使纠纷各方互谅互让、平等协商、自愿达成协议，以消除纷争的调解活动。人民调解委员会是村民委员会和居民委员会下设的调解民间纠纷的群众性自治组织，在基层人民政府和基层人民法院指导下开展工作。人民调解制度是从我国传统的民间调解发展而来的，是一项具有中国特色的解决民间纠纷与维护社会稳定的法律制度。

行政调解是国家行政机关处理行政纠纷的一种方法，是指由具有调解纠纷职能的国家行政机关主持，根据国家政策、法律规定，对属于本机关职权管辖范围内的行政纠纷，以自愿为原则，在分清责任、明辨是非的基础上，通过说服教育，使纠纷的双方当事人互相谅解，在平等协商的基础上达成协议，从而解决纠纷的调解活动。

司法调解，又称法院调解、诉讼调解，是指法院在审理各类案件时，当事人双方在人民法院法官的主持下平等协商、达成协议，从而解决纠纷的调解活动。司法调解是我国民事诉讼法中一项重要的诉讼制度，是法院行使审

判权与当事人行使诉权相结合的产物。其以当事人之间的私权冲突为基础，以当事人一方的诉讼请求为依据，以司法审判权的介入和审查为特征，以当事人处分自己的权益为内容，实际上是公权力主导下对私权利的一种处分和让与，是当事人通过处分自己的权益来解决纠纷的一种重要方式。

2. 人民调解、行政调解和司法调解的主要区别。人民调解、行政调解和司法调解作为常用的纠纷解决方式，都是我国法律纠纷解决体系的重要组成部分，且都是由第三方来主持调解，均须遵守当事人自愿原则。但是，三者的区别也很明显，主要表现在两个方面：

（1）主持调解的主体不同。人民调解是在人民调解委员会的主持下进行调解；行政调解是在国家行政机关的主持下进行调解；而司法调解是在人民法院的主持下进行调解。

（2）调解协议的效力不同。经人民调解委员会调解达成的、有民事权利义务内容，并由双方当事人签字或者盖章的调解协议，还不具有终局效力和执行的效力，不能依据该调解协议申请执行。只有在法定期限内持调解协议到法院进行司法确认后，该调解协议才具有国家强制力，如果一方不履行，另一方可以申请强制执行。在这一方面，行政调解和人民调解的效力基本相同。

司法调解成功后，法院会出具调解书，该调解书作为法律文书，具有终局力和执行力，一方如不遵守，另一方可以向法院申请强制执行，即司法调解协议与法院的判决具有同等的法律效力。

■■■■ **典型案例**

案例 1

在某中学读初一的冯某放学回家，途经张某家门口时（当时张某本人不在家中），被其饲养的狼狗咬伤，正好被张某的邻居发现，立即将受伤的冯某送到社区卫生院进行临时包扎，同时向公安派出所报警，然后又打电话告知冯某的母亲吴某和狼狗主人张某。吴某和张某同时赶到社区卫生院，将冯某送到卫生防疫站注射狂犬疫苗，再到医院进行治疗。当天的所有费用均由张某支付。在后续治疗期间，张某也经常去看望冯某。经过近一个月的疗程，冯某基本康复，而此时吴某已花去后续医疗费近千元。为赔偿费用的支付一事，吴某数次到张某家协商，张某始终只认可咬伤当天的费用并称已全部支付，其他的不予认可。吴某又找到人民调解委员会申请调解。

接到吴某的调解申请后，调解员向吴某了解了案情发生的具体经过，听取了吴某的赔偿要求，作了详细的记录，向张某询问了纠纷的细节和张某对纠纷的看法，向相关人员进行了认真核实，并查阅了冯某在卫生院、卫生防疫站治疗的相关资料。从调查情况看，双方对事实的描述无太大的出入。在调解过程中，调解员首先肯定了在这一过程中张某的态度是诚恳的，如主动帮吴某送孩子去医院，主动支付交通费与狂犬疫苗费，还能在后续治疗期间携带营养品去看望冯某等。但调解员同时指出，本案事实部分已由公安派出所调查清楚，对孩子的伤害确实很大，按照相关法律法规，作为狼狗饲养人的张某理应承担相应的侵权责任，依法给予赔偿。在调解员的耐心劝说下，张某答应回家与家人商量后再进行答复。调解员还将《中华人民共和国侵权责任法》（以下简称《侵权责任法》）和《未成年人保护法》的文本赠予张某，要她回家后与丈夫一起认真学习领会，正确对待，择日再次进行调解。

此后的数日内，调解员几次电话联系吴某，张某及其丈夫，就赔偿费用反复进行协调，宣传法律法规，并辅以社会道德和情感层面的说服教育。经过数日的耐心说服，双方终于达成一致意见，调解员通知双方进行集中调解，双方现场签订并履行了协议。

案例 2

某县人民法院受理了原告马某与某县人民武装部欠款纠纷一案。原告马某诉称，被告某县人民武装部在原告所开的歌舞厅内消费总额达 5000 元，并由当时的武装部科长签字确认，经多次催要未果，故原告马某起诉要求给付。

人民法院立案受理后，在第一次向被告送达应诉通知书等有关法律文书时，被告人民武装部以本案应属军事法院管辖为由提出管辖权异议。而依照《民事诉讼法》的有关规定，当事人双方均是军队内部单位的经济纠纷案件，由军事法院管辖。但仅有一方当事人是军队内部单位的民事案件，应由有管辖权的地方法院受理。人民法院送达人员将享有管辖权的理由告知被告人民武装部后，被告又以种种理由拒绝签收相关法律文书并不准留置送达。该案被告拒绝签收法律文书，如果采取其他方式送达，即使该案判决后，执行也会难上加难。鉴于这种情况，人民法院立案庭将被告拒绝签收法律文书的事实向分管领导及院长汇报，在分管领导及院长的支持下，向上级法院请求转移该案管辖权，但上级法院认为不适合转移管辖权，建议该县人民法院向当地分管政法的党委政府汇报并寻求解决问题的途径。本案在县委有关领导的协调处理下，根据《最高人民法院关于适用简易程序审理民事案件的若干规定》第14条的规定，该案经人民法院主持调解，双方当事人自愿达成协议：被告县人民武装部自愿向原告马某支付欠款5000元。最终该县人民法院成功地以调解方式处理了该案，并全部履行完毕。

法律原文

《中华人民共和国人民调解法》（以下简称《人民调解法》）

第二十六条　人民调解员调解纠纷，调解不成的，应当终止调解，并依据有关法律、法规的规定，告知当事人可以依法通过仲裁、行政、司法等途径维护自己的权利。

第三十三条　经人民调解委员会调解达成调解协议后，双方当事人认为有必要的，可以自调解协议生效之日起30日内共同向人民法院申请司法确认，人民法院应当及时对调解协议进行审查，依法确认调解协议的效力。

人民法院依法确认调解协议有效，一方当事人拒绝履行或者未全部履行的，对方当事人可以向人民法院申请强制执行。

人民法院依法确认调解协议无效的，当事人可以通过人民调解方式变更原调解协议或者达成新的调解协议，也可以向人民法院提起诉讼。

拓展资源

呆板的公平其实是最大的不公平。 ——法谚

习惯与合意可以使法律无效。 ——法谚

活动设计

1. 开展"司法调解模拟"活动，分析司法调解的优点。

2. 开展走访调解员的活动，了解身边的调解故事，总结调解员的调解技巧。

14. 作为民事纠纷的解决机制，调解、仲裁与诉讼有何区别?

理论解析

调解、仲裁与诉讼的基本含义如前所述。三者的主要区别可以概括如下:

1. 适用范围不同。调解、仲裁与诉讼均为民事纠纷的解决机制，但各有其不同的适用范围。

在我国，对于仲裁和诉讼的适用范围，法律作了明文规定。根据《中华人民共和国仲裁法》（以下简称《仲裁法》）的规定，平等主体之间发生的合同纠纷和其他财产权益纠纷，可以仲裁，但涉及婚姻、收养、监护、抚养、继承关系的纠纷和依法应当由行政机关处理的行政争议，不适用仲裁。根据我国《民事诉讼法》的规定，人民法院受理平等主体之间因财产关系和人身关系提起的民事诉讼。

我国目前并没有相应的法律规范对调解的适用范围作出规定。但从我国目前存在的调解机构和实践来看，调解不仅可以适用于因财产关系而产生的纠纷，而且还可以适用于因人身关系产生的纠纷，如普遍存在于基层的人民调解委员会，可以对在其管理范围内发生的如婚姻、收养、抚养、继承等纠纷进行调解。当然，由于仲裁调解和诉讼内调解分别发生于仲裁和诉讼过程中，所以这两者的适用范围应与仲裁和诉讼相对应。

2. 对居间第三者的要求不同。调解、仲裁与诉讼对民事纠纷的解决都是通过第三人来进行的，但对第三人的要求却不尽相同。

在我国，并无立法对调解中的主持者加以特别限制，所以该主持者可以是专门的调解机构，如中国国际商会调解中心、人民调解委员会等；也可以是专门调解机构之外的其他主持者，而该主持者一般由双方当事人共同选定。

在现代仲裁制度中，仲裁中的调解主持者为专门的仲裁机构，这类机构一般为永久性的，也可以是临时性的，但不论是何种形式，均不是国家机关，而是民间组织，其成员是纠纷主体选定或约定的专家。

诉讼是在法院主持下进行的，诉讼中的主持者只能是作为国家审判机关的人民法院，包括各级人民法院。

3. 纠纷解决机制不同。调解具有绝对的由当事人自治的特征，在调解中，纠纷的解决只能基于纠纷主体的合意，主持者在调解过程中只能起促进、引导和协调的作用，不能以国家强制力来解决纠纷，对纠纷最终能否彻底解决不起决定性作用。

仲裁实行协议管辖，以当事人的合意为基础。仲裁的前提是当事人双方达成仲裁协议，表明自愿将争议提交仲裁机关，没有相关条款，仲裁机构不予受理。在仲裁中，当事人对于仲裁机构的选定、仲裁员的选定、有关审理方式和开庭形式等程序事项都有绝对的自主权，甚至还可选择仲裁所依据的实体法律规范和程序性规范。而且，和调解一样，仲裁机构和仲裁员也无权以国家强制力来解决纠纷。但是，仲裁具有准司法性的特征，仲裁裁决并不以双方达成合意为必要条件，仲裁机构有权根据纠纷事实，适用法律或根据公平正义原则作出裁决。仲裁实行一裁终局制，即当事人不得就同一事实再次申请仲裁，也不能向人民法院再行起诉、上诉。

诉讼实行地域管辖和级别管辖。当事人之间发生民事争议，由哪一级、哪个地区的法院管辖，由法律明确规定，当事人不得随意选择，无管辖权的法院也不得随意受理民事案件，审判人员一律由人民法院决定。诉讼不需要双方协商一致，只要一方的起诉符合法定条件，法院就会受理。我国的民事诉讼可经过一审、二审和再审三个阶段。在诉讼中，人民法院作为国家的审判机关，行使国家审判权来确定纠纷主体之间的民事权利义务关系及民事法律责任的承担，原则上不必依赖于双方当事人的合意，而是可以借助国家强制力迫使纠纷主体履行生效的民事判决、裁定等，其对民事纠纷的解决与否起着决定性作用。

需要注意的是，仲裁或者诉讼内的调解协议的达成均必须以纠纷主体的合意为基础。

典型案例

张先生与某旅行社签订了《出境旅游合同》，到某海岛旅游。在旅行社组织的游泳活动中，张先生酒后下水，因饮酒过量导致无法做出正确的游泳动作而溺水，旅行社救助不及时，张先生不幸去世。后张先生妻子以旅行社未尽到安全保障义务和警示义务为由申请仲裁，要求旅行社支付死亡赔偿金及精神损失赔偿金等 40 万余元。

根据我国《最高人民法院关于审理旅游纠纷案件适用法律若干问题的规定》第 7 条和第 8 条之规定，旅游经营者、旅游辅助服务者对可能危及旅游者人身、财产安全的旅游项目未履行告知、警示义务，以及未尽到安全保障义务造成旅游者人身损害、财产损失的应当承担赔偿责任。仲裁庭审理认为，签订旅游服务合同时，旅行社应当明确告知旅行者注意事项，旅行者也应如实告知自己的身体条件，以免引起不必要的纠纷。本案中，旅行社没有告知游客酒后不宜游泳等安全注意事项，发生危险后又救助不及时，因此需要对张先生的死亡承担主要责任；同时张先生作为完全民事行为能力人，对自己的行为亦应负次要责任。故仲裁庭裁决旅行社支付死亡赔偿金及精神损害赔偿等 32 万元。

■■■■ **法律原文**

《仲裁法》

第二条　平等主体的公民、法人和其他组织之间发生的合同纠纷和其他财产权益纠纷，可以仲裁。

第三条　下列纠纷不能仲裁：

（一）婚姻、收养、监护、扶养、继承纠纷；

（二）依法应当由行政机关处理的行政争议。

第四条　当事人采用仲裁方式解决纠纷，应当双方自愿，达成仲裁协议。没有仲裁协议，一方申请仲裁的，仲裁委员会不予受理。

第五条　当事人达成仲裁协议，一方向人民法院起诉的，人民法院不予受理，但仲裁协议无效的除外。

《人民调解法》

第二条　本法所称人民调解，是指人民调解委员会通过说服、疏导等方法，促使当事人在平等协商基础上自愿达成调解协议，解决民间纠纷的活动。

第三条　人民调解委员会调解民间纠纷，应当遵循下列原则：

（一）在当事人自愿、平等的基础上进行调解；

（二）不违背法律、法规和国家政策；

（三）尊重当事人的权利，不得因调解而阻止当事人依法通过仲裁、行政、司法等途径维护自己的权利。

■■■■ **拓展资源**

超出管辖权所作的判决不必遵守。　　　　　　　　　　　　——法谚

民不举官不究。　　　　　　　　　　　　　　　　　　　　——法谚

■■■■ **活动设计**

登录当地仲裁机构的网站，了解仲裁的相关信息，讨论仲裁和诉讼的区别。

15. 法律责任的类型有哪些?

理论解析

1. 法律责任的基本含义。法律责任是指行为人由于违反法律规定的义务而依法应承受的某种不利法律后果，具有国家强制性，由国家强制力保证实现。这里的不利法律后果，包括对损害予以补偿、强制履行或接受惩罚等。

2. 法律责任的主要类型。立法明确规定法律责任，旨在实现法律的预防、救济和惩罚功能。可以根据不同标准对法律责任进行分类，不同性质的法律责任的宗旨也不尽相同。

根据行为人所违反的法律的性质，一般可以将法律责任划分为民事责任、行政责任、刑事责任、违宪责任以及国家赔偿责任等。

民事责任，是指由于违反民事法律、违约或者根据民法规定应当承担的一种法律责任，这种责任旨在对受到损害的人予以救济。根据我国《民法典》第179条的规定，承担民事责任的方式主要有停止侵害，排除妨碍，消除危险，返还财产，恢复原状，修理、重作、更换，继续履行，赔偿损失，支付违约金，消除影响、恢复名誉以及赔礼道歉。不同的责任方式有不同的适用前提。

刑事责任，是指行为人因其犯罪行为所必须承受的，由司法机关代表国家所确定的否定性法律后果。这种责任旨在对犯罪行为人予以惩罚。根据我国《刑法》的规定，刑事责任包括主刑和附加刑。其中，主刑包括管制、拘役、有期徒刑、无期徒刑和死刑；附加刑包括罚金、剥夺政治权利、没收财产以及驱逐出境。

行政责任，是指因违反行政法规定或根据行政法规定而应承担的法律责任。我国行政法上的行政责任包括行政处分、行政处罚两种。其中行政处分属于内部制裁措施，包括警告、记过、记大过、降级、撤职、开除；行政处罚包括警告、罚款、没收违法所得、没收非法财物、责令停产停业、暂扣或吊销许可证、暂扣或者吊销执照、行政拘留以及法律、行政法规规定的其他行政处罚。

违宪责任，是指由于有关国家机关制定的某种法律和法规、规章违反宪法，或有关国家机关、社会组织或公民从事了与宪法规定相抵触的活动而产生的法律责任。

国家赔偿责任，是指在国家机关行使公权力时，由国家机关及其工作人员违法行使职权引起的，以国家作为责任承担主体的赔偿责任。

此外，还可以根据行为人的主观过错在法律责任中的地位，将法律责任分为过错责任与无过错责任；根据行为主体和责任承担的关系，将法律责任分为职务责任和个人责任；根据责任承担的内容，可以将法律责任分为财产责任和非财产责任；根据追究责任的目的，可以将法律责任分为补偿性责任和惩罚性责任；等等。

■■■■ **典型案例**

案例 1

姜女士自杀死亡。在自杀之前，她在自己的博客上记录了她自杀前 2 个月的心路历程，并在自杀当天开放博客空间。之后的 3 个月里，网络舆论沸腾，该女士的丈夫王某成为众矢之的。张某等网友通过"人肉搜索"，将王某及其家人的个人信息，包括姓名、照片、住址以及身份证信息和工作单位等全部披露，使得王某不断收到恐吓邮件，在网上被围攻、谩骂、威胁……后王某以侵犯名誉权为由将张某及相关网络服务提供者诉至法院，要求停止侵权、赔偿经济损失及精神损害抚慰金。法院审理后作出判决，要求张某停止对王某的侵害行为，删除刊登在相关网站上的文章及王某的照片，在相关网站首页上刊登道歉函，赔偿王某精神损害抚慰金；要求相关网络服务提供者停止侵权、公开道歉，并赔偿王某精神抚慰金。

案例 2

江西省吉安市盐务局是国务院授权的盐业主管机构，江西省盐业集团公司吉安公司（以下简称吉安盐业公司）是经工商部门注册登记并办理营业执照的企业（经营范围为食盐、各类用盐、场地出租、日用百货等），二者系"一套人马、两块牌子"。因吉安盐业公司除专营食盐批发业务外，还经营日用百货，为提高企业效益，该公司部分业务员在批发、配送食盐过程中，强制搭售非盐商品（食用油、白酒等）或在食盐配送过程中搭售低钠盐、深井盐，若进货商不接受，就以无高钠盐（中盐）或无盐为由停止供应食盐。部分食用盐零售商不满，向吉安市工商行政管理局（以下简称市工商局）投诉，该局先后于 2012 年、2013 年两次向吉安盐业公司下达《责令改正通知书》。后市工商局经立案调查，告知该公司听证权利并听取其陈述后，于 2014 年 7月对其作出行政处罚决定：责令停止违法行为，处以罚款 16 万元。吉安盐业公司不服，申请行政复议，复议机关维持上述处罚决定。该公司诉至法院，请求撤销市工商局的行政处罚决定。

吉安市吉州区人民法院一审判决认为，原告吉安盐业公司作为国家食盐专营企业，具有法定的独占经营权，与其他普通经营者对食盐零售商具有不同支配地位，但其经营主体、地位应当平等。原告在开启多种经营活动中，利用自身专营食用盐的独占优势地位，强制食用盐零售商搭售低钠盐及非盐商品食用油、洗涤系列产品、白酒等商品，其行为构成了限定他人购买其指定的经营者的商品，违反了《中华人民共和国反不正当竞争法》（以下简称《反不正当竞争法》）第 6 条的规定，遂判决维持被告吉安市工商局作出的行政处罚决定。该公司上诉后，吉安市中级人民法院判决驳回上诉、维持原判。该案后续被选为最高人民法院发布的经济行政典型案例之一。

法律原文

《民法典》

第一百七十六条　民事主体依照法律规定或者按照当事人约定，履行民事义务，承担民事责任。

第一百七十九条　承担民事责任的方式主要有：

（一）停止侵害；

（二）排除妨碍；

（三）消除危险；

（四）返还财产；

（五）恢复原状；

（六）修理、重作、更换；

（七）继续履行；

（八）赔偿损失；

（九）支付违约金；

（十）消除影响、恢复名誉；

（十一）赔礼道歉。

法律规定惩罚性赔偿的，依照其规定。

本条规定的承担民事责任的方式，可以单独适用，也可以合并适用。

拓展资源

通过惩罚少数人，可以威慑所有人。　　　　　　　　——法谚

活动设计

结合具体案例，对罚款与罚金，没收违法所得、没收非法财物与没收财产的概念进行辨析。

16. 行政、民事和刑事违法行为有何区别?

理论解析

1. 行政、民事和刑事违法的基本含义。违法行为是指特定的法律主体，违反法律的规定实施或导致的、具有一定社会危害性、依法应当承担法律责

任的行为。依违反的法律性质和危害程度的不同，可以将违法行为主要分为民事违法行为、行政违法行为、刑事违法行为以及违宪行为。

民事违法行为是指违反民事法律规定的作为或不作为义务，损害他人合法民事权益的行为。

行政违法行为有广狭两义，狭义的行政违法行为仅指行政主体的违法行为，广义的行政违法还包括行政相对人的违法行为。通说采狭义说，即行政违法行为是指行政主体违反行政法律规范但尚未构成犯罪而依法须承担行政责任的行为。

刑事违法行为即犯罪，是指触犯刑法依法应受刑罚处罚的行为。

2. 行政违法行为、民事违法行为和刑事违法行为的主要区别。民事违法行为、行政违法行为、刑事违法行为都是违法行为，均须承担相应法律责任。三者的主要区别在于违反的法律、违法的体现以及违法的法律后果不同：

（1）违反的法律不同。违法行为的共同特征是违反法律规定，但民事违法行为、行政违法行为和刑事违法行为分别违反的是民法、行政法和刑法。

（2）行为体现不同。民事违法行为主要体现为违约行为、侵权行为与不履行其他法定义务的行为，如不给付约定债务、侵犯他人的名誉权。行政违法行为主要体现违反行政法规范，不一定发生侵害行为，如未经行政许可而进行经营的行为。刑事违法主要体现为加害、非法占有等，如伤害他人生命、盗窃他人财物。

（3）法律后果不同。鉴于这三种违法行为导致的损害严重程度不同，法律规定了不同的法律责任。相较民事违法行为和行政违法行为，刑事违法行为导致的损害程度最为严重。一般而言，如违法行为严重触犯刑法，可能受到刑事制裁的，属于刑事违法；轻微违法行为，尚达不到刑事处罚标准的，属于行政违法行为，可以进行行政处罚；而民事违法行为侵害了他人的合法民事权益，需要进行赔偿或承担其他民事责任。其中，刑事违法行为适用罪刑法定原则，而民事违法和行政违法行为可以协商、和解与自我担当。

此外，这三者也可能会出现转化与包含，如严重的民事违法行为、行政违法行为可能转化为刑事违法行为，而刑事违法行为也可能因同时构成民事违法和行政违法，故而需要同时承担民事、行政法律责任。

典型案例

案例1：考试作弊"枪手"获刑案

本案是典型的考试作弊案件。被告人陈某的培训机构开设了高等教育自学考试培训项目。因其招收的一名学生无法参加本省高等教育自学考试的行政管理学考试，陈某就联系被告人万某，让他帮忙替考。万某答应替考，结果在考试时当场被监考老师发现作弊。通过侦查，公安分局民警抓获了组织万某参加考试的犯罪嫌疑人陈某。法院经审理后认定被告人陈某构成组织考试作弊罪，判处有期徒刑6个月，缓刑1年；被告人万某构成代替考试罪，判处拘役4个月，缓刑6个月。

案例2：大学生考试作弊被开除行政处罚案

某大学四年级学生李某在参加学校考试的过程中，携带了一些与考试相关的资料，监考教师发现后，认为其携带资料是考试作弊行为，将他带到考务办公室，当即对他的作弊行为作出处理，李某要求撤销作弊处罚遭到拒绝后，动手打了监考教师，为此公安机关作出《行政处罚决定书》，决定对李某拘留3日。李某所在大学也决定给予李某开除学籍处分。李某不服处分决定，先后向校方和省教育厅提出申诉，校方和省教育厅均维持处分决定。李某不服，向法院提起诉讼。法院经审理认定被告的具体行政行为不违法，判决维持校方的处分决定。

法律原文

《刑法》

第二百八十四条　非法使用窃听、窃照专用器材，造成严重后果的，处2年以下有期徒刑、拘役或者管制。

第二百八十四条之一　在法律规定的国家考试中，组织作弊的，处3年以下有期徒刑或者拘役，并处或者单处罚金；情节严重的，处 3 年以上 7 年以下有期徒刑，并处罚金。

为他人实施前款犯罪提供作弊器材或者其他帮助的，依照前款的规定处罚。

为实施考试作弊行为，向他人非法出售或者提供第一款规定的考试的试题、答案的，依照第一款的规定处罚。

代替他人或者让他人代替自己参加第一款规定的考试的，处拘役或者管制，并处或者单处罚金。

拓展资源

在民法慈母般的眼神中，每个人就是整个国家。　——［法］孟德斯鸠

活动设计

以"考试作弊是道德问题还是违法行为"为题，开展辩论活动。

17. 违法和犯罪的区别是什么？

理论解析

1. 违法和犯罪的基本含义和特征。违法是指特定的法律主体，违反法律的规定实施或导致的、具有一定社会危害性、依法应当承担法律责任的行为。可以具体表现为超出法律允许限度的权利滥用、作出法律禁止的行为以及不履行法定的积极义务等。需要注意的是：其一，违法是一种危害社会的行为，单纯的思想意识活动不构成违法。其二，许多违法行为同时也是违反道德的行为，但并非所有违法行为都违反道德，同样有些违反道德的行为并不违法。其三，违法行为也不等同于法律上无效的行为。违法行为当然不能产生行为人实施违法行为时所希望达到的为法律所肯定的有效结果，但法律上无效的行为并非都是违法行为，因为有些法律上无效的行为虽然没有法律效力，但并不违法。

犯罪是属于一定历史范畴的社会现象。不同社会制度的国家和地区，可能会对犯罪有着截然不同的定义。依照我国《刑法》第 13 条的规定，犯罪必须同时具备以下特征：

（1）具有社会危害性。犯罪必须是具有危害社会的行为，即行为人通过作为或者不作为的行为对社会造成一定危害，否则不能认定为犯罪。具有社会危害性的行为主要包括：危害国家主权、领土完整和安全的行为；分裂国家、颠覆人民民主专政的政权和推翻社会主义制度的行为；破坏社会秩序和经济秩序的行为；侵犯国有财产或者劳动群众集体所有财产的行为；侵犯公民私人所有财产的行为；侵犯公民的人身权利、民主权利和其他权利，以及其他危害社会的行为。

（2）具有刑事违法性。危害社会的行为多种多样，各种危害行为违反的社会规范不同，其社会危害程度也不同，触犯刑法的行为都是具有严重社会危害性的行为，即犯罪行为应当是刑法明令禁止的行为。

（3）具有应受刑罚惩罚性，即犯罪是依照刑法规定应当受到刑罚处罚的行为。情节显著轻微、危害不大的行为，其社会危害尚未达到应当受刑罚处罚的程度，法律不认定其构成犯罪。

2. 违法和犯罪的主要区别。违法和犯罪均属于危害社会秩序、侵犯他人合法权益，应当受到法律惩处的行为，二者之间没有不可逾越的鸿沟，但也是两个不同的概念。一般而言，犯罪一定违法，违法不一定犯罪，二者主要有以下区别：

（1）社会危害性大小不同。一般违法也具有社会危害性，但与犯罪相比，其社会危害性的严重程度远不及后者。在司法实践中，一般从行为所涉及的数额、范围、手段和后果等方面具体衡量其社会危害性的大小。如盗窃罪一般按照数额确定是否构成犯罪，暴力干涉婚姻自由罪强调必须使用暴力手段，故意伤害罪则一般导致被害人伤情达到轻伤以上。

（2）触犯的法律类型不同。一般违法也违反了法律的禁止性规定，但只有实施触犯了刑法有关规定的行为，才可能构成犯罪。

（3）认定的机关不同。只有人民法院才可以通过审判的方式认定是否构成犯罪；而是否构成违法则可以由公安、工商、税务等一切具有行政管理职能的机关加以认定。

（4）法律后果不同。由于刑罚可以长期限制、剥夺人的自由甚至剥夺人的生命，因此更加严厉。一般违法则只可能受民事制裁或行政制裁。只有被认定为犯罪，才可能被判处刑罚。

典型案例

案例1：白某某等人故意伤害、聚众斗殴案

本案是校园内学生之间进行管理时，负责管理的学生与接受管理的学生发生纠纷而导致的恶性暴力犯罪案件。马某是该校学生会的干部，在对低年级的白某班级进行检查时，发现白某不遵守课堂纪律，在进行管理时双方产生摩擦，二人相约斗殴。后白某纠集被告人董某等人，持刀、钢管等工具，与马某纠集的被告人张某等人，在校外聚众斗殴，致多人受伤，且因当时围观人员较多，造成交通堵塞，场面混乱，社会治安受到极大影响。经法医学鉴定，张某等3人构成重伤，另有3人构成轻伤，2人构成轻微伤。

法院经审理认为，被告人白某纠集他人聚众斗殴，致3人重伤，其行为已构成故意伤害罪；其他被告人的行为均已构成聚众斗殴罪。白某有协助公安机关抓获同案犯的立功表现，可予以从轻处罚。依照我国《刑法》有关规定，以故意伤害罪判处白某有期徒刑5年；对其他被告人以聚众斗殴罪分别判处有期徒刑1年6个月至有期徒刑6个月缓刑1年不等刑期。宣判后，白某提出上诉。北京市第一中级人民法院经依法审理，裁定驳回上诉，维持原判。

案例2：楚某某抢劫案

本案是典型的校园暴力案件，虽然案情较为简单，但属于严重的在校学生暴力犯罪，犯罪主体和抢劫对象均是在校学生；抢劫地点为学校、网吧，且系多次抢劫行为，还具有一定团伙性。本案中，被告人楚某某16岁，其独

自或者伙同郭某、雷某某等在某中学男生初一班级的寝室、楼梯间以及学校周围的网吧等地点，多次以语言威胁、恐吓，或者以手持木棒、甩棍殴打及搜身等手段，抢走贾某某现金 100 元、李某现金 114 元、陈某某现金 14 元、张某某现金 120 元。鉴于被告人楚某某是未成年人，法院不公开开庭审理本案，经审理认定，被告人楚某某（其他被告人另案处理）多次持械、结伙实施抢劫行为，构成抢劫罪，判处有期徒刑 6 年，并处罚金 2000 元，所获赃款予以追缴。

▰▰▰ 法律原文

《刑法》

第十三条　一切危害国家主权、领土完整和安全，分裂国家、颠覆人民民主专政的政权和推翻社会主义制度，破坏社会秩序和经济秩序，侵犯国有财产或者劳动群众集体所有的财产，侵犯公民私人所有的财产，侵犯公民的人身权利、民主权利和其他权利，以及其他危害社会的行为，依照法律应当受刑罚处罚的，都是犯罪，但是情节显著轻微危害不大的，不认为是犯罪。

▰▰▰ 拓展资源

犯罪是一种恶，刑罚也是一种不得已的恶。　　　　　　——法谚

刑罚可以防止一般邪恶的许多后果，但是刑罚不能铲除邪恶本身。

——［法］孟德斯鸠

▰▰▰ 活动设计

结合在校青少年犯罪率上升的原因，开展"以案说法"活动，论证"一般违法与犯罪之间没有不可逾越的鸿沟"这一观点。

18. 正当防卫和防卫过当有何区别?

▰▰▰ 理论解析

1. 正当防卫的基本含义和构成。正当防卫，是指对危害国家、公共利益、

本人或者他人的人身、财产和其他权利且正在实施侵害的不法行为，采取不超过必要限度的制止性行为。正当防卫作为法律制度得以确立和发展，始终与人类社会从野蛮走向文明、从人治走向法治的历史息息相关。我国刑法中的正当防卫制度，本质上是对不法侵害者进行反击，保护合法权益免受侵害，保护行为人与违法犯罪行为作斗争的法律制度。正当防卫行为的构成要件为：

（1）防卫目的具有正当性。这是构成正当防卫的首要条件。实施防卫行为必须是为了保护国家利益、公共利益、本人或者他人的人身、财产和其他权利免受不法侵害。如果防卫目的不具有正当性，不成立正当防卫。如聚众斗殴过程中互相杀伤，由于均有侵害对方的意图，故不构成正当防卫。

（2）防卫行为必须针对不法侵害行为。行为人的正当防卫必须针对不法侵害行为实施，对于合法行为则不能实施正当防卫。如执法人员拘留、逮捕犯罪嫌疑人是依法执行职务的行为，被拘留、逮捕的人或者第三人不能以其人身自由受侵害为由实施正当防卫。

（3）防卫行为必须针对正在进行的不法侵害行为。这里的"正在进行的不法侵害"行为，需要具备两个要素：一是不法侵害在客观上确实存在，而不是主观想象或者臆测的；二是不法侵害必须正在进行，而不是尚未开始、已经停止或者实施终了。

（4）防卫必须针对实施不法侵害者本人。进行正当防卫的目的在于排除和制止不法侵害，而不法侵害的行为来自侵害行为人，因此，只能针对不法侵害者本人实施防卫行为，不能防卫无关的第三人。

（5）正当防卫不能明显超过必要限度造成重大的损害，否则可能被认定为防卫过当。

2. 认定防卫行为是否属于防卫过当的考量因素。从形式上看，正当防卫也是一种以暴制暴的私力救济措施，如果没有必要的限度，就容易被滥用，甚至有可能成为私力报复的工具，防卫过当就是法律对其进行限制的制度。防卫过当与正当防卫一样都具有防卫性，但如果正当防卫超过明显超过必要限度对不法侵害人造成重大损害的，即属于防卫过当。由此可以看出，防卫过当与正当防卫是两个既有本质区别又有密切联系的概念。如何界定正当防卫与防卫过当，是司法实践中经常面临的难题，理论上也有"基本相适应说""必要说""需要说"等不同学说。究其原因，一是现实生活中防卫案件本身具有复杂性，二是刑法对这一问题的规定比较原则。因此，准确区分和认定正当防卫与防卫过当，对司法机关正确划分罪与非罪的界限，有效地惩罚犯罪，保护人们的合法权益，鼓励人们依法与犯罪行为作斗争，树立和弘扬正气，都具有很重要的意义。

从本质上看，防卫过当已经是一种非法侵害行为，这是其区别于正当防卫的本质特征，也是防卫过当应负刑事责任的根本原因。认定防卫行为是否属于防卫过当，需考虑以下两个因素：

（1）超过必要限度。这里的"必要限度"，是指为有效地制止不法侵害所必需的防卫强度；所谓"明显超过必要限度"，客观上应当以防卫行为是否能有效制止正在进行的不法侵害为限度，主观上如果一般人都能够认识到其防卫强度已经超过了正当防卫所必需的强度，则属于明显超过必要限度。通常而言，在面临不法侵害时，如果能够用较缓和的手段制止侵害时，就不要用激烈的防卫手段；当侵害行为已经被制止时，就不要再继续对不法行为人进行伤害。否则，就可能超过必要限度，被认定为防卫过当。

（2）对不法侵害人造成了重大损害。这里的"重大损害"，是指防卫人明显超过必要限度的防卫行为造成不法侵害人人身伤亡等严重后果。

需要注意的是，鉴于严重危及人身安全的暴力性犯罪的严重社会危害性，以及可能引发的潜在性的严重危害后果，对这类犯罪如不采取紧急的防卫措施，不法侵害就可能会瞬间造成极其严重的、无法挽回的后果，同时在采取防卫措施时，防卫行为人往往是在惊慌的情形下采取行为，其中既不存在行为人的故意，也不存在行为人的过失，故刑法规定了无过当特别防卫权，即使超过正当防卫限度的防卫行为造成不法侵害人伤亡，也不被认定为防卫过当。根据我国《刑法》第 20 条的规定，对正在进行行凶、杀人、抢劫、强奸、绑架以及其他严重危及人身安全的暴力犯罪，采取防卫行为，造成不法侵害人伤亡的，不属于防卫过当。

3. 正当防卫与防卫过当的法律后果。正当防卫不但没有社会危害性，甚至其实施使正在或者可能导致社会危害性（或违法性）的行为得以排除，因而被认为是合法的。根据我国《刑法》第 20 条的规定，实施正当防卫不明显超过必要限度，对不法侵害人造成损害的，不负刑事责任；但如果正当防卫明显超过必要限度造成重大损害的，正当防卫人应当负刑事责任。但防卫过当的成立，也是以不法侵害正在进行，为了制止不法侵害，保护国家公共利益、本人和他人的合法权益，针对不法侵害人为前提的，只是因防卫行为明显超过必要限度造成重大损害，才使防卫由正当变为过当，由合法变为非法。基于防卫过当的特殊性，《刑法》明文规定对于防卫过当行为在量刑时应当依法减轻或者免除处罚。同时，如前所述，虽然防卫过当应当负刑事责任，但对正在实施的行凶、杀人、抢劫、绑架以及其他严重危及人身安全的暴力犯罪采取防卫行为，造成不法侵害人伤亡的，不属于防卫过当，所以也无需承担刑事责任。

典型案例

18 岁的高中生孙某去看电影，见社会青年郭某纠缠女学生陈某。孙某上前制止，与郭某发生争执。孙某打了郭某一拳，郭某逃跑。郭某于逃跑途中遇到其友胡某，一起折返找到孙某企图报复。郭某和胡某猛击孙某数拳，孙某一边倒退一边掏出随身携带的弹簧刀向郭某左胸刺了一刀，郭某当即倒地，孙某乘机脱身。后郭某失血过多，在送往医院途中死亡。

对于本案，法院认定孙某的行为具备正当防卫的条件，因为郭某纠缠女学生陈某被孙某制止后，又伙同胡某返回现场寻衅滋事，继续实施不法侵害，孙某有权进行正当防卫。但是，郭某虽然实施了不法侵害，但强度较轻，只是用拳头殴打，而孙某防卫时则使用弹簧刀向郭某的胸部刺一刀，将其刺死，其防卫的手段、强度都明显超过了不法侵害人所实施的不法侵害的手段、强度，并且造成了不法侵害人死亡的重大损害结果。同时，本案中郭某的侵害行为没有达到严重危及人身安全的暴力犯罪程度，仍属于比较轻微的不法侵害行为，故孙某不能适用无过当特别防卫权的规定，属于防卫过当。根据我国《刑法》第20条的规定，防卫过当的，应当负刑事责任，但应当减轻或者免除处罚。

■ 法律原文

《刑法》

第二十条　为了使国家、公共利益、本人或者他人的人身、财产和其他权利免受正在进行的不法侵害，而采取的制止不法侵害的行为，对不法侵害人造成损害的，属于正当防卫，不负刑事责任。

正当防卫明显超过必要限度造成重大损害的，应当负刑事责任，但是应当减轻或者免除处罚。

对正在进行行凶、杀人、抢劫、强奸、绑架以及其他严重危及人身安全的暴力犯罪，采取防卫行为，造成不法侵害人伤亡的，不属于防卫过当，不负刑事责任。

■ 拓展资源

正不得对不正退步，法无需向不法妥协。　　　　　　　　——法谚

无故入人室宅庐者，上人车船，牵引人欲犯法者，其时格杀之，无罪。

　　　　　　　　　　　　　　　　　　　　　　　　——《汉律》

■ 活动设计

结合"于欢案"〔参阅山东省聊城市中级人民法院（2016）鲁15刑初33号刑事附带民事判决书、山东省高级人民法院（2017）鲁刑终151号刑事附带民事判决书〕，以"正当防卫也有度"为主题，开展课堂讨论活动。

19. 什么是罪刑法定原则?

理论解析

1. 罪刑法定原则的基本含义。作为贯穿于刑事立法、司法、执行全过程的一项刑法基本原则，罪刑法定原则的基本含义的经典表述为"法无明文规定不为罪、法无明文规定不处罚"，即在刑法的制定、解释和适用的整个过程中，对于犯罪行为的界定、种类、构成条件和刑罚的种类、幅度，均事先由法律加以规定，对于刑法没有明文规定为犯罪的行为，不得定罪处罚。进而言之，在司法实践中，这一原则要求定罪量刑须有法可依，否则即使行为的社会危害性很大，也不能定罪。

2. 罪刑法定原则的主要内容。

（1）刑法规范必须明确。罪刑法定原则要求刑事立法者必须具体、明确地制定刑事法律，以肯定、明确、普遍的规范预先告知人们应被刑法惩罚的行为范围。

（2）刑罚必须适当。罪刑法定原则要求刑事立法者规定的犯罪和刑罚都应该适当，即刑法规定的犯罪应以行为确实需要刑罚处罚为前提，将某一行为规定为犯罪并处以刑罚，应当有合理的根据。

（3）刑法无溯及力。罪刑法定原则要求必须由法律规定犯罪与刑罚并将其公之于众，以便人们遵守，故禁止适用事后法，即不允许在新的刑法施行后对法律施行前的行为予以处罚。而且，随着刑法的不断完善，其溯及力的确定多采用"从旧兼从轻"原则，即在依新法定罪处罚更轻的情况下，刑法可以具有溯及力，这是保障人权的要求，也有利于维护社会的稳定。

（4）原则上禁止类推适用。罪刑法定原则要求原则上禁止类推适用刑法。刑法的类推适用是指把刑法中没有明文规定为犯罪的事项，比照刑法中最类似的条文进行解释进而定罪量刑，实质上是将法律没有明文规定的犯罪"解释"为犯罪，这显然与罪刑法定原则的基本精神相矛盾。当然，随着社会发展，现代法已经从完全否定类推适用转变为有限制地允许有利于被告人的类推适用，这实际上是罪刑法定原则进步的表现。

典型案例

某甲重度醉酒后在高速公路超速驾驶机动车的行为，某检察院将其行为认定为以危险方法危害公共安全罪，并以此罪名提起公诉。但被告方的辩护律师认为某甲的行为构成危险驾驶罪，而非以危险方法危害公共安全罪。

法院认为，根据我国《刑法》规定，以危险方法危害公共安全罪是指故意使用放火、决水、爆炸、投放危险物质以外的危险方法危害公共安全的行为。此处的"以外的危险方法"仅限于与放火、决水、爆炸、投放危险物质程度相当的方法，而不是泛指任何具有危害公共安全性质的方法。在道路上醉酒驾驶机动车通构成危险驾驶罪，但由于危险驾驶罪只是一个抽象危险犯，因而必须是行为人醉酒驾驶机动车，对公共安全造成一定危险，但没有达到高度危险的情况下，才构成本罪。本案中，行为人某甲重度醉酒驾驶机动车，并且在高速公路超速行驶，这种行为对公共安全造成了严重危险，危害程度与放火、爆炸等犯罪行为相当，应当定以危险方法危害公共安全罪。

法律原文

《刑法》

第三条　法律明文规定为犯罪行为的，依照法律定罪处刑；法律没有明文规定为犯罪行为的，不得定罪处刑。

拓展资源

只有法律才能够为犯罪规定惩罚。只有代表根据社会契约而联合起来的整个社会的立法者才能拥有这一权威。任何司法官员（作为社会的一部分）都不能自命公正地对社会的其他成员科处刑罚。超越法律限度的刑罚就不再是一种正义的刑罚。因此，任何一个司法官员都不得以热忱或公共福利为借口，增加对犯罪公民的既定刑罚。

——［意］贝卡里亚

活动设计

结合"罪刑法定原则的主要内容"，开展以案说法活动。

第三单元

人民当家作主

1. 我国的基本经济制度是什么?

理论解析

我国处在并将长期处于社会主义初级阶段,我国的基本经济制度是公有制为主体、多种所有制经济共同发展。我国社会主义经济制度的基础是生产资料的社会主义公有制,即全民所有制和劳动群众集体所有制。我国实行社会主义市场经济。

我国采取公有制为主体、多种所有制经济共同发展的基本经济制度,根本原因在于要建立适应生产力发展的生产关系,具体来说,是由我国的社会主义性质和初级阶段的国情所决定的。作为生产关系的经济制度,必须适应生产力发展的状况、符合生产力发展的规律。当前我国处于社会主义初级阶段,生产力还不甚发达。以公有制为主体,可以体现"集中力量办大事"的优势;多种所有制经济共同发展,可以促进经济和生产力规范、有序、积极向上、快速发展。

西方资本主义国家的经济制度多以私有制经济为主体,主要通过市场竞争、优胜劣汰进行自然淘汰、选择,国家负责制定竞争规则、维持竞争秩序。以私有制经济为主体的优势是发展自由、竞争力强;劣势在于宏观调控能力较弱、抗风险力较低、无序发展和浪费现象严重。我国以公有制为主体、多种所有制经济共同发展，实行社会主义市场经济体制，既有利于宏观调控，避免浪费，也有利于市场调节、自由竞争，促进经济稳健有序发展。

实践证明，适应我国社会主义初级阶段的基本国情，以公有制为主体、多种所有制经济共同发展的经济制度，是一项充满生机和活力的经济制度，促进了我国经济发展和社会进步。

典型案例

我国经济制度改革和历史发展

一、1949年~1978年，实行计划经济体制

这一时期，我国实行计划经济体制。中央和各级政府进行经济决策，中央指导地方开展指令化生产，有计划地发展经济。建立起了公有制占绝对统治地位的完全计划经济体制。

二、1978年~1992年，计划经济体制向市场经济体制转变

1978年十一届三中全会召开后，国家逐渐意识到计划经济的弊端。为确立社会主义市场经济体制改革目标进行了一系列理论和实践探索。改革开放的大幕拉开后，经济体制改革首先从计划经济体制最为薄弱的农村开始，实行家庭联产承包责任制，继而开展了以搞活国有企业、扩大国有企业自主权为重点的城市经济体制改革。

1982年党的十二大提出了"计划经济为主、市场调节为辅"，首次肯定了市场在国民经济中的地位。

1984年党的十二届三中全会提出了"公有制基础上的有计划的商品经济"。

1987年党的十三大提出了"计划与市场内在统一的体制"，计划和市场的作用范围都是覆盖全社会的，应当建立"国家调节市场，市场引导企业"的机制。

1989年党的十三届五中全会提出了"改革的核心问题，在于逐步建立计划经济同市场调节相结合的经济运行机制"，进一步明确了经济体制改革的市场取向。

三、1992~2002 年，建立了社会主义市场经济的基本框架

1992 年党的十四大提出"我国经济体制改革的目标是建立社会主义市场经济体制"。

1997 年党的十五大确定了我国社会主义经济体制的主要框架结构。包括：坚持以公有制为主体、多种所有制经济共同发展的基本经济制度，强调我国国有经济在市场经济中的主导地位及其在社会经济发展过程中发挥的作用，但同时也要统筹兼顾各种其他类别的经济体制，并使其完善。

2002 年党的十六大明确提出了完善社会主义市场经济体制的任务。即在 2020 年建成完善的社会主义市场经济体制和更具活力、更加开放的经济体系。

法律原文

《宪法》

第六条　中华人民共和国的社会主义经济制度的基础是生产资料的社会主义公有制，即全民所有制和劳动群众集体所有制。社会主义公有制消灭人剥削人的制度，实行各尽所能、按劳分配的原则。

国家在社会主义初级阶段，坚持公有制为主体、多种所有制经济共同发展的基本经济制度，坚持按劳分配为主体、多种分配方式并存的分配制度。

第十五条　国家实行社会主义市场经济。

国家加强经济立法，完善宏观调控。

国家依法禁止任何组织或者个人扰乱社会经济秩序。

拓展资源

《政务院关于实行粮食的计划收购和计划供应的命令》节选

（1953 年 11 月 19 日政务院第一百九十四次政务会议通过，1953 年 11 月 23 日发布）

一、生产粮食的农民应按照国家规定的收购粮种、收购价格和计划收购

的分配数量将余粮售给国家。农民在缴纳公粮和计划收购粮以外的余粮，可以自由存储和自由使用，可以继续售给国家粮食部门或合作社，或在国家设立的粮食市场进行交易，并可在农村间进行少量的互通有无的交易。

二、开始实行粮食计划供应时，可先规定一些简便易行的办法，逐步研究改进，使之趋于完善；（甲）在城市，对机关、团体、学校、企业等的人员，可通过其组织，进行供应；对一般市民，可发给购粮证，凭证购买，或暂凭户口簿购买。（乙）在集镇、经济作物区、灾区及一般的农村，则应采取由上级政府颁发控制数字并由群众实行民主评议相结合的办法，使真正的缺粮户能够买到所需要的粮食，而又能适当控制粮食的销量，防止投机和囤积。（丙）对于熟食业、食品工业等所需粮食，旅店、火车、轮船等供应旅客膳食用粮，及其他工业用粮，应参照过去一定时期的平均需用量，定额给予供应，不许私自采购。

三、计划收购和计划供应的控制数字，应根据国家及人民需要和农村粮食情况作适当的规定：（甲）大行政区控制数字由政务院财政经济委员会根据国家计划委员会编制的全国控制数字规定。（乙）省、专、县三级控制数字，由其上一级政府规定。（丙）区、乡（村）两级控制数字由县人民政府规定。乡（村）一级控制数字应向群众公开宣布，并领导和组织群众进行民主评议。

计划收购的粮食种类、规格，由省（市）人民政府拟定计划草案报大行政区批准，转报政务院财政经济委员会备案。

四、今年秋粮计划收购的价格，基本上按照现行的收购牌价；计划供应的价格，目前基本上按照现行的零售牌价。现行收购牌价及零售牌价有畸高畸低而且显著突出者，应按照如下的分工和程序，作适当调整：（甲）政务院财政经济委员会负责审查、调整中央所掌握城市的粮食价格，并制定调整粮食价格的原则。（乙）各大行政区行政委员会、内蒙古自治区人民政府、各省（市）人民政府、各专员公署（行署）和各县人民政府，负责依据政务院财政经济委员会所制定的原则，各自审查其所掌握城镇的粮食价格，拟定调整方案，大行政区报政务院财政经济委员会批准，省（市）报大行政区行政委员会批准，专、县报省人民政府批准，并均层报政务院财政经济委员会备案。

五、一切有关粮食经营和粮食加工的国营、地方国营、公私合营、合作社经营的粮店和工厂，统一归当地粮食部门领导。

六、所有私营粮商一律不许私自经营粮食，但得在国家严格监督和管理下，由国家粮食部门委托代理销售粮食。各种小杂粮（当地非主食杂粮），原则上亦应由国家统一经营，在国家尚未实行统一经营以前，得在国家严格监督和管理下，暂准私营粮商经营。

七、所有私营粮食加工厂及营业性的土碾、土磨，一律不得自购原料、自销成品，只能由国家粮食部门委托加工或在国家监督和管理下，代消费户按照国家规定的加工标准从事加工。

八、城市居民购得国家计划供应的粮食，如有剩余或不足，或由于消费习惯关系，须作粮种间的调换时，可到指定的国家商店、合作社卖出，或到国家设立的粮食市场进行相互间的调剂。

九、为了加强市场管理，取缔投机，各级政府应组织有关部门进行经常的检查和监督。对于违犯国家法令的投机分子，必须严予惩处；对进行投机和勾结、包庇投机分子的国家工作人员，应加重惩处；对破坏计划收购和计划供应的反革命分子，应依照中华人民共和国惩治反革命条例治罪。

十、各大行政区行政委员会、内蒙古自治区人民政府、各省（市）人民政府应即根据以上各项规定，参照各地的具体情况制定实施办法。各大行政区和内蒙古自治区的实施办法报政务院财政经济委员会批准，各省（市）的实施办法，报由各大行政区行政委员会批准，并报政务院财政经济委员会备案。

活动设计

以小组为单位，开展"计划经济时期票证的收集与展示"活动，进一步认识社会主义市场经济体制。

2. 公有制经济和非公有制经济有何关系？

理论解析

公有制经济，是指国有经济、集体经济以及混合所有制经济中的国有成分和集体成分。公有制经济在我国占主体地位，主要体现在：公有资产在社会总资产中占优势，国有经济控制着国民经济命脉，对经济发展起主导作用。公有制经济是社会主义经济制度的基础，对发挥社会主义制度的优越性，增强我国的经济实力、国防实力和民族凝聚力，提高我国的国际地位，具有关键性作用。公有制也是实现全体人民共同富裕的保障。

非公有制经济包括个体经济、私营经济、外资经济等非公有制经济成分。非公有制经济是社会主义市场经济的重要组成部分。非公有制经济的存在，可以充分调动社会各方面的积极性，加快生产力的发展，缓解就业压力，增加税收，方便人民生活。

此外，我国经济中还存在混合所有制经济，即国有经济成分和集体经济成分通过与其他所有制经济的融合（主要以入股的方式）将生产要素组织起来，进行统一经营、按股分红并负有限责任的所有制经济形式。

公有制经济与非公有制经济的关系。在我国，必须毫不动摇地巩固和发展公有制经济，同时，必须毫不动摇地鼓励、支持和引导非公有制经济发展。坚持公有制为主体与促进非公有制经济发展，统一于社会主义现代化建设进程中，二者并不矛盾。

典型案例

梁某与霍邱县人民政府国土资源局建设用地使用权出让合同纠纷案

一、基本案情

2014年，梁某通过招投标竞得霍国土出［2011］××号国有建设用地使用权，其与霍邱县人民政府国土资源局签订的《国有建设用地使用权挂牌成交确认书》《国有建设用地使用权出让合同》约定：霍邱县人民政府国土资源局在 2014 年 9 月 17 日前将出让宗地交付给梁某，用地使用权出让金为 5 953 350 元，定金为 400 万元，定金抵作土地出让价款，自合同签订之日起 60 日内一次性付清。出让人未按时提供出让土地超过 60 日，经催交后仍不能交付土地的，受让人有权解除合同，出让人应当双倍返还定金，并退还已经支付的国有建设用地使用权出让价款的其余部分，受让人并可请求出让人赔偿损失。合同签订后，梁某交纳定金 400 万元，并交清剩余价款 1 953 350 元，但霍邱县人民政府国土资源局未依约交付土地。梁某提起诉讼，请求人民法院判决霍邱县人民政府国土资源局双倍返还定金 800 万元、退还已支付的土地出让金 1 953 350 元，赔偿损失 100 万元。

二、裁判结果

安徽省六安市中级人民法院一审认为，本案《建设用地使用权出让合同》合法有效。梁某依照合同约定的期限交清了全部土地出让金，霍邱县人民政府国土资源局未在合同约定的期限内交付适合开发的建设用地，已构成违约，应当依法承担违约责任。根据合同约定，梁某有权解除合同，要求霍邱县人民政府国土资源局双倍返还定金、退还已支付的土地出让金，并承担赔偿责任。但本案合同约定的定金数额明显过高，依法应当调整。梁某主张的未提供充分证据证实其实际损失，其虽确实存在运营及融资成本，但考虑双倍返还定金的数额并未过分高于或低于其实际损失，故对其要求另行支付利息及赔偿损失的诉讼请求依法不予支持。判决：①解除梁某与霍邱县人民政府国土资源局签订的《国有建设用地使用权出让合同》；②霍邱县人民政府国土资源局双倍返还梁某定金 238.134 万元；③霍邱县人民政府国土资源局返还梁某已交纳的土地出让金 476.268 万元；④驳回梁某的其他诉讼请求。一审宣判后，双方当事人均未上诉。

三、典型意义

本案是关于违反国有土地使用权出让合同约定应当承担相应违约责任的

典型性案例。实践中，在国有土地使用权出让过程中，由于一些地方政府存在不规范行为，与非公有制企业签订国有土地使用权出让合同后，不能按约交付土地，侵害了非公有制经济主体的合法权益。在此情况下，依法维护非公有制经济主体的合同权益，是对其民事权利给予平等保护的重要体现。本案中，霍邱县人民政府国土资源局通过公开招投标程序与梁某签订了土地使用权出让合同，梁某也按照合同约定交纳了土地出让金，但霍邱县人民政府国土资源局没有依约交付土地，梁某根据合同约定提出的解除合同、返还土地出让金、双倍返还定金等合理请求，均得到了人民法院的支持。人民法院审理该案件时，平等对待政府机关和非公有制经济主体，准确适用《合同法》相关规定，依法支持梁某的相关诉讼请求，妥善维护了非公有制经济主体的合法权益。

法律原文

《宪法》

第七条　国有经济，即社会主义全民所有制经济，是国民经济中的主导力量。国家保障国有经济的巩固和发展。

第八条　农村集体经济组织实行家庭承包经营为基础、统分结合的双层经营体制。农村中的生产、供销、信用、消费等各种形式的合作经济，是社会主义劳动群众集体所有制经济。参加农村集体经济组织的劳动者，有权在法律规定的范围内经营自留地、自留山、家庭副业和饲养自留畜。

城镇中的手工业、工业、建筑业、运输业、商业、服务业等行业的各种形式的合作经济，都是社会主义劳动群众集体所有制经济。

国家保护城乡集体经济组织的合法的权利和利益，鼓励、指导和帮助集体经济的发展。

第十一条　在法律规定范围内的个体经济、私营经济等非公有制经济，是社会主义市场经济的重要组成部分。

国家保护个体经济、私营经济等非公有制经济的合法的权利和利益。国家鼓励、支持和引导非公有制经济的发展，并对非公有制经济依法实行监督和管理。

第十八条　中华人民共和国允许外国的企业和其他经济组织或者个人依照中华人民共和国法律的规定在中国投资，同中国的企业或者其他经济组织进行各种形式的经济合作。

在中国境内的外国企业和其他外国经济组织以及中外合资经营的企业，都必须遵守中华人民共和国的法律。它们的合法的权利和利益受中华人民共和国法律的保护。

拓展资源

1. 2018 年中央企业名录（截至 2018 年 5 月 15 日，共有 97 家）。2017 中央企业全年营业收入 26.4 万亿元，同比增长 13.3%；利润 14230.8 亿元，首次突破 1.4 万亿元，较上年增加 1874 亿元，同比增长 15.2%，经济效益的增量和增速均为 5 年来最好水平。利润总额过百亿的中央企业达到 41 家。

2. 延伸阅读：《最高人民法院关于依法平等保护非公有制经济促进非公有制经济健康发展的意见》（2014 年 12 月 17 日发布和实施）。

活动设计

在自己家人和亲属间开展一次"职业大调查"活动，了解他们所在工作单位的属性。

3. 如何区分集体经济和国有经济?

理论解析

国有经济，即社会主义全民所有制经济，是指由社会全体成员共同占有生产资料的公有制经济形式，是同基础产业、基础设施和其他高度社会化的生产和经营活动相适应的一种社会主义公有制。国有经济是我国国民经济的主导力量，主要集中在机械、能源、矿产、船舶、航空航天工业、国防工业。

国有经济拥有着雄厚的经济实力和先进的技术设备，聚集了我国最先进的生产力，控制着国民经济的命脉，担负着关系国计民生的重要产品的生产和流通。

集体经济，即由部分劳动群众共同占有生产资料的一种社会主义公有制形式，是与农业和手工业、工业、建筑业、运输业、商业、服务业等部门中社会化程度较低的生产和经营活动相适应的一种社会主义公有制。集体经济是公有制经济的重要组成部分，是共同致富原则的体现，可以广泛吸收社会闲散资金，缓解就业压力，增加公共财富和国家税收。

典型案例

金城江面条厂黄某等 53 名职工及家属不服金城江镇人民政府企业财产行政处理决定案[1]

1969 年，黄某组织金城江镇河北街道的部分闲散居民组建了河北面条加工组。1971 年，金城江镇人民公社革命委员会将该加工组并入"五七"农场，更名为"金城江镇面条加工厂"。面条厂成立起，该厂厂房和其他固定资产设备，均是由工厂公积金负担。面条厂招收工人的程序是：具备金城江镇城市户口的居民，经本人申请，镇人民政府和工厂同意后，就可以到工厂上班。选任厂长的程序是：先由厂里全体职工推荐，后经金城江镇人民政府任命，即可任职。在 20 世纪 70 年代，面条厂人数不断增多，最多时达 60 人。进入 20 世纪 80 年代后，面条厂经济效益不断下降，有的职工自动退职。到 1993 年，该厂已先后有 52 名职工退职，全厂仅剩下包含厂长梁某在内的 13 名职工。在 1993 年以前，面条厂职工退职时，均由厂里发给退职金，退职金标准为按本厂工龄每人每年 40 元。1994 年 5 月，厂长梁某向镇企业办公室提出退职申请，厂里余下的 12 名职工中有 10 名也在退职申请书上签名，要求退职。

---

〔1〕　案例来源：《最高人民法院公报行政法案例集》。

金城江镇人民政府接到面条厂职工的退职申请后，于 1994 年 7 月 6 日和 1994 年 7 月 15 日先后作出了《关于镇面条厂职工要求退职的批复》［金发（1995）9 号］和《关于镇面条厂要求撤厂的批复》［金政发（1994）22 号］。1994 年 7 月 15 日，广西壮族自治区河池市工商行政管理局根据金城江镇人民政府的上述两个文件，将面条厂的集体所有制企业法人营业执照予以注销。1994 年 7 月 26 日，金城江镇人民政府乡镇企业办公室接收了面条厂的全部财产。面条厂移交财产时无债权债务，所移交的财产未经有关部门评估，该厂自估所移交财产价值为 56 万元。

后金城江面条厂 53 名职工及家属提起起诉，请求法院依法撤销金城江镇人民政府的金发（1994）9 号和金政发（1994）22 号文件，将面条厂的财产确认为本企业集体所有。

法院经审理认为：金城江面条厂是城镇集体所有制企业。该厂资产来源主要是企业自愿组合、自筹资金及其经营积累，以及用本企业集体资产购买而得。这些资产依法应当属于金城江面条厂集体所有。在撤厂时，有关方面应当依法对该厂进行产权界定、资产评估和债务清算。金城江面条厂撤厂清算后所剩余财产，依法应由企业的上级管理机构（金城江镇人民政府或其授权的单位）代管，这些财产要专门用于本厂职工的福利性开支，不得挪作他用或者瓜分。

法院从而判决：撤销广西壮族自治区河池市金城江镇人民政府金发（1995）9 号和金政发（1994）22 号文件。

■■■■ 法律原文

《宪法》

第七条　国有经济，即社会主义全民所有制经济，是国民经济中的主导力量。国家保障国有经济的巩固和发展。

第八条　农村集体经济组织实行家庭承包经营为基础、统分结合的双层经营体制。农村中的生产、供销、信用、消费等各种形式的合作经济，是社会主义劳动群众集体所有制经济。参加农村集体经济组织的劳动者，有权在法律规定的范围内经营自留地、自留山、家庭副业和饲养自留畜。

城镇中的手工业、工业、建筑业、运输业、商业、服务业等行业的各种形式的合作经济，都是社会主义劳动群众集体所有制经济。

国家保护城乡集体经济组织的合法的权利和利益，鼓励、指导和帮助集体经济的发展。

第十六条　国有企业在法律规定的范围内有权自主经营。

国有企业依照法律规定，通过职工代表大会和其他形式，实行民主管理。

第十七条　集体经济组织在遵守有关法律的前提下，有独立进行经济活动的自主权。

集体经济组织实行民主管理，依照法律规定选举和罢免管理人员，决定经营管理的重大问题。

拓展资源

安徽省凤阳县小岗村 18 位农民签下的"生死状"
以及家庭联产承包责任制

1978 年 11 月 24 日晚上，安徽省凤阳县凤梨公社小岗村的 18 位农民，在西头严甲家的茅屋里，签订了一份不到百字的包干保证书，主要的内容有三条：一是分田到户；二是不再伸手向国家要钱要粮；三是如果干部坐牢，社员保证把他们的小孩养活到 18 岁。在会上，队长严乙特别强调，"我们分田到户，瞒上不瞒下，不准向任何人透露"。1979 年 10 月，小岗村当年粮食总产量 66 吨，相当于全队 1966 年~1970 年 5 年粮食产量的总和。

1980 年 5 月 31 日，邓小平在一次重要谈话中公开肯定了小岗村"大包干"的做法。1982 年 1 月 1 日，中国共产党历史上第一个关于农村工作的文件正式出台，明确指出包产到户、包干到户都是社会主义集体经济的生产责任制。此后，中国政府不断巩固和完善家庭联产承包责任制，鼓励农民发展多种经营，使广大农村地区迅速摘掉贫困落后的帽子，逐步走上富裕的道路。

███ **活动设计** ◦

通过实地调查或网络资料查询的方式，了解华西村、韩村河等集体经济组织的发展现状，并与其他同学分享。

4. 我国的根本政治制度是什么?

███ **理论解析** ◦

我国的根本政治制度即政体。我国宪法规定了一个根本制度、四大政治制度。四大政治制度包括一个根本政治制度、三个基本政治制度。一个根本制度是社会主义制度。一个根本政治制度是人民代表大会制度。三个基本政治制度是中国共产党领导的多党合作和政治协商制度、民族区域自治制度、基层群众自治制度。

社会主义制度是中华人民共和国的根本制度，国家政权性质是人民民主专政。人民代表大会制度是我国的政权组织形式和国家的根本政治制度。它保证了全国人民当家作主，行使国家权力。

人民代表大会制度是我国的根本政治制度。我国存在着各项政治制度，如政治协商制度、行政管理制度、司法制度、劳动人事制度、军事制度、地方政权制度、选举制度、法律制度、监督制度等，这些制度都只能适用于政治生活的某一方面。只有人民代表大会制度是我国政治力量的源泉，是我国各种国家制度的源泉。人民代表大会制度是其他各项政治制度的前提，反映了我国政治生活的全貌，是具有根本性的政治制度。

人民代表大会制度是我国人民当家作主的根本途径和最高实现形式，是中国共产党在国家政权中充分发扬民主、贯彻群众路线的最好实现形式，是坚持党的领导、人民当家作主、依法治国有机统一的重要制度载体，是中国特色社会主义制度的重要组成部分。

■■■　典型案例　■■

《全国人大常委会 2018 年立法工作计划》[1] 节选

（一）继续审议的法律案（12 件）

1. 监察法（已通过）

2. 人民陪审员法（4 月）

3. 英雄烈士保护法（4 月）

4. 人民法院组织法（修改）（6 月）

5. 人民检察院组织法（修改）（6 月）

6. 电子商务法（6 月）

7. 土壤污染防治法（8 月）

8. 国际刑事司法协助法（8 月）

9. 农村土地承包法（修改）（10 月）

10. 基本医疗卫生与健康促进法（10 月）

11. 法官法（修改）（12 月）

12. 检察官法（修改）（12 月）

（二）初次审议的法律案（14 件）

1. 宪法修正案（已通过）

2. 关于实行宪法宣誓制度的决定（修改）（已通过）

3. 刑事诉讼法（修改）（4 月）

4. 专利法（修改）（6 月）

5. 民法典各分编（8 月）

6. 土地管理法（修改）（8 月）

7. 耕地占用税法（8 月）

---

〔1〕 "全国人大常委会 2018 年立法工作计划"，载中国人大网，http：//www.npc.gov.cn/npc/
c30834/201804/1c1b9070eb574282b8ef6d2f33615383.shtml，最后访问日期：2020 年 12 月 2 日。

8. 车辆购置税法（8 月）

9. 税收征收管理法（修改）（10 月）

10. 社区矫正法（10 月）

11. 海上交通安全法（修改）（10 月）

12. 资源税法（12 月）

13. 固体废物污染环境防治法及相关法律（修改）（12 月）

14. 外国投资法（12 月）

法律原文

《宪法》

第一条　中华人民共和国是工人阶级领导的、以工农联盟为基础的人民民主专政的社会主义国家。

社会主义制度是中华人民共和国的根本制度。中国共产党领导是中国特色社会主义最本质的特征。禁止任何组织或者个人破坏社会主义制度。

第二条　中华人民共和国的一切权力属于人民。

人民行使国家权力的机关是全国人民代表大会和地方各级人民代表大会。

人民依照法律规定，通过各种途径和形式，管理国家事务，管理经济和文化事业，管理社会事务。

拓展资源

2017 年，全国人大常委会计划听取、审议 20 个监督方面的报告，包括专项工作报告 9 个、计划预算监督报告 5 个、执法检查报告 6 个。此外，结合其中 3 个报告开展专题询问，另有 5 个专题调研报告视情况提交审议。

活动设计

在广泛收集建议的基础上，登陆中国政府网，参与"向总理提问"活动。

5. 国家权力机关与其他国家机关之间是什么关系?

▰▰▰▰ **理论解析**

"权力"一词来源于"power"的英文翻译,power 来自拉丁语 potestas 或 potentia,引申自 potere,意为可以做某件事,权力则指通过意志的运用以达到某种目的的能力。[1] 权力的根本特征表现为具有支配力的能力,其以强制力为后盾,是不同的行为主体之间基于一定的利益诉求而形成的主客体关系。国家权力是指统治阶级运用国家机器实行统治的一种特殊社会权力。国家权力机关是代表国家和人民行使统治权的机关。

权力机关与其他机关之间的关系涉及一国的政治体制架构问题,具有很强的本土特色。在君主专制国家,君主或独裁者集中掌握国家权力,对国家实行统治与管理。在资本主义民主制国家,国家权力一般被划分为立法权、行政权、司法权,分别由立法机关、行政机关、司法机关行使。英国就是典型的"议会至上"的国家,议会是最高国家权力机关,行政机构处于从属地位。美国则实行"三权分立",各权力机关之间相互制约与平衡。

社会主义国家权力机关是经民主选举产生的人民代表机关。我国的国家权力机关是人民代表大会,全国人民代表大会是最高国家权力机关,地方各级人民代表大会是地方各级国家权力机关。人民代表大会代表国家和人民的意志,集中掌握和统一行使国家权力。国家权力机关不等同于国家立法机关。我国的国家权力机关是全国人民代表大会和地方各级人民代表大会,但并不是每级人民代表大会都有立法权。

我国《宪法》第 3 条规定,中华人民共和国的国家机构实行民主集中制的原则。全国人民代表大会和地方各级人民代表大会都由民主选举产生,对

---

〔1〕 周伟、谢维雁主编:《宪法教程》,四川大学出版社 2012 年版,第 64 页。

人民负责，受人民监督。国家行政机关、监察机关、审判机关、检察机关都由人民代表大会产生，对它负责，受它监督。各级人民代表大会与其他国家机关之间，不是各自分立、平等分权、相互制衡的关系，而是决定与执行、监督与被监督的关系。[1]

典型案例

案例1：给监督加码，浙江丽水首试质询权

2015年7月27日，浙江省丽水市第三届人民代表大会常务委员会第二十九次会议召开，由9位常委会组成人员联名提出的《关于某污水处理厂存在未达标排放问题的质询案》，让会议变得不同寻常。

原来，丽水市人大常委会组成人员在调研时发现，某污水处理厂存在未达标排放问题。更令他吃惊的是，丽水市环境监测中心站的监测数据显示，某污水处理厂2013年达标率为0，2014年达标率为68.5%，2015年上半年仅监测了2次，仍有1次未达标。于是常委会决定提交质询案。

质询权在实践中使用较少。浙江省丽水市人大常委会为保一江清水首试质询权，走出了一条质询权的地方实践之路，充分发挥了人大刚性监督的作用。

案例2：专题询问，杜绝"带病"文件出台

2015年，重庆市人大"上下联动"开展评议政府规范性文件备案审查工作，九龙坡区人大常委会为开展好这项工作，探索性地进行了多项创新，如"四合一"创新制定体检指标、"全覆盖"集中评估有效文件、专家工委"双保险"轮流把关和"一对一"分类处置问题文件，深入、扎实地掌握了全区规范性文件备案审查工作的各种情况。

该区人大常委会为了让询问更有针对性，将全区现行有效的197件规范性文件全部纳入评估范围，在前期评估中发现，其中80余件存在与法律法规

---

〔1〕《宪法学》编写组：《宪法学》，高等教育出版社、人民出版社2011年版，第243页。

不符、制度设计不合理、可操作性不强、文字表述不清等问题。

法律原文

《宪法》

第二条　中华人民共和国的一切权力属于人民。

人民行使国家权力的机关是全国人民代表大会和地方各级人民代表大会。

人民依照法律规定，通过各种途径和形式，管理国家事务，管理经济和文化事业，管理社会事务。

第三条　中华人民共和国的国家机构实行民主集中制的原则。

全国人民代表大会和地方各级人民代表大会都由民主选举产生，对人民负责，受人民监督。

国家行政机关、监察机关、审判机关、检察机关都由人民代表大会产生，对它负责，受它监督。

中央和地方的国家机构职权的划分，遵循在中央的统一领导下，充分发挥地方的主动性、积极性的原则。

第五十七条　中华人民共和国全国人民代表大会是最高国家权力机关。它的常设机关是全国人民代表大会常务委员会。

第六十二条　全国人民代表大会行使下列职权：

（一）修改宪法；

（二）监督宪法的实施；

（三）制定和修改刑事、民事、国家机构的和其他的基本法律；

（四）选举中华人民共和国主席、副主席；

（五）根据中华人民共和国主席的提名，决定国务院总理的人选；根据国务院总理的提名，决定国务院副总理、国务委员、各部部长、各委员会主任、审计长、秘书长的人选；

（六）选举中央军事委员会主席；根据中央军事委员会主席的提名，决定中央军事委员会其他组成人员的人选；

（七）选举国家监察委员会主任；

（八）选举最高人民法院院长；

（九）选举最高人民检察院检察长；

（十）审查和批准国民经济和社会发展计划和计划执行情况的报告；

（十一）审查和批准国家的预算和预算执行情况的报告；

（十二）改变或者撤销全国人民代表大会常务委员会不适当的决定；

（十三）批准省、自治区和直辖市的建置；

（十四）决定特别行政区的设立及其制度；

（十五）决定战争和和平的问题；

（十六）应当由最高国家权力机关行使的其他职权。

拓展资源

宪法的生命在于实施，宪法的权威也在于实施。

——2012 年 12 月 4 日，习近平在首都各界纪念现行宪法公布施行 30 周年大会上的讲话

活动设计

查阅中国人大网（http：//www.npc.gov.cn/），了解人大的职能和部门设置，分组展示交流。

6. 人民代表大会的"立法权"和"决定权"有何区别？

理论解析

根据宪法，全国人民代表大会有权行使立法权、监督权、决定权和任免权。

"立法权"，简而言之就是制定法律的权力。立法权通常分为两类：第一类是制定和修改宪法的权力；第二类指制定和修改普通法律的权力。"法"有时亦采广义，法律、行政法规、地方性法规、自治条例和单行条例、规章都

属于广义的法的范畴。

全国人民代表大会及其常务委员会行使国家立法权，而且享有专属立法权。我国《立法法》第 8 条规定，下列事项只能制定法律：①国家主权的事项；②各级人民代表大会、人民政府、人民法院和人民检察院的产生、组织和职权；③民族区域自治制度、特别行政区制度、基层群众自治制度；④犯罪和刑罚；⑤对公民政治权利的剥夺、限制人身自由的强制措施和处罚；⑥税种的设立、税率的确定和税收征收管理等税收基本制度；⑦对非国有财产的征收、征用；⑧民事基本制度；⑨基本经济制度以及财政、海关、金融和外贸的基本制度；⑩诉讼和仲裁制度；⑪必须由全国人民代表大会及其常务委员会制定法律的其他事项。

立法的程序一般包括：法律草案的起草、法律草案的提出、法律草案的审议、法律草案的通过、法律草案的公布。

"决定权"，是指人民代表大会及其常务委员会具有对事情作出实体性规定和对行为作出规范的权力，这些规定或规范具有法律约束力。[1] 根据《宪法》第 62 条，全国人民代表大会决定权的内容包括：①审查和批准国民经济和社会发展计划和计划执行情况的报告；②审查和批准国家的预算和预算执行情况的报告；③改变或者撤销全国人民代表大会常务委员会不适当的决定；④批准省、自治区和直辖市的建置；⑤决定特别行政区的设立及其制度；⑥决定战争和和平的问题。

根据决定的内容，决定权可以分为：①修改、补充法律的决定；②有关法律问题的决定；③大政方针的决定；④重大事项的决定。

综上，立法权是制定、修改和废止法律的权力，而决定权则是指国家权力机关讨论、决定重大事项的权力。

---

〔1〕　蔡定剑：《中国人民代表大会制度》，法律出版社 1998 年版，第 323 页。

■■■■ 典型案例 ∘

《全国人民代表大会常务委员会关于在北京市、山西省、
浙江省开展国家监察体制改革试点工作的决定》节选

(2016 年 12 月 25 日第十二届全国人民代表大会常务委员会第二十五次会议通过)

根据党中央确定的《关于在北京市、山西省、浙江省开展国家监察体制改革试点方案》，为在全国推进国家监察体制改革探索积累经验，第十二届全国人民代表大会常务委员会第二十五次会议决定：在北京市、山西省、浙江省开展国家监察体制改革试点工作。

一、在北京市、山西省、浙江省及所辖县、市、市辖区设立监察委员会，行使监察职权。将试点地区人民政府的监察厅（局）、预防腐败局及人民检察院查处贪污贿赂、失职渎职以及预防职务犯罪等部门的相关职能整合至监察委员会。试点地区监察委员会由本级人民代表大会产生。监察委员会主任由本级人民代表大会选举产生；监察委员会副主任、委员，由监察委员会主任提请本级人民代表大会常务委员会任免。监察委员会对本级人民代表大会及其常务委员会和上一级监察委员会负责，并接受监督。

二、试点地区监察委员会按照管理权限，对本地区所有行使公权力的公职人员依法实施监察；履行监督、调查、处置职责，监督检查公职人员依法履职、秉公用权、廉洁从政以及道德操守情况，调查涉嫌贪污贿赂、滥用职权、玩忽职守、权力寻租、利益输送、徇私舞弊以及浪费国家资财等职务违法和职务犯罪行为并作出处置决定，对涉嫌职务犯罪的，移送检察机关依法提起公诉。为履行上述职权，监察委员会可以采取谈话、讯问、询问、查询、冻结、调取、查封、扣押、搜查、勘验检查、鉴定、留置等措施。

三、在北京市、山西省、浙江省暂时调整或者暂时停止适用《中华人民共和国行政监察法》，《中华人民共和国刑事诉讼法》第三条、第十八条、第一百四十八条以及第二编第二章第十一节关于检察机关对直接受理的案件进

行侦查的有关规定，《中华人民共和国人民检察院组织法》第五条第二项，《中华人民共和国检察官法》第六条第三项，《中华人民共和国地方各级人民代表大会和地方各级人民政府组织法》第五十九条第五项关于县级以上的地方各级人民政府管理本行政区域内的监察工作的规定。其他法律中规定由行政监察机关行使的监察职责，一并调整由监察委员会行使。

法律原文

《立法法》

第七条　全国人民代表大会和全国人民代表大会常务委员会行使国家立法权。

全国人民代表大会制定和修改刑事、民事、国家机构的和其他的基本法律。

全国人民代表大会常务委员会制定和修改除应当由全国人民代表大会制定的法律以外的其他法律；在全国人民代表大会闭会期间，对全国人民代表大会制定的法律进行部分补充和修改，但是不得同该法律的基本原则相抵触。

拓展资源

我们要加强重要领域立法，确保国家发展、重大改革于法有据，把发展改革决策同立法决策更好结合起来。要坚持问题导向，提高立法的针对性、及时性、系统性、可操作性，发挥立法引领和推动作用。要抓住提高立法质量这个关键，深入推进科学立法、民主立法，完善立法体制和程序，努力使每一项立法都符合宪法精神、反映人民意愿、得到人民拥护。

——2014 年 9 月 5 日，习近平在庆祝全国人民代表大会

成立 60 周年大会上的讲话

活动设计

登录中国人大网（http：//www.npc.gov.cn/），全面详细地了解全国人大进行的各种活动。

7. 我国的国家行政机关是如何组成的?

理论解析

行政机关是国家机关的重要组成部分。在现代国家,行政机关通常与立法机关、司法机关相对。立法机关行使立法权,司法机关行使司法权,行政机关行使行政权。在社会主义国家,行政机关是立法机关的执行机关,由人民代表大会选举产生,并对其负责,受其监督。

在我国,行政机关分为中央行政机关和地方行政机关。中央行政机关,是指国务院和国务院所属各工作部门的总称(国务院,即中央人民政府,是最高国家权力机关的执行机关,是最高国家行政机关)。地方各级人民政府是地方各级国家权力机关的执行机关,是地方各级国家行政机关。

行政机关是我国权力机关的执行机关。可以说,老百姓从出生到死亡,从摇篮到坟墓的整个过程都与行政机关息息相关。而权力机关的权力又是人民授予的,所以行政机关的所有活动都应当以更好地为人民服务为出发点,这要求行政机关不断优化机构设置,提高行政效率,不断增强为人民服务的能力。

为不断优化政府机构设置和职能配置,形成职责明确、依法行政的政府治理体系,增强政府公信力和执行力,改革开放以来,我国分别在 1982 年、1988 年、1993 年、1998 年、2003 年、2008 年、2013 年和 2018 年进行了 8 次规模较大的政府机构改革。2018 年,国务院公布机构改革方案,国务院正部级机构减少 8 个,副部级机构减少 7 个,除国务院办公厅外,国务院下设 26 个部门。

2018 年《深化党和国家机构改革方案》中强调深化国务院机构改革,应着眼于转变政府职能,坚决破除制约使市场在资源配置中起决定性作用、更好发挥政府作用的体制机制弊端,围绕推动高质量发展,建设现代化经济体系，加强和完善政府经济调节、市场监管、社会管理、公共服务、生态环境保护职能，结合新的时代条件和实践要求，着力推进重点领域和关键环节的机构职能优化和调整，构建起职责明确、依法行政的政府治理体系，提高政府执行力，建设人民满意的服务型政府。

典型案例

天津市滨海新区——"一枚印章管审批"改革创新实践

天津市滨海新区"一枚印章管审批"改革创新实践，获得第四届"中国法治政府奖"。

天津滨海新区以行政审批制度改革作为"先手棋"和"当头炮"，全面推进政府职能转变。天津滨海新区于2014年5月20日，依法成立了全国第一家行政审批局，将区政府所属18个部门216项审批事项剥离划转到审批局集中直接办理，解决了审批权力碎片化难题，推进了审批规范化和便利化。因此被封存的109枚公章作为审批改革的历史见证被国家博物馆永久收藏。在此后不足1年时间里，全国有74个市县参照滨海新区模式组建了行政审批局。

行政审批体制改革一直是法治政府建设中一块难啃的骨头，天津市滨海新区"敢为天下先"，将行政部门中"含金量"最高的审批权集中起来，并以此为突破口，极大地推动了政府职能转变和法治观念提升，堪称近年来我国法治政府建设中的"破冰"之举。

法律原文

《宪法》

第八十五条　中华人民共和国国务院，即中央人民政府，是最高国家权力机关的执行机关，是最高国家行政机关。

第一百零五条　地方各级人民政府是地方各级国家权力机关的执行机关，是地方各级国家行政机关。

地方各级人民政府实行省长、市长、县长、区长、乡长、镇长负责制。

拓展资源

为人民服务是我们党的根本宗旨，也是各级政府的根本宗旨。不论政府职能怎么转，为人民服务的宗旨都不能变。要坚持以人为本、执政为民，接地气、通下情，想群众之所想，急群众之所急，解群众之所忧，在服务中实施管理，在管理中实现服务。要加强公务员队伍建设和政风建设，改进工作方式，转变工作作风，改变门难进、脸难看、事难办现象，纠正老爷作风、衙门习气，杜绝吃拿卡要那一套，提高工作效率和服务水平，提高政府公信力和执行力。

——2013 年 2 月 28 日，习近平在党的十八届二中全会第二次全体会议上的讲话

活动设计

登录中华人民共和国中央人民政府网（http://www.gov.cn/index.htm），了解国务院的部门设置和相关职能，并分组开展交流分享活动。

8. 我国的监察委员会有哪些职能?

理论解析

根据宪法，中华人民共和国各级监察委员会是国家的监察机关。中华人民共和国国家监察委员会是最高监察机关。省、自治区、直辖市、自治州、县、自治县、市、市辖区设立监察委员会。国家监察委员会由全国人民代表大会产生，负责全国监察工作。

各级监察委员会是行使国家监察职能的专责机关，依法对所有行使公权力的公职人员进行监察，调查职务违法和职务犯罪，开展廉政建设和反腐败工作，维护宪法和法律的尊严。监察委员会依照法律规定独立行使监察权，不受行政机关、社会团体和个人的干涉。

在与其他国家机关的关系方面：国家监察委员会对全国人民代表大会及其常务委员会负责，并接受其监督。监察机关办理职务违法和职务犯罪案件，应当与审判机关、检察机关、执法部门互相配合，互相制约。监察机关在工作中需要协助的，有关机关和单位应当根据监察机关的要求依法予以协助。在监察机关内部：国家监察委员会领导地方各级监察委员会的工作，上级监察委员会领导下级监察委员会的工作。上下级监察委员会之间是领导与被领导的关系。

根据《监察法》第 11 条之规定，监察委员会依法履行监督、调查、处置职责：①对公职人员开展廉政教育，对其依法履职、秉公用权、廉洁从政从业以及道德操守情况进行监督检查；②对涉嫌贪污贿赂、滥用职权、玩忽职守、权力寻租、利益输送、徇私舞弊以及浪费国家资财等职务违法和职务犯罪进行调查；③对违法的公职人员依法作出政务处分决定；对履行职责不力、失职失责的领导人员进行问责；对涉嫌职务犯罪的，将调查结果移送人民检察院依法审查、提起公诉；向监察对象所在单位提出监察建议。

2018 年《宪法修正案》中明确规定，监察委员会是我国的监察机关，这是对我国监察体制改革成果的确认，充分彰显了监察委员会在国家治理体系中的重要作用，也为深化国家监察体制改革、保证国家监察委员会履职尽责提供了根本依据。改革的深化需要法治保障，法治的实现离不开改革推动。

典型案例

监察体制改革过程概览

根据党中央决策部署，2016 年 12 月，十二届全国人大常委会第二十五次会议通过《全国人民代表大会常务委员会关于在北京市、山西省、浙江省开展国家监察体制改革试点工作的决定》，经过 1 年多的实践，国家监察体制改革在实践中迈出了坚实步伐，积累了可复制、可推广的经验。

党的十九大报告提出，深化国家监察体制改革，将试点工作在全国推开，组建国家、省、市、县监察委员会，同党的纪律检查机关合署办公，对所有行使公权力的公职人员实现全覆盖监察。

2018 年 3 月 20 日，第十三届全国人大一次会议表决通过了《监察法》。

▰▰▰ **法律原文**

《监察法》

目录

第一章　总　　则

第二章　监察机关及其职责

第三章　监察范围和管辖

第四章　监察权限

第五章　监察程序

第六章　反腐败国际合作

第七章　对监察机关和监察人员的监督

第八章　法律责任

第九章　附　　则

▰▰▰ **活动设计**

开展以案说法活动，与同学分享我国近年来"打虎、拍蝇、猎狐"行动中的典型案例，了解反腐败斗争的成效。

9. 我国有哪些司法机关?

▰▰▰ **理论解析**

司法机关，是指享有司法权，运用法律进行裁判或监督法律实施的国家机关。根据我国宪法规定，我国的司法机关包括人民法院和人民检察院。

我国的法院组织包括最高人民法院、地方各级人民法院和军事法院等专门人民法院。其中最高人民法院是我国最高审判机关；地方各级人民法院包括基层人民法院、中级人民法院和高级人民法院；此外我国还设有军事法院、海事法院、知识产权法院等专门法院。

我国的检察院组织包括最高人民检察院、地方各级人民检察院和专门人民检察院。其中，最高人民检察院是我国最高检察机关；地方各级人民检察院包括省、自治区、直辖市人民检察院，省、自治区、直辖市人民检察院分院，自治州和省辖市人民检察院，县、市、自治县和市辖区人民检察院；此外我国还设有军事检察院、铁路运输检察院等专门人民检察院。

各级人民检察院都是与各级人民法院相对应而设置的，以便依照刑事诉讼法规定的程序办案。

国家四级审判机关分别是最高人民法院、某某省（或直辖市）高级人民法院、某某市中级人民法院以及某某区（或县级市）人民法院；而相对应的国家四级检察机关分别为最高人民检察院、某某省（或直辖市）检察院、某某市人民检察院以及某某区（或县级市）人民检察院。

典型案例

我国首个跨行政区划法院——上海市三中院揭牌

上海市第三中级人民法院于 2014 年 12 月 28 日揭牌，标志着我国首家专门审理跨行政区划案件的人民法院正式成立。

据悉，上海市第三中级人民法院依托上海铁路运输中级法院设立，同时组建上海知识产权法院，与上海市第三中级人民法院合署办公，实行"三块牌子一个机构"。

最高人民法院巡回法庭实现管辖范围全覆盖

2015 年 1 月份，最高人民法院在广东省深圳市设立第一巡回法庭，管辖广东、广西、海南 3 省区有关案件；在辽宁省沈阳市设立第二巡回法庭，管辖辽宁、吉林、黑龙江 3 省有关案件。之后，经中央批准，又在华东、华中、西南、西北地区增设 4 个巡回法庭。

最高人民法院第三巡回法庭设在江苏省南京市，管辖江苏、上海、浙江、福建、江西5省市有关案件；第四巡回法庭设在河南省郑州市，管辖河南、山西、湖北、安徽4省有关案件；第五巡回法庭设在重庆市，管辖重庆、四川、贵州、云南、西藏5省区市有关案件；第六巡回法庭设在陕西省西安市，管辖陕西、甘肃、青海、宁夏、新疆5省区有关案件。

法律原文

《宪法》

第一百二十八条 中华人民共和国人民法院是国家的审判机关。

第一百二十九条第一款 中华人民共和国设立最高人民法院、地方各级人民法院和军事法院等专门人民法院。

第一百三十一条 人民法院依照法律规定独立行使审判权，不受行政机关、社会团体和个人的干涉。

第一百三十四条 中华人民共和国人民检察院是国家的法律监督机关。

第一百三十五条第一款 中华人民共和国设立最高人民检察院、地方各级人民检察院和军事检察院等专门人民检察院。

第一百三十六条 人民检察院依照法律规定独立行使检察权，不受行政机关、社会团体和个人的干涉。

第一百四十条 人民法院、人民检察院和公安机关办理刑事案件，应当分工负责，互相配合，互相制约，以保证准确有效地执行法律。

拓展资源

救济走在权利之前，无救济即无权利。　　　　　　　　——英美法谚

法律如果没有法院来阐说和界定其真正含义和实际操作，就是一纸空文。

　　　　　　　　　　　　　　　　　　　　——[美] 汉密尔顿

正义不仅要实现，而且应当以人们看得见的方式实现。　　——英国法谚

活动设计

参观当地的法院，了解法院的设置及其职权。

10. 我国司法机关之间的关系是怎样的?

理论解析

我国《宪法》第140条规定:"人民法院、人民检察院和公安机关办理刑事案件,应当分工负责,互相配合,互相制约,以保证准确有效地执行法律。"该条文确定了三者在办理刑事案件时应遵循的基本原则。

1. 分工负责。人民法院行使独立审判权,人民检察院行使独立检察权,公安机关行使侦查权,安全机关行使特别侦查权,司法行政机关行使刑法执行权。各机关在处理刑事案件工作时,按照法律规定各司其职、各负其责。依据《刑事诉讼法》的规定,对刑事案件,公安机关负责侦查、拘留、执行逮捕、预审;人民检察院负责检察、批准逮捕,检察机关直接受理的案件的侦查、提起公诉;人民法院负责检察院提起公诉和被害人提起自诉案件的审判。

2. 互相配合。人民法院、人民检察院和公安机关办理刑事案件,在分工明确、各司其职、各负其责的基础上,要保持协调,互相配合。

3. 互相制约。各机关之间应相互监督、相互约束,防止执法错误,及时纠正错误。例如:公安机关逮捕犯罪嫌疑人时,必须报请检察机关批准;检察院提起公诉后,法院认为犯罪事实不清、证据不足的,可以驳回起诉;法院判决后,检察院对有错误的判决可以提起抗诉;法院认为检察院抗诉无理的,可以驳回抗诉;司法行政机关在刑罚执行过程中,如果认为判决有错误,应当转请检察院或原判法院处理;检察院作为法律监督机关,有权对侦查、审判和刑事执行工作实施监督。

"分工负责、互相配合、相互制约"既强调人民法院、人民检察院和公安机关不同的宪法和法律地位,也注重法律监督权与审判权之间的合理协调与平衡。分工负责是前提,以保障各自权力的独立性;互相配合是基础,以保障国家权力的有效性；相互制约是核心，以保障法律适用的公正性。正确处理公检法三者关系，目的在于准确执行法律、充分发挥公检法各自职能，有效完成惩罚犯罪、保护人民的共同任务。[1]

此外，明确各类司法机关的内部关系也很重要。在法院系统，人民法院依法独立行使审判权，上级法院监督下级法院的审判工作，即在各级法院之间，只有审级监督关系，无任何命令、服从与领导关系，只有在案件裁判效力上的审级高低之分。在检察院系统，上级人民检察院领导下级人民检察院的工作，即上下级之间是领导与被领导的关系。

典型案例

刘甲、黄甲等 19 人生产、销售不符合安全标准的食品案

2013 年 5 月，被告人刘甲租用被告人王甲位于四川省成都市双流县金桥镇的一民房，从被告人黄甲、高某等处收购病死、死因不明生猪，并雇佣被告人宋某、童某、黄乙进行非法屠宰、销售死猪活动。其间，被告人刘某清帮助刘甲搬运死猪肉，被告人王乙帮助刘甲将宰杀好的死猪肉销往重庆等地。另，2010 年以来，黄甲伙同被告人黄丙、曾某，从被告人韩某、陈某、雷某等人手中收购病死、死因不明生猪，再转手给刘甲等人屠宰销售。2013 年 6 月，公安机关在刘甲的非法屠宰场内查获死猪及死猪肉 1.446 余吨；在成新蒲快速通道新津县兴义镇路段挡获黄甲、黄丙运输的死猪 4.34 吨。

此案分别由四川省蒲江县公安局于 2013 年 4 月 27 日对韩某、陈某、雷某等 7 人立案侦查；成都市公安局于同年 6 月 18 日对刘甲、王甲等 7 人立案侦查；新津县公安局先后对黄甲、黄丙等 5 人立案侦查。后经成都市人民检察院建议，以上案件由成都市公安局合并管辖。成都市人民检察院先后对韩某、刘甲等 17 人批准逮捕，另有 2 人分别被取保候审、监视居住。经指定双流县人民检察院管辖后，该院于 12 月 30 日提起公诉。2014 年 4 月 10 日，双流县

---

〔1〕《宪法学》编写组：《宪法学》，高等教育出版社、人民出版社 2011 年版，第 286~287 页。

人民法院以生产、销售不符合安全标准的食品罪分别判处刘甲、黄甲有期徒刑2年2个月，并处罚金2万元。其余涉案被告人也均被作有罪判决。

本案涉案人员众多、案情复杂、社会影响恶劣。四川省成都市人民检察院主动提前介入侦查，引导公安机关收集证据，为该案的顺利办理打下了坚实的基础。其间，针对此案由三地公安机关分别立案侦查的情况，成都市检察院积极与市公安局协商，由市公安局合并管辖，统一指挥，集中报捕，极大地提高了办案效率，亦确保了执法尺度的统一性。同时，针对当地食品安全领域的监管疏漏，成都市人民检察院及时向蒲江县畜牧局、郫县商务局、双流商务局发出检察建议，督促其进一步完善监管机制，加强执法检查。该案的成功办理，有力地打击了危害食品安全犯罪，有效地参与了社会治理方式创新，为今后办理此类案件积累了宝贵的经验。

法律原文

《宪法》

第一百三十二条　最高人民法院是最高审判机关。

最高人民法院监督地方各级人民法院和专门人民法院的审判工作，上级人民法院监督下级人民法院的审判工作。

第一百三十七条　最高人民检察院是最高检察机关。

最高人民检察院领导地方各级人民检察院和专门人民检察院的工作，上级人民检察院领导下级人民检察院的工作。

第一百四十条　人民法院、人民检察院和公安机关办理刑事案件，应当分工负责，互相配合，互相制约，以保证准确有效地执行法律。

活动设计

结合"推进法治进程"的案例，分析人民法院、人民检察院和公安机关在办理刑事案件时，如何做到分工负责，互相配合，互相制约。

11. 我国的监督体系包括哪些?

理论解析

我国的监督体系主要包括党内监督、国家机关监督、民主监督、司法监督、群众监督、舆论监督。各类贯通起来,增强监督合力。

党和国家监督体系强调对公权力的监督,监督主体不仅包括中国共产党、各民主党派和各级国家机关,还包括公民、法人和其他社会组织。监督对象不仅包括国家的立法权、行政权和司法权,还涉及执政党是否依法执政的问题。它包含了对所有公权力的监督,强调监督主体和监督对象的"全覆盖"。在监督方式上,监督主体并不直接行使监督对象的权力,而是通过事中或事后的检查、监察和督促等形式,确保公权力得到合法正确的行使。

党内监督主要是指监督主体依据党章和党的纪律在组织内部通过检查、督促、评价、举报等方式作用于监督客体,以保证监督客体的行为不违背党的纪律的客观有序的活动。党内监督的重点对象是党的领导机关和领导干部,特别是主要领导干部。强化党内监督是为了保证党立党为公、执政为民。纪委是党内监督的专门机关,是管党治党的重要力量。各级党委要加强领导,旗帜鲜明地支持纪委开展工作。各级纪委要全面履行党章赋予的职责,带头尊崇党章,把维护党章和其他党内法规作为首要任务。

国家机关监督是指国家权力机关(人大)监督,国家监察机关(监察委)和行政监督。人民代表大会作为权力机关,具有立法权、监督权、决定权和任免权等权力。中华人民共和国各级监察委员会是国家的监察机关,强化国家监察是为了保证国家机器依法履职、秉公用权。中华人民共和国设立国家监察委员会和地方各级监察委员会。行政监督主要是指行政机关的专门监督,是行政系统内的自我规制和控制,主要是对行政机关及其工作人员行使行政权所进行的监督。

民主监督是指各民主党派通过政治协商、参政议政进行监督。司法监督指国家专门机关（法院和检察院）依据法律规定的职权和程序，运用法律裁判纠纷、监督法律实施的行为。群众监督和舆论监督是指社会团体和公民个人以及媒体通过批评、建议、检举、揭发、申诉、控告或者媒体曝光等方式进行的监督。强化群众监督是为了保证权力来自于人民、服务于人民。

健全党和国家监督体系。增强党自我净化能力，根本靠强化党的自我监督和群众监督。强化自上而下的组织监督，改进自下而上的民主监督，重视同级相互监督，加强对党员领导干部的日常管理监督。深化政治巡视，坚持发现问题、形成震慑不动摇，建立巡视巡察上下联动的监督网。完善党统一指挥、全面覆盖、权威高效的监督体系，把党内监督同国家机关监督、民主监督、司法监督、群众监督、舆论监督贯通起来，增强监督合力。

■■■■ **典型案例**

王某、朱某与某县政府确认行政行为违法抗诉案[1]

王某与朱某系夫妻关系。朱某于2001年与某林场签订土地承包合同，约定将林场40.5亩土地承包给朱某，承包期为30年。王某、朱某承包土地后种植了果树、葡萄。2003年6月，县工商局为王某颁发了个体工商营业执照，组织形式为家庭经营，经营范围及方式为经济林苗木、生态林苗木、果业，自产自销。2003年10月，县政府发放了新林权证，朱某承包的土地在该林权证确定的范围内。2005年4月，县政府开始治理大凌河西支，因王某、朱某的承包地在治理工程施工的范围内，治理工程指挥部组织水利局等部门将王某、朱某的林地推毁。2006年5月，王某以县政府、县水利局强行推毁其果园的行政行为违法为由，向人民法院提起确认行政行为违法的行政诉讼。在该案审理中，一审法院将朱某追加为原告。

---

〔1〕 徐日丹："最高检发布十件行政诉讼监督典型案例"，中华人民共和国最高人民检察院网 http://www.spp.gov.cn/zdgz/201605/t20160525_118682.shtml，最后访问日期：2018年3月8日。

　　辽宁省朝阳市双塔区人民法院一审判决：确认县政府将王某、朱某承包地内的林木推毁的行政行为违法。县政府不服该判决提起上诉，朝阳市中级人民法院二审判决：驳回上诉，维持原判。县政府仍不服该判决，向法院申请再审。朝阳市中级人民法院再审判决：确认县政府治理大凌河西支堤防工程的具体行政行为合法；撤销原一、二审判决；驳回王某、朱某请求确认县政府治理大凌河西支堤防工程的具体行政行为违法的诉讼请求。王某、朱某不服该再审判决向法院申请再审，辽宁省高级人民法院驳回再审申请。

　　王某、朱某向检察机关申请监督。辽宁省人民检察院向辽宁省高级人民法院提出抗诉。理由是：本案证据能够证实王某、朱某依承包合同取得使用权的果园林地系林场合法享有使用权的国有林地，再审判决认定事实缺乏证据证明，适用法律错误。县政府在实施公共水利建设用地征用行政行为时，对王某、朱某合法承包林地果园未依法定程序进行征用而是强行推毁，违反了行政法律规定，系违法行政行为。再审判决以治理堤防工程具有事实和法律依据为理由，认定县政府造成王某、朱某承包地地上物损失的具体行政行为合法，属认定事实及适用法律错误。

　　辽宁省高级人民法院再审撤销了朝阳市中级人民法院的再审判决，维持原一、二审判决。

法律原文

《宪法》

第三条　中华人民共和国的国家机构实行民主集中制的原则。

全国人民代表大会和地方各级人民代表大会都由民主选举产生，对人民负责，受人民监督。

国家行政机关、监察机关、审判机关、检察机关都由人民代表大会产生，对它负责，受它监督。

中央和地方的国家机构职权的划分，遵循在中央的统一领导下，充分发挥地方的主动性、积极性的原则。

第二十七条　一切国家机关实行精简的原则，实行工作责任制，实行工作人员的培训和考核制度，不断提高工作质量和工作效率，反对官僚主义。

一切国家机关和国家工作人员必须依靠人民的支持，经常保持同人民的密切联系，倾听人民的意见和建议，接受人民的监督，努力为人民服务。

国家工作人员就职时应当依照法律规定公开进行宪法宣誓。

第九十一条　国务院设立审计机关，对国务院各部门和地方各级政府的财政收支，对国家的财政金融机构和企业事业组织的财务收支，进行审计监督。

审计机关在国务院总理领导下，依照法律规定独立行使审计监督权，不受其他行政机关、社会团体和个人的干涉。

第一百零四条　县级以上的地方各级人民代表大会常务委员会讨论、决定本行政区域内各方面工作的重大事项；监督本级人民政府、监察委员会、人民法院和人民检察院的工作；撤销本级人民政府的不适当的决定和命令；撤销下一级人民代表大会的不适当的决议；依照法律规定的权限决定国家机关工作人员的任免；在本级人民代表大会闭会期间，罢免和补选上一级人民代表大会的个别代表。

第一百二十三条　中华人民共和国各级监察委员会是国家的监察机关。

拓展资源

《中国共产党党内监督条例》节选

第七条　党内监督必须把纪律挺在前面，运用监督执纪"四种形态"，经常开展批评和自我批评、约谈函询，让"红红脸、出出汗"成为常态；党纪轻处分、组织调整成为违纪处理的大多数；党纪重处分、重大职务调整的成为少数；严重违纪涉嫌违法立案审查的成为极少数。

第八条　党的领导干部应当强化自我约束，经常对照党章检查自己的言行，自觉遵守党内政治生活准则、廉洁自律准则，加强党性修养，陶冶道德情操，永葆共产党人政治本色。

第九条 建立健全党中央统一领导，党委（党组）全面监督，纪律检查机关专责监督，党的工作部门职能监督，党的基层组织日常监督，党员民主监督的党内监督体系。

活动设计

以"最高检发布十件行政诉讼监督典型案例"（http：//www.spp.gov.cn/zdgz/201605/tz0160525_ 118682.shtml）为内容，采用以案说法的方式，分析党内监督、国家机关监督、民主监督、司法监督、群众监督、舆论监督在维护国家利益和社会公共利益以及保护公民、法人和其他组织的合法权益中发挥的作用。

12. 基层群众自治制度是何时建立的? 有何意义?

理论解析

居民委员会和村民委员会等基层群众自治制度，是我国城乡居民在城乡基层党组织领导下，在居住地范围内，依托群众自治组织，直接行使民主选举、民主决策、民主管理和民主监督等权利，实行自我管理、自我服务、自我教育、自我监督的制度与实践。

在城市，1949 年中华人民共和国成立之初，各地城市的军管会和人民政府向基层派出工作组，组织居民进行民主改革，协助人民政府开展工作，逐渐建立起具有一定政权性质的居民委员会。1951 年 4 月，上海市政府明确居民委员会是群众自治性组织。1954 年 12 月，《城市居民委员会组织条例》（已失效）第 1 条第 2 款明确规定"居民委员会是群众自治性的居民组织"，并规定了居民委员会的任务、组织机构和工作原则。"文化大革命"期间，居民委员会大部分被解散。党的十一届三中全会后，城市居民委员会得以恢复。1980 年 1 月，全国人大常委会重新公布了《城市居民委员会组织条例》。

在农村，中华人民共和国成立之初，农村建立了村级政权。1954 年《宪法》颁布后，取消了村级政权。1958年以后，农村"人民公社化"。党的十一届三中全会后，随着家庭联产承包责任制的推广，一些村民自发地建立了自治组织，这些组织逐渐发展为农村基层群众自治组织——村民委员会。

1982年12月，村民委员会和居民委员会制度被一起写进宪法。1987年，《中华人民共和国村民委员会组织法（试行）》（已失效）对村民委员会的性质、职能、产生方式、组织机构等作了全面规定。1989年颁布的《中华人民共和国城市居民委员会组织法》（于2018年修正，以下简称《城市居民委员会组织法》），重新明确了居民委员会的性质和任务。1998年，全国人大常委会通过了《中华人民共和国村民委员会组织法》（后于2010年、2018年两次修正，以下简称《村民委员会组织法》），对村民会议、村务公开和选举程序等进行了完善。

典型案例

村民委员会诉村民返还村集体房屋案

被告郑某某等系北京市房山区某村村民。2009年，北京市房山区某村为推进新农村建设，决定启动整建制搬迁工程。2009年6月22日，全村户代表大会表决通过《某村整建制搬迁工程实施方案》，并签署了《某村户代表大会决议》。2010年3月，搬迁工程启动，被告郑某某系第一期搬迁村民，按照实施方案，被告郑某某家旧宅将被拆除，并可在规划区内分配新房。2011年10月6日，某村村民代表大会通过了《关于新房分配相关事宜的决议》，依据被告郑某某等12人的申请，某村村民委员会为被告郑某某等12人分配了住房。因对村集体后续搬迁分房政策不满，被告郑某某等12人在搬进依据《关于新房分配相关事宜的决议》应分得的房屋后，将某村村内小区未分配的12套住房换锁，并占为己有。2013年12月27日，原告北京市房山区某村村民委员会诉至人民法院，请求人民法院依法判令郑某某等12各被告返还村集体房屋。

郑某某等12名被告则认为：不同意返还房屋，12名被告确实按《某村整建制搬迁工程实施方案》分配到了新房，12 名被告属于第一期搬迁的村民，但后来村委会没有严格按照方案执行，在第二期、第三期搬迁过程中存在分房不公的现象。例如一部分人可以在自己的宅基地上建房，不在搬迁规划区居住，甚至可以修建平房；一部分人分配新房面积超标；有些人未交个人应当负担的部分费用也可入住；一些人户口早已迁出本村的，在搬迁过程中将户口迁回也可以分房；部分村干部存在违反实施方案违规建房，多占面积的情况。

法院生效裁判认为：无权占有不动产或者动产的，权利人可以请求返还原物。本案诉争的位于北京市房山区某村村内小区的房屋属某村整建制搬迁工程中的未分配住房，应归村集体所有，郑某某等 12 名被告未经法定程序私自占有，实属不当，某村村民委员会要求返还该房屋的诉讼请求，于法有据，应予以支持。12 名被告认为原告北京市房山区某村村民委员会在执行拆迁政策过程中存在不公正现象以及部分村干部违规多占的，应通过正当渠道予以反映、解决，本院亦将案件审理过程中村民反映的问题，正式函告北京市房山区霞云岭乡政府，促请乡政府予以调查、核实并争取妥善解决。

法院于 2014 年 12 月 4 日作出判决：被告郑某某等 12 人于判决生效后 10 日内将北京市房山区某村村内小区的未分配房屋返还原告北京市房山区某村村民委员会。

法律原文

《村民委员会组织法》

第二条　村民委员会是村民自我管理、自我教育、自我服务的基层群众性自治组织，实行民主选举、民主决策、民主管理、民主监督。

村民委员会办理本村的公共事务和公益事业，调解民间纠纷，协助维护社会治安，向人民政府反映村民的意见、要求和提出建议。

村民委员会向村民会议、村民代表会议负责并报告工作。

第三条　村民委员会根据村民居住状况、人口多少，按照便于群众自治，有利于经济发展和社会管理的原则设立。

村民委员会的设立、撤销、范围调整，由乡、民族乡、镇的人民政府提出，经村民会议讨论同意，报县级人民政府批准。

村民委员会可以根据村民居住状况、集体土地所有权关系等分设若干村民小组。

拓展资源

新中国第一个居委会——上羊市街居委会[1]

1949 年 5 月 3 日，杭州解放。这天，24 岁的黄包车夫陈某林第一次见到了解放军。之后，陈某林进入一家轧花厂，成为一名打包工人。10 月 23 日晚饭后，有人来通知陈某林，叫他 7 点钟在西牌楼小学礼堂开会。

"那天总共来了 200 多人，包括原来 27 个保的伪保长，开会是为了选举上羊市街居民委员会委员，会议由上城区区长主持。经过 200 名居民代表投票，21 名候选人中有 9 人当选，我和陈某彰分别当选为居民委员会主任和副主任。"

据记载，杭州解放后，从当年的 10 月就开始开展废除保甲、建立居民委员会的工作。10 月 23 日，上羊市街居民委员会经选举成立。它由当时的十八、十九两个保合并而成，大致范围为东至上羊市街（现江城路），南沿五圣塘、六圣塘至保安桥河下，北至望江门直街（现望江路），西至中山南路（现中河高架下绿化带）。在成立上羊市街居民委员会的试点基础上，1949 年 12 月 1 日，杭州市人民政府正式向全市发出《关于取消保甲制度，建立居民委员会的工作指示》，对居民委员会的性质、产生方式、职能等作出了明确规定。到 1950 年 3 月，杭州全市基本完成了取消保甲制、建立居民委员会的工作。

---

〔1〕 杭州日报："新中国第一个居委会——上羊市街居委会"，载杭州网，http://hznews.hang-zhou.com.cn/xinzheng/quxian/content/2011-06/10/content_3759146.htm，最后访问日期：2020 年 12 月 4 日。

2004 年，民政部开始寻访、考证中华人民共和国第一个居民委员会。通过对档案资料、史料、人证的综合分析，2008 年 6 月 28 日，上羊市街居民委员会正式被民政部确认为"新中国第一个居民委员会"。

活动设计

以"我家所在的居民委员会或村民委员会的建立历史"为主题，开展调查和交流活动。

13. 人大代表如何选举产生？

理论解析

根据《宪法》第 34 条和《选举法》第 3 条的规定，人大代表的任职条件为，中华人民共和国年满 18 周岁的公民，不分民族、种族、性别、职业、家庭出身、宗教信仰、教育程度、财产状况、居住期限，都有选举权和被选举权；但是依照法律被剥夺政治权利的人除外。

各级人大代表都是依照法律规定，通过民主选举产生的。选举采取直接选举和间接选举两种方式。不设区的市、市辖区、县、自治县、乡、民族乡、镇的人大代表，由选民直接选举产生。全国人大代表、省、自治区、直辖市、设区的市、自治州的人大代表，通过间接选举方式，由下一级人民代表大会选举产生。

选举的具体办法是，在直接选举中，按照选民居住状况或生产单位、工作单位划分为若干个选区，按选区提名代表候选人。代表名额由选举委员会按照城乡人口比例分配。县级人大代表名额基数为 140 名，每 5000 人可以增加 1 名代表；人口超过 155 万的，代表总名额不得超过 450 名；人口不足 5 万的，可以少于 140 名。乡、镇人大代表名额基数为 45 名，每 1500 人可增加 1 名代表；但总名额不得超过 160 名。人口不足 2000 人的乡、民族乡、镇的代表人数可以少于 45 名。代表候选人由各政党、各人民团体联合或单独推荐，选民 10 人以上联名也可推荐代表候选人。实行差额选举。代表候选人人数多于应选代表人数 1/3 至 1 倍。选举采用无记名投票方法。选区全体选民的过半数参加投票，选举有效，代表候选人获得参加投票选民的过半数的选票方可当选。

在间接选举中，代表在选举单位提名的代表候选人之中产生。全国人大代表由省、自治区、直辖市的人民代表大会选举产生；中国人民解放军的全国人大代表由军人选举产生；香港、澳门特别行政区的全国人大代表由香港、澳门居民中的中国公民依法选举产生；台湾省的全国人大代表由在祖国大陆的台湾省籍同胞协商选举会议选举产生。全国人大代表的人数不超过 3000 人。省级人大代表的人数不超过 1000 人，设区的市、自治州的代表人数不超过 650 人。人民解放军和武警部队的代表人数不按人口数分配，由全国人大常委会和地方各级人大常委会决定。各政党、各人民团体可以联合或者单独推荐代表候选人，代表 10 人以上联名也可以推荐代表候选人。实行差额选举。候选人人数要多于代表人数 1/5 至 1/2。通过无记名投票选举，候选人获得全体代表过半数的选票方可当选。

典型案例

辽宁贿选案

2016 年 9 月 17 日，辽宁省第十二届人民代表大会第七次会议筹备组发布公告称，辽宁省第十二届人民代表大会第一次会议选举全国人大代表过程中，有 45 名当选的全国人大代表拉票贿选，有 523 名辽宁省人大代表涉及此案。

之后，沈阳等 14 个市人大常委会和有关选举单位决定接受涉案的丁某等 452 人辞去辽宁省第十二届人民代表大会代表职务，阜新市人大常委会决定罢免李某的辽宁省第十二届人民代表大会代表职务，其他涉案代表有的已经在此前辞去代表职务，有的已调离本行政区，代表资格已经终止。铁岭市人大常委会决定接受吴某辞去辽宁省第十二届人民代表大会代表职务。依照《中华人民共和国全国人民代表大会和地方各级人民代表大会代表法》（以下简称《代表法》）的有关规定，以上454名辽宁省第十二届人民代表大会代表的代表资格终止。依照《选举法》的有关规定，其中108人的辽宁省第十二届人民代表大会常务委员会组成人员职务、辽宁省第十二届人民代表大会专门委员会组成人员职务相应终止。

2017年3月28日至30日，沈阳、鞍山、抚顺的15个基层法院分别对辽宁41名涉拉票贿选人员作出一审宣判，对营口港务集团有限公司原董事长高某等41名被告人分别以破坏选举罪、贪污罪、受贿罪、行贿罪判处有期徒刑等刑罚。

经审理查明，高某等41名被告人在辽宁省第十二届人民代表大会第一次会议召开前和会议期间，为当选全国人大代表，以贿赂的方式给出席会议的多名省人大代表送钱送物。2016年9月13日，第十二届全国人民代表大会常务委员会发布公告，确定上述被告人全国人民代表大会代表当选无效。审理法院认为，高某等41名被告人在选举全国人大代表时，以贿赂的手段妨害代表自由行使选举权，情节严重，构成破坏选举罪。其中，高某等9名被告人还涉贪污、受贿、行贿犯罪，应予依法惩处。

法律原文

《宪法》

第五十九条　全国人民代表大会由省、自治区、直辖市、特别行政区和军队选出的代表组成。各少数民族都应当有适当名额的代表。

全国人民代表大会代表的选举由全国人民代表大会常务委员会主持。

全国人民代表大会代表名额和代表产生办法由法律规定。

第六十条　全国人民代表大会每届任期5年。

全国人民代表大会任期届满的两个月以前，全国人民代表大会常务委员会必须完成下届全国人民代表大会代表的选举。如果遇到不能进行选举的非常情况，由全国人民代表大会常务委员会以全体组成人员的2/3以上的多数通过，可以推迟选举，延长本届全国人民代表大会的任期。在非常情况结束后1年内，必须完成下届全国人民代表大会代表的选举。

第九十七条　省、直辖市、设区的市的人民代表大会代表由下一级的人民代表大会选举；县、不设区的市、市辖区、乡、民族乡、镇的人民代表大会代表由选民直接选举。

地方各级人民代表大会代表名额和代表产生办法由法律规定。

第九十八条　地方各级人民代表大会每届任期五年。

拓展资源

2020年10月，全国人民代表大会常务委员会对《选举法》进行了修改，将第11条改为第12条，第1款第3项修改为："③不设区的市、市辖区、县、自治县的代表名额基数为140名，每5000人可以增加1名代表；人口超过155万的，代表总名额不得超过450名；人口不足5万的，代表总名额可以少于140名"。第1款第4项修改为："④乡、民族乡、镇的代表名额基数为45名，每1500人可以增加1名代表；但是，代表总名额不得超过160名；人口不足2000的，代表总名额可以少于45名。"

关于适当增加县乡两级人大代表数量的问题，最初是由地方人大特别是基层人大提出来的。近年来，大量乡镇改设街道、撤乡并镇，其中改设街道的情况更多一些。乡镇是我国一级基层政权，但是街道作为县级人民政府派出机构，不是一级政权，所以乡镇一级设人大，改设为街道之后就不设人大了。因此，需要通过修改法律适当增加县乡两级人大代表数量。

活动设计

收集自己家庭成员参与选举的"选民证"，并与他们分享积极参与选举的感受。

第四单元

崇尚法治精神

1. 如何理解法律与道德的关系?

理论解析

　　法律和道德是社会发展过程中与人的行为关系最为密切的两种社会规范。法律是由国家享有立法权的主体依照法定权限和程序制定或认可并由国家强制力来保证实施的行为规范的总称;道德是人们在社会生活中形成的关于善与恶、荣与辱、公正与偏私、诚实与虚伪等观念以及由社会舆论、传统习惯和内心信念等来保证实施的行为规范的总和。[1]

　　法律与道德的关系问题不仅是法学的重要内容,也是古今中外哲学家、法学家等一直探讨并争论不休的问题。这些争议主要涉及以下问题:①法律和道德是否存在必然联系或是否可以分离;②如果不能分离,道德在法律中的性质和地位如何。对此,在理论上一直存在三种观点,其中两种是截然相反的主张。第一种以自然法学派为代表,认为法和道德是不可分割的,同为一体,公平、正义、善等社会价值既是道德价值,也是法律价值。法和道德之间存在必然联系,道德是比法律更为高级的社会规范,法律必须以道德为

---

　　〔1〕　舒国滢主编:《法理学导论》,北京大学出版社 2006 年版,第 293 页。

基础并服从道德。第二种以法律实证主义为代表，认为法律和道德并不存在逻辑上或概念上的必然联系，或者说，法律与道德是分离的，各自具有独立性。法律不以道德上的正当性为存在依据，法律即使与道德存在矛盾，也不妨碍法律可以成为法律，即"恶法亦法"，故用道德标准来影响和评价法律是不科学的。第三种观点认为，法律与道德的关系应视具体情况而定，二者之间既有联系，又有区别，既不能等同，也不能截然分开，法律是道德的最低限度，道德为法律提供价值基础。

法律与道德在形式上存在以下区别：①形成的方式不同。道德是人们在长期的社会生活和文明发展过程中逐渐形成的关于善与恶、荣与辱、公正与偏私、诚实与虚伪、正确与错误等价值判断的观念、内心信念和行为标准；法律是社会发展到一定阶段，由国家的立法主体所创制的旨在调整人们之间的社会关系，维护一定的社会秩序的行为规范，故道德的产生和变迁具有自主自发性，其社会性更为明显，法律的产生和变迁更具有人为设计的制度特征，其国家性更为突出。②调整范围不同。法律调整的范围较为狭窄，是维护社会秩序的底线力量，道德调整的范围十分宽泛，包括各种各样的行为；一般来讲，凡是法律调整的行为，道德也予以调整，而道德调整的行为，法律则不当然调整。③实施方式不同。道德的实施更侧重于依靠社会舆论和内心信念；法律的实施则以国家强制力为保障。④存在的形态不同。道德一般存在于人的内心信念、情感和社会习惯之中，属于社会意识形态范畴；法律则有严格的规范体系，存在于国家治理体系之中，属于国家制度的范畴。

从中国法律史来看，在我国不同的历史时期，法律和道德的地位存在着一定的差异。早在西周时期，"明德慎罚"思想的提出表明中国古人提倡以道德教化的方式来化解社会矛盾，刑罚（法律）仅仅作为辅助手段。到战国时期，秦国遵循法家思想，推崇通过法令来维持社会秩序。再到汉朝，汉武帝采纳董仲舒建议，"罢黜百家，独尊儒术"，以儒家思想修正法律，实现法律儒家化。可见，法律和道德存在着此消彼长、相辅相成的关系：法律是全社会遵守的道德底线，是以文字形式固定下来的道德，通过道德获得正当性；道德借助法律的国家强制力得以在全社会推行，从而维护一定的社会关系。

当代中国在中国共产党的领导下，坚持全面依法治国，即坚持依法治国和以德治国相结合。这就将法律与道德的关系紧密结合起来，使法律和道德作为规制社会秩序的不同手段，既从外在又从内在，既从国家又从社会，既从思想又从行为等多方位、相辅相成地发挥二者在各自调整领域的作用。因此，我国在全面依法治国的进程中，必须依靠必要的道德基础，大力弘扬道德风尚，只有把依法治国和以德治国有机结合起来，使法律道德化、道德法律化，才能使二者相互促进，共同调整社会关系。

典型案例

在 19 世纪的美国，同样有一起关于遗产继承的案子涉及法律与道德的难题。1880 年，纽约的一位老人弗朗西斯·帕尔默立下遗嘱将自己的大部分财产继承给孙子埃尔默·帕尔默。然而，埃尔默却害怕祖父会改变遗嘱，为了提前得到遗产，居然用毒药害死了自己的祖父。被继承人死亡之后，遗产继承便可得以执行，而且被继承人立有遗嘱的，必须按照遗嘱分配遗产。按照弗朗西斯的遗嘱，其孙子埃尔默·帕尔默正是合法的继承人。但是埃尔默谋杀祖父的事实让遗产继承蒙上一层阴影。因此，弗朗西斯的女儿里格斯，也即埃尔默的姑妈，将埃尔默诉上法庭，要求剥夺他的继承权。

最终，法院认为，根据当时继承法的规定，该遗嘱合法有效，但若允许帕尔默继承其祖父的遗产不符合情理，也违背公平正义标准，根据以往的先例，所有法律规则都必须遵循这样的原则："任何人不得从其过错中获益。"故继承人不得以杀死被继承人的方式来获得遗产。因此法院判决剥夺埃尔默的继承权。[1]

---

〔1〕 桑本谦、纪建文："司法中法律解释的思维过程探析——就审判利格斯诉帕尔默案与德沃金的对话"，载《法学论坛》2002 年第 3 期。

法律原文

《民法典》

第七条　民事主体从事民事活动，不得违反法律，不得违背公序良俗。

拓展资源

法律的真正目的是诱导那些受法律支配的人求得他们自己的德行。

——［意大利］阿奎那

如果法律是非正义的，它就不能存在。　　——［古罗马］奥古斯丁

活动设计

2006 年 11 月 20 日，南京一位老太太徐某在某公交车站等车，徐某称她被正在下车的市民彭某撞到。而彭某则称下车时见到老人摔倒，所以将其扶起并送到医院，并垫付了 200 元的医药费。事后，徐某诉至法院，要求彭某赔偿相关损失。最终法院认为彭某无法证明自己没有撞到老人，并且"依照常理，没有撞人就没有必要送到医院还垫钱"，判决彭某负担老人 40% 的损失，共计 45 876.36 元。

20 世纪 80 年代，在比利时的布鲁塞尔，一名女子半夜不慎掉落露台摔成重伤，一名男子路过此地，趁机洗劫了这名女子，但是又不忍女子重伤而亡，于是叫了救护车后离开。但事件的经过被附近的监控设施拍了下来，于是警察成功抓获了这名男子，并提起公诉。经过长达 4 周的激烈辩论和商讨后，法庭作出该男子无罪的判决。当时法官给予的判决理由是：每个人的内心深处都有脆弱和阴暗的一面，对于拯救生命而言，抢劫财务不值一提。虽然单纯从法律上说，我们的确不应该为了一个人的善行而赦免其犯下的罪恶，但是如果判决他有罪，将会对整个社会秩序产生极度负面的影响。我宁愿看到下一个抢劫犯拯救了一个生命，也不愿看见奉公守法的无罪者对于他人所受的苦难视而不见。所以从表面上看，今天法庭不仅仅是单纯地赦免了一个抢劫犯，更深远的，是对救死扶伤的鼓励，是对整个社会保持良好风气的促进和传承。

上述这两个判决孰好孰坏，如果你是法官，你会如何判决，理由是什么？

2. 法治与法制有何区别？

理论解析

在汉语中，"法制"一词通常有两种意义。第一种含义是指国家法律和制度的总称，或者是指法律和制度的简称，这是静态意义上的法制。所谓静态的法制，是指包括宪法、法律、行政法规、地方性法规、规章和其他规范性文件在内的法律制度的总和。在此意义上，只要国家有法律和制度，便有法制存在。第二种含义是将法制理解为由立法、执法、司法、守法、法律监督等各个环节构成并协调运行的一个系统。这是动态意义上的法制，此种意义的法制在某种程度上与"法治"的含义相近，是静态法制概念在中国社会主义时期的扩展，正是基于这种含义，20 世纪后期出现了"法制系统工程"或"法制系统"的研究。

法治一词有若干不同的表述。在英文中，"法治"一词通常表述为"rule of law"，即法律的统治，是指与人治相对立的一种治国理论和治国方略。就现有资料来看，最早给法治下定义的是古希腊思想家亚里士多德，他在《政治学》一书中写道，"法治应包含两重意义：已成立的法律获得普遍的服从，而大家所服从的法律又应该本身是制定得良好的法律"。[1] 亚里士多德还认为，"法治优于一人之治"。

法治和法制的区别主要包括以下三个方面：

1. 法治与静态意义的法制不同。静态意义的法制是国家法律制度的简称，与它相对应的是政治制度、经济制度、文化制度等概念。其主要是关于有法可依的问题，不包含执法、司法、守法和法律监督等环节的内容。同时，这

---

〔1〕 ［古希腊］亚里士多德：《政治学》，吴寿彭译，商务印书馆 1965 年版，第 199 页。

种意义的法制也没有揭示出法律在国家治理和社会治理中的地位和作用，故只要存在法律制度的国家就有法制。法治是由立法、执法、司法、守法和法律监督各个环节构成的统一整体或系统，这种意义的法治强调在国家治理和社会治理中法律的优先地位和法律最高权威，其内容不仅包括有法可依，还包括法律实施和法律监督等环节。

2. 法治与动态意义的法制不同。动态意义的法制虽然包含了有法可依、有法必依、执法必严、违法必究这些法律实施的活动，但并不关注所依之法具有何种属性和价值取向，不关注所依之法的善恶。法治与动态意义的法制虽然含义相近，但更关注法律的良善问题，包括司法的公正问题。同时，现代意义的法治还与民主、自由、人权等价值理念紧密联系，民主是现代法治的政治基础，自由和人权则是法治所提倡和保障的价值目标，而法制与这些价值目标则并没有必然或紧密的联系。

3. 二者与"人治"的关系不同。法制并不一定排斥"人治"，在一个专制的国家，也可能存在一个完善的法律制度体系，作为实施专制的工具。法治则否定"人治"，更多地强调法律在规制社会行为时的优先地位，认为一个国家的兴旺发达和长治久安的决定性因素不在于是否有一个贤明的君主，而在于有一套良好的法律制度，故法治与人治一般不会同时作为一个国家的治国方略。

法律原文

《宪法》

第五条 中华人民共和国实行依法治国，建设社会主义法治国家。

国家维护社会主义法制的统一和尊严。

一切法律、行政法规和地方性法规都不得同宪法相抵触。

一切国家机关和武装力量、各政党和各社会团体、各企业事业组织都必须遵守宪法和法律。一切违反宪法和法律的行为，必须予以追究。

任何组织或者个人都不得有超越宪法和法律的特权。

拓展资源

在民主的国家里，法律就是国王；在专制的国家里，国王就是法律。

——［德］马克思

课堂讨论

中国春秋战国时期的法家同样强调"法治"，以法治国，那么，法家思想中的"法治"与我们现在谈论的"法治"有什么区别？

3. 如何理解法律与自由的关系?

理论解析

1. 自由的含义。自由的一般含义是指摆脱束缚状态，或不受约束、不受限制地从事某种行为。此外，自由还有不同意义的理解。在哲学意义上，自由是指人对必然的认识和客观世界的改造，包括意志自由和实践自由两个方面。在社会学意义上，自由是指主体的利益需求与整个社会秩序相协调统一。在法学上，自由是指主体的行为与法律的既有规定相一致，或指主体在法律的范围内根据自由意志活动的权利。一方面，自由意味着主体可以自主地选择和从事一定的行为；另一方面，自由也表现为主体自主选择的行为必须与既有的法律规范相一致。

2. 法律与自由的关系。

（1）自由是法的重要价值。追求自由是人的本性，法律也应该从人性出发，将确认和保障自由作为价值追求。故自由作为法律价值的主要意义在于，法律将以确认和保障自由作为价值目标，现代社会衡量法律好坏的一个重要标准就是法律是否以确认和保障人的自由作为价值取向。同时，自由也是衡量一个社会法律文明程度的评价标准之一。

（2）自由需要法律确认范围。从世界各国法律规定来看，法律通常采取以下方式对自由进行确认：其一，确认"消极自由"。此种方式主要是排除国家、社会和他人对个人自由的干涉，即"免于……的自由"。其二，确认"积极自由"。此种方式主要是允许人们可以在法律规定的范围内自主地作出一定行为或不作出一定行为，即"自由地从事……"。

但法律上的自由不是绝对的，而是相对的，正如孟德斯鸠对法律与自由关系的论述："在一个国家里，也就是说，在一个有法律的社会里，自由仅仅是一个人能够做他应该做的事情。我们应该记住什么是'独立'，什么是'自由'。自由是做法律所许可的一切事情的权利；如果一个公民能够做法律所禁止的事情，他就不再有自由了，因为其他的人也同样会有这个权利。"〔1〕故所谓法律自由，是指一定社会中人们在法律确认和保障的范围内能够按照自己的意志自主行为的权利。正如马克思在分析法国 1793 年《宪法》关于自由的规定时写道："自由就是从事一切对别人没有害处的活动的权利。每个人所能进行的对别人没有害处的活动的界限是由法律规定的，正像地界是由界标确定的一样。"〔2〕

3. 法律是实现自由的有效保障。在现实生活中，自由受到的侵害主要来自于三个方面：一是国家权力对主体自由的侵害；二是其他个人对主体自由的侵害；三是主体自身对自己不负责任的行为。当主体自由受到侵害时，可以采取法律途径对自由予以保障，如果缺少有效的法律手段，自由也难以得到保障。

■■■ 典型案例

案例 1

2018 年 2 月，发生了多起个人发表不正当言论侮辱南京大屠杀死难者的行为。据《北京青年报》《新京报》等媒体报道，孟某某为泄私愤，在微信群中发表"南京杀 30 万太少""侮辱了怎么样"等言论，侮辱南京大屠杀死

---

〔1〕 ［法］孟德斯鸠：《论法的精神》（上册），张雁深译，商务印书馆 1961 年版，第 154 页。

〔2〕《马克思恩格斯全集》（第 1 卷），人民出版社 1956 年版，第 438 页。转引自卓泽渊：《法的价值论》，法律出版社 2006 年版，第 273 页。

难同胞，严重伤害了人民群众的情感，造成了严重的不良后果。随后，该男子被处以行政拘留5日的行政处罚。行政拘留期满后，该男子不思悔改，在南京大屠杀纪念馆大屠杀遇难同胞纪念碑前通过拍摄视频的形式，继续发表不正当言论，又被公安机关处以行政处罚。[1]

可见，网络不是法外之地，言论自由有一定的边界，以不得侮辱、辱骂他人，伤害民族感情为界限，超出这一界限的言论"自由"不受法律保护，甚至可能会受到法律的制裁。

案例2

近日，一张4名中国青年身穿仿制的二战日本军服在四行仓库抗战纪念馆前合影的照片发布到网上，引起广大网民的一致愤慨与谴责。

8月23日，上海市公安局静安分局依法对涉案的李某、高某、项某处以行政拘留处罚，对胡某、刘某予以教育训诫。8月8日，上海市公安局通过网络巡查发现题为"4男子穿日军军服在四行仓库拍照"的微博后高度重视，迅速指令静安分局开展案件调查工作。经查，李某、高某、项某、胡某、刘某等所谓的"军服迷"经事前商议后，约定于8月1日前往上海拍照聚会。期间，于8月3日22时许穿着仿制的二战日本军服在上海四行仓库抗战纪念广场（弹孔墙）拍摄照片。几天后，李某将所摄照片上传QQ空间并被多次转发，引发广大网民强烈谴责，造成恶劣的社会影响。警方认为：李某等人为寻求刺激、博人眼球，罔顾民族感情，无视公序良俗，明知四行仓库是著名的抗战地标建筑和爱国主义教育基地，仍身穿仿制的二战日本军服合影并在网络上传照片，极大地伤害了广大人民群众的爱国情怀，造成了恶劣的社会影响。李某等人的行为已经触犯《治安管理处罚法》，被依法处以行政拘

---

[1] "侮辱南京大屠杀遇难者男子再被拘留8日"，载 https: baijiahao.baidu.com/s？id = 1594370034454456980，最后访问日期：2020年12月7日。

留，胡某、刘某因未成年、违法情节显著轻微，被教育训诫。[1]

■■■■■　**法律原文**

《宪法》

第五十一条　中华人民共和国公民在行使自由和权利的时候，不得损害国家的、社会的、集体的利益和其他公民的合法的自由和权利。

■■■■■　**拓展资源**

政治的真正目的是自由。　　　　　　　　　　　　——［荷］斯宾诺莎

法律不是压制自由的措施，正如重力定律不是阻止运动的措施一样。

　　　　　　　　　　　　　　　　　　　　　　　　——［德］马克思

■■■■■　**课堂讨论**

查阅我国关于网络言论的法律规定，并结合网络上出现的穿着日军军服摆拍的行为，讨论网络的自由边界。

4. 如何理解法律与正义的关系？

■■■■■　**理论解析**

1. 正义的含义。正义是人类追求的共同理想，也是法律的核心价值。正义是个古老的概念，历来理解不一。从柏拉图的《理想国》到罗尔斯的《正义论》，正义始终是西方社会探讨和争辩的首要问题之一。正义既是一个对人类一直充满诱惑与向往，也是一个让人类一直难以说清讲明的概念。正如博登海默所言："正义有着一张普洛透斯似的脸（A Protean Face），变幻无常、随时可呈不同形状并具有极不相同的面貌。当我们仔细查看这张脸并试图解

---

〔1〕"快讯！穿日本军服在四行仓库前拍照者已被上海警方依法处理"，载 http://www.360doc.com/content/17/0824/1319863648_ 681752036. shtml，最后访问日期：2020 年 12 月 7 日。

开隐藏其表面背后的秘密时，我们往往会深感迷惑。"[1] 这是由于正义问题伴随着人类的进化存在于人类生活的各个领域，而且在人类发展的不同阶段，不同的人基于不同的立场又对正义赋予不同的理解和诠释。

尽管古往今来人们对于正义的理解和诠释不同，但一般认为，作为社会基本结构的社会体制的正义是最为根本的正义，是首要的正义。正义可以从以下三个方面理解：①在伦理上，正义指人的一种美德和人们对合理需要得到满足的意愿。这种意义上的正义只是人们一种情感上的态度，它的实现需要借助外在的行为和社会制度的保障。②在政治和经济上，正义是指一种与社会政治与经济发展的理想相符合的，能够满足人们合理需求的社会制度，这种意义的正义要求社会将全体成员组织起来合理分工合作，相互协助，合理分配资源以及分工合作所创造的财富和其他利益。③在法律上，正义是法律的核心价值，甚至被视为法律的化身，它要求法律规范和制度在调整社会关系时，具有公平、合理、正直的内容和措施，以保证纠纷能得到公正、合理地解决。正义是人们追求社会生活达到公正合理状态的理想，其内容会随着社会的发展而不断变化。

2. 法律与正义的关系。法律与正义关系密切，主要表现为二者相互依赖，正义观念通过法律得以实现，而法律的制定、实施和价值评价离不开正义观念的指导。[2] 在对法与正义的关系问题的理解上，西方社会主要有以下几种观点：第一种观点认为，法本身就代表正义，法与正义是等同的。古罗马的神学思想家奥古斯丁甚至明确地提出："法律就是正义"。第二种观点认为，法与正义有密切联系，正义为法律提供了标准和尺度。自然法学派的代表人物大多承认这一观点。他们认为存在着一种合乎正义，体现人类理性的自然法，故人们制定实在法时必须合乎自然法，即正义的原则。否则就不是真正

---

〔1〕［美］E. 博登海默：《法理学　法律哲学与法律方法》，邓正来译，中国政法大学出版社2004年版，第261页。

〔2〕严存生：《论法与正义》，陕西人民出版社1997年版，第227页。

的法律。第三种观点认为，法与正义没有关系，至少不存在必然联系。大多数的分析实证主义法学派的代表人物均持有此观点。有学者将法律实证主义归纳为两项主张："一是任何道德价值因素都不可进入法律的定义。二是法的规定是由经验上可观察到的标准（如立法、判例和习惯）确认的。他们的观点是，存在的只有实在法，而根本没有'自然法'这种东西。不管是否存在我们据以评价实在法优点的道德或正义标准，法是什么是一回事，其善恶是另一回事。"[1]

在法学上，正义通常被分为实质正义和程序正义。实质正义是指通过法律上的实体权利和义务来公正地分配社会合作利益与负担的法律规则所体现出来的正义；程序正义是指为了实现法律上的实体权利和义务而公正地设定一系列必要程序，从而以这些程序为内容的法律上的权利和义务所表现的正义。

我们认为，法和正义密不可分，正义是法律追求的目标，法律是实现正义的有力保障。

（1）正义是法律的核心价值和终极目标。从价值角度对法和正义之间的关系进行思考，是法的价值理论的核心论题。正义是衡量法律善恶的标准和尺度，对良法的产生、法律的改进起到积极作用。正义是法律价值体系的核心，是其他法律价值如自由、民主、平等、人权等的观念源头，也是协调法律价值之间冲突的衡平标准。

（2）法律是实现正义的有力保障。通过法律实现正义有三种基本方式：其一，通过立法的方式实现正义。这种方式是通过法律公平合理地分配资源来实现和保障分配正义。迄今为止，人类社会曾经有五种分配原则被视为是公正的：无差别分配原则、按照优点分配的原则、按照劳动分配的原则、按

---

〔1〕　Harris, *Legal Philosophies*, Butterworths, 1980, p. 16. 转引自张文显：《二十世纪西方法哲学思潮研究》，法律出版社 2006 年版，第 67 页。

照需要分配的原则和按照身份分配的原则。我国现阶段实行的分配原则是按劳分配原则为主，其他原则为辅的混合分配制度。法律的作用之一就是通过确认分配正义原则，使正义价值法律化和制度化，从而对人们的正义行为产生影响，使正义得以实现。其二，通过行政机关执法实现正义。法治国家通过法律界定权利与权力的范围，通过行政执法和制约行政机关权力来达到保护行政相对人的权利不被行政机关和其他行政相对人侵犯。其三，通过公正司法实现正义。在社会生产生活中，即便法律实现了分配正义，但也难以避免人们发生纠纷或出现价值冲突。国家通过司法机关无偏私地适用公开规则，类似案件类似处理，相同情况相同对待等原则公正地解决纠纷和冲突，从而达到惩恶扬善、实现司法正义的目的。

典型案例

案例 1

1996 年，内蒙古自治区呼和浩特市发生一起故意杀人案。甲发现女尸报警后，被公安机关认定有重大作案嫌疑，最终甲被判处死刑。2005 年，内蒙古自治区乌兰察布市发生多起强奸杀人案件，犯罪嫌疑人赵某被抓获后，交代了多起犯罪事实，其中一起同甲案情极为相似。此事一经曝光，引起了全社会广大反响。经过 8 年的申诉，内蒙古自治区高级人民法院决定启动再审程序，随后作出再审判决，宣告原审被告人呼格吉勒图无罪，并启动国家赔偿程序。[1]

程序正义被称为看得见的正义。冤假错案的出现极大地损害了司法公信力。冤假错案产生的一个重要原因在于忽视法律规定的正当程序。在无罪推定原则并未完全深入人心的时期，司法实践中容易出现未审先定、先定结论后找证据等行为。如果缺乏对程序的尊重和认同，公民合法权益就会遭到侵害。因此，必须树立要"让人民群众在每一个司法案件中都感受到公平正义"

---

[1] 胡锦光主编：《2014 年中国十大宪法事例评析》，法律出版社 2016 年版，第 15~17 页。

的司法理念，严格按照诉讼法的有关程序，确保被追诉人处于平等的法律地位。

案例2

"百名红通"1号人员杨某，利用担任温州铁路房地产开发有限公司董事长、温州市市长助理、副市长、浙江省建设厅副厅长等职务的便利，以非法占有为目的，侵吞公款共计人民币1904.5155万元；为请托单位和个人谋取利益，收受财物共计折合人民币735.43万元。后杨某潜逃海外，意图逃避法律制裁。经司法机关长期不懈的追逃工作，最终杨某走投无路，回国投案，受到了应有的惩罚。[1]

正所谓法网恢恢，疏而不漏，任何人无论权力大小，职位高低，只要违反法律，就会受到法律的制裁。

法律原文

《刑事诉讼法》

第六条　人民法院、人民检察院和公安机关进行刑事诉讼，必须依靠群众，必须以事实为根据，以法律为准绳。对于一切公民，在适用法律上一律平等，在法律面前，不允许有任何特权。

第十一条　人民法院审判案件，除本法另有规定的以外，一律公开进行。被告人有权获得辩护，人民法院有义务保证被告人获得辩护。

拓展资源

对于寻求正义者，不给予正义就是法律的失职。　——［英］亚当·斯密

好的法律应该提供的不只是程序正义。它应该既强有力又公平，应该有助于界定公众利益并致力于达到实体正义。　——［美］诺内特·塞尔兹泥克

---

〔1〕　新华社："'百名红通'1号人员杨秀珠贪污、受贿案一审宣判"，载新华网，http://www.xinhuanet.com/politics/2017-10/13/c_1121799483.htm，最后访问日期：2018年3月17日。

课堂讨论

在看关于刑侦类电视剧的过程中，你一定对这样一句话十分熟悉"你有权保持沉默，但你所说的每句话都将作为呈堂证供"，这就是著名的"米兰达警告"。这一耳熟能详的话源自一个法律案件：1965 年，美国亚利桑那州发生一起强奸案，犯罪嫌疑人是个 20 多岁的青年，名叫米兰达，在被警察审问期间，米兰达招供了，法院依照其供述进行了判决，后米兰达改变了供词选择上诉，声称自己没有犯罪，之前所作的供述都是假的，他当时不知道自己有沉默的权利，不知道自己的供述会成为法院判决的依据，更不知道自己有权请律师，在重新审理的过程中，美国最高院认为因对米兰达讯问前没有告知其相应权利，违反宪法的规定，推翻了原法院所作判决，但又因其他证据不足，只能改判米兰达无罪。

思考：你对美国最高院对这一案件的判决有什么样的看法？该判决是否违背了法律所要求的正义内容呢？

5. 如何理解公平与平等的关系？

理论解析

公平的基本含义是处理事情合情合理，不偏袒任何一方。由此可见，公平主要有两层含义：一是处理问题的过程与结果合情合理；二是平等对待每一方当事人。平等是指社会主体在相同情况下在社会关系和社会生活中享有同等的社会地位，具有相同的资格、发展机会和待遇。具体而言，平等包括三个方面的内容：①人格平等，指人们之间尽管存在性别、年龄、经济状况、民族、生理等方面的差别，但都应当具有相同的价值和尊严，处于相同的社会地位。任何人不能凭借自己在政治、经济、生理等方面的优势损害他人的人格及尊严。②机会平等，指在相同的情况下，任何人都应具有相同的发展机会，使得自己的潜在能力得以发挥，禁止任何人对各种机会的垄断和享有特权。③待遇平等，指社会给每个人的待遇应是相同的。在现代社会，主要指在相同的条件下，人们应享有平等的法律地位和法律待遇，即在相同情况下，人们应受到法律平等的保护，享有相同的法律权利，承担相同的法律义务。如同样的劳动应获得同样的报酬，同样的犯罪应受同样的处罚等，禁止任何人享有超越法律的特权。

公平与平等这两个概念具有非常密切的联系，表现在：公平观经常以某种平等为基础，某种平等往往被认为是公平的。如人们在政治、经济、法律等方面享有机会平等、待遇平等，往往被视为公平的表现。公平的核心是平等，既包括地位平等和权利平等，也包括相同情况相同对待。如法律上的公平要求法律面前人人平等。尽管如此，公平与平等毕竟是两个不同的概念，二者之间的区别如下：

1. 含义与性质不同。平等主要指人们的地位、机会和待遇是等同的，是对人们具有一种同等关系的反映。公平虽然也关注同等对待问题，但更关注利益分配的合理性，强调人们所应得到的东西应当与其付出相适应。因此，对公平的评价主观性更强一些，往往会由于阶级性、历史性、心理因素和利益的影响出现不同的评价。

2. 内容范围不完全相同。平等有形式意义的平等和实质意义的平等。所谓形式平等，是不考虑主体本身自然的和社会的、历史的和现实的具体情况而适用同一评价标准，也就是无差别地同等对待。所谓实质平等，则是考虑主体本身各种自然的和社会的、历史的和现实的具体情况而相应地适用差别性的评价标准，也就是有差别地不同等对待。[1] 公平强调实质意义的平等，而不主张形式意义的平等。实质意义的平等才是公平的内容，也是作为法律意义的公平与平等。

---

〔1〕《法理学》编写组：《法理学》，人民出版社、高等教育出版社 2010 年版，第 85 页。

典型案例

2003 年 6 月，安徽省南陵县青年张某报考芜湖市公务员招聘考试，并在 30 名考生中名列第一，但却因为在体检中查出携带乙肝病毒而被取消录取资格。2003 年 11 月 10 日，张某以被告芜湖市人事局的行为剥夺其担任国家公务员的资格、侵犯其合法权利为由，向法院提起行政诉讼，成为我国的"乙肝歧视"第一案。2004 年 4 月 2 日，芜湖市新芜区法院作出一审判决，被告芜湖市人事局作出取消原告张某进入考核程序资格的具体行政行为主要证据不足，应予以撤销。

在法律规定下，乙肝病毒携带者并不属于无法就职公务员职位的病因，芜湖市人事局取消张某的任职资格明显属于对乙肝病毒携带者的一种就业歧视，既然没有明文规定乙肝病毒携带着不可以担任国家公务员，那么张某便享有和其他人一样的权利，法院的最终判决也向我们彰显了法律所维护的平等权利。[1]

法律原文

《宪法》

第四条第一款　中华人民共和国各民族一律平等。国家保障各少数民族的合法的权利和利益，维护和发展各民族的平等团结互助和谐关系。禁止对任何民族的歧视和压迫，禁止破坏民族团结和制造民族分裂的行为。

《刑事诉讼法》

第六条　人民法院、人民检察院和公安机关进行刑事诉讼，必须依靠群众，必须以事实为根据，以法律为准绳。对于一切公民，在适用法律上一律平等，在法律面前，不允许有任何特权。

---

〔1〕"中国'乙肝歧视'第一案"，载 http://www.360doc.com/content/16/0821/11/1559889_584731666.shtml，最后访问日期：2018 年 5 月 26 日。

《民法典》

第四条　民事主体在民事活动中的法律地位一律平等。

《中华人民共和国妇女权益保障法》（以下简称《妇女权益保障法》）

第二条　妇女在政治的、经济的、文化的、社会的和家庭的生活等各方面享有同男子平等的权利。

实行男女平等是国家的基本国策。国家采取必要措施，逐步完善保障妇女权益的各项制度，消除对妇女一切形式的歧视。

国家保护妇女依法享有的特殊权益。禁止歧视、虐待、遗弃、残害妇女。

拓展资源

案例1

已故美国总统林肯有一次外出，路边有一个身穿破衣烂衫的黑人老乞丐对其行鞠躬礼。林肯总统一丝不苟地脱帽对其回礼。随员对总统的举动表示不解。林肯总统说："即使是一个乞丐，我也不愿意他认为我是一个不懂礼貌的人。"

案例2

世界著名的文学家萧伯纳一次到苏联访问，在街头遇见一位聪明伶俐的小姑娘，就和她一起玩耍。离别时对小姑娘说："回去告诉你妈妈，今天和你玩的是世界著名的萧伯纳。"不料那位小姑娘竟学着萧伯纳的语气说："你回去告诉你妈妈，今天和你玩的是苏联小姑娘卡嘉。"这件事给萧伯纳很大的震动，他感慨地说："一个人无论他有多大的成就，他在人格上和任何人都是平等的。"

课堂讨论

观看电影《秋菊打官司》，讨论如何更好地在生活中实现公平？

6. 司法如何维护公平正义？

理论解析

公正司法是维护社会公平正义的最后一道防线。所谓公正司法，就是受到侵害的权利一定会得到保护和救济，而违法犯罪行为一定要受到制裁和惩罚。司法所具有的维护社会公平正义的功能，是通过司法的特征和司法的原则来实现的，具体表现为：司法具有定纷止争的作用，通过维护人民的合法权益，指引人们应该做什么、不该做什么，引领社会风貌，为国家的安全稳定和人民的生命权、财产权保驾护航。

司法维护公平正义，主要是通过司法机关行使司法权来实现的。司法机关行使司法权，必须遵循以下原则：

1. 平等原则。所谓平等原则，是指司法机关在进行司法活动时，要平等地对待每一个当事人，既包括案内平等，即对案件当事人不偏不倚，一视同仁，平等对待，具有不偏私的司法"品质"；也包括案外平等，即相同案件同等对待。简而言之，就是法律面前人人平等的原则。这一原则要求司法机关在进行司法活动时，对于任何公民或社会组织，不分民族、种族、性别、职业、家庭出身、社会地位、政治地位、宗教信仰、教育程度、财产状况、居住期限，在适用法律时一律平等对待。实行这一原则，对于切实保障公民在适用法律上的平等权利，反对特权思想和行为，防止司法腐败行为，维护法律权威，推进法治国家建设具有重要意义。

2. 合法原则。所谓合法原则，也称法治原则，是指司法机关要严格依法司法，不仅依照实体法，也要依照程序法从事司法活动。在我国，此项原则具体体现为"以事实为依据，以法律为准绳"。

以事实为依据，是指司法机关从事司法活动必须从案件的实际情况出发，使案件的审理和裁判建立在有证据证明的案件事实基础上，以此作为适用法律的前提和基础。这就要求司法机关要重证据，重调查研究，不能将主观臆断的内容作为案件事实，而是应当通过严格的法定程序来确定法律事实。

以法律为准绳，是指司法机关要严格按照实体法和程序法的规定办案，把法律作为开展司法活动唯一且最高的标准。

3. 依法独立行使司法权原则。依法独立行使司法权原则是指司法机关在办案过程中，依照法律规定独立行使司法权，不受行政机关、社会团体和个人的干涉。独立行使司法权原则主要包括：司法权的行使具有专属性，只有国家司法机关具有司法权，其他机关、组织或个人均无此项权力；司法机关行使司法权不受其他行政机关、社会团体和个人的干涉；司法机关只按照法律规定开展司法活动。但是，坚持独立行使司法权原则并不意味着司法机关的司法权不受监督和制约。在我国，独立行使司法权原则只强调司法机关独立行使司法权时不受其他行政机关、社会团体和个人的干涉，但宪法和法律本身并没有排除人民代表大会及其常委会以及执政党对司法机关的监督和制约。如我国宪法和有关法律规定，司法机关对本级人民代表大会及其常务委员会负责并报告工作；最高人民法院监督地方各级人民法院和专门人民法院的审判工作，上级人民法院监督下级人民法院的审判工作；最高人民检察院领导地方各级人民检察院和专门人民检察院的工作，上级人民检察院领导下级人民检察院的工作；司法机关还要接受中国共产党、各民主党派、人民群众的监督和舆论监督。

4. 司法责任原则。司法责任原则是指司法机关和司法人员在行使司法权的过程中，由于侵犯公民、法人和其他社会组织的合法权益，造成严重后果而承担相应责任的一种制度。

典型案例

2017 年，某医生在电梯内劝阻老人吸烟，在二人争执过程中，老人由于情绪激动而心脏病发作死亡。老人的家属将医生诉至法院，要求赔偿各类损失总计 40 万元。法院判决认为，该医生的劝阻行为并未超过合理的限度，且依照相关法律法规，公民有劝阻他人在禁烟场合吸烟的权利。保护社会公益是每个公民的责任，医生出于职业道德和公序良俗原则进行的劝阻吸烟行为，应受到鼓励和支持，故而判决医生不承担民事责任。

法律原文

《刑事诉讼法》

第六条　人民法院、人民检察院和公安机关进行刑事诉讼，必须依靠群众，必须以事实为根据，以法律为准绳。对于一切公民，在适用法律上一律平等，在法律面前，不允许有任何特权。

《民事诉讼法》

第八条　人民法院、人民检察院和公安机关进行刑事诉讼，必须依靠群众，民事诉讼当事人有平等的诉讼权利。人民法院审理民事案件，应当保障和便利当事人行使诉讼权利，对当事人在适用法律上一律平等。

拓展资源

近年来，司法机关开展了大量专项工作，保障人民群众的根本利益。设立立案登记制度，改变了以往将人民群众挡在法院大门之外的行为，使人民可以在法庭上辩明事理，解决问题；改革人民陪审员制度，使更多的公民参与到司法实践当中，了解司法活动，保障司法公正；推动法官、检察官员额制，增强法官、检察官职业荣誉感，加强对案件的审理监督，制定案件终身负责制；开展国际追逃工作，严厉打击外逃涉嫌贪污犯罪官员；依法保护企业家财产，按照审判监督程序对某些案件重新审理……这一切都表明，司法活动在维护社会公平正义中发挥着举足轻重的作用。

课堂讨论

结合案例，请你谈谈对"法网恢恢，疏而不漏"的理解。

7. 如何理解程序公平?

理论解析

　　程序公平概念主要来源于英美法系。在美国宪法中，程序公平被确认为一项基本原则，主要包括以下几个方面："①有权向不偏听偏信的裁判所和正式法院陈述案情；②有权知道被指控的事由（事实和理由）；③有权对控告进行辩解"。[1] 美国《宪法第五修正案》规定："不经正当法律程序，不得被剥夺生命、自由或财产"。这一理论随后被英美法系各国普遍接受。

　　程序公平体现了法律最基本的正义。作为看得见的正义，程序公平易于被所有人运用。只有满足程序公平，才有可能实现实质正义。

　　就程序公平与结果公平的关系而言，两者在一定程度上既相互支持又相互排斥。为了追求结果的公平而忽视甚至违背程序公平，虽然可以使正义得到一时的声张，但同时也往往使正义受到不良的影响，有时候甚至会造成更大的不公正。另一方面，一味追求程序公平也有可能造成结果的不公正。不过，人们逐渐达成了共识，即程序公平是结果公平的前提，它不会必然地导致结果公平，却可以有效地防止结果不公。

典型案例

　　1994 年 1 月 20 日，湖北省京山县雁门口镇何场村的佘某的妻子张某突然失踪，张某的亲属们怀疑其被佘某杀害。后来，在一水塘发现一具女尸，经亲属辨认与张某特征相符，公安机关立案侦查。佘某百口莫辩。许多人认定佘某是杀人凶手，甚至有二百多名群众联名请求立即惩处凶手佘某。最终，即使没有完善的证据，法院依然依据佘某的"供述"判处他 15 年有期徒刑。然而，11 年后，"被害人"佘某的妻子张某突然回家了，佘某案被证明是一

---

　　〔1〕　龚祥瑞:《西方国家司法制度》，北京大学出版社 1993 年版，第 128 页。

起冤假错案。最终，法院重审后宣布佘某无罪。

法律原文

《刑事诉讼法》

第五十二条　审判人员、检察人员、侦查人员必须依照法定程序，收集能够证实犯罪嫌疑人、被告人有罪或者无罪、犯罪情节轻重的各种证据。严禁刑讯逼供和以威胁、引诱、欺骗以及其他非法方法收集证据，不得强迫任何人证实自己有罪。必须保证一切与案件有关或者了解案情的公民，有客观地充分地提供证据的条件，除特殊情况外，可以吸收他们协助调查。

拓展资源

没有程序的正义就没有实体的正义。　　　　　　　　　——西方法谚

自然公平的第一个原则是：必须给予诉讼当事人各方充分的机会来陈述本方的理由。这意味着必须将诉讼程序告知他们，并及时通知其任何可能受到的指控，以便于他们行使权利。　　　　　　——［英］彼得·斯坦

活动设计

如果你是一名法官，在审理一个案件时，发现某一证据存在违法取证的可能，但该证据是该案件的关键证据，直接影响被告人是否有罪。你该如何做出判断？

8. 如何理解法律面前一律平等？

理论解析

早在古希腊时期，就有学者提出过法律面前人人平等的观点，但作为法治的一个基本原则，法律面前人人平等是在资产阶级革命时期提出来的。1776 年 7 月 4 日美国的《独立宣言》和 1789 年 8 月 26 日法国的《人权宣言》，都规定了这一原则。

我国自古以来就有"王子犯法与庶民同罪"的规定，这是最早对于法律

面前人人平等原则的诠释。"法律面前人人平等"原则，是由清末民初的进步思想家从西方传入中国的。1912年3月11日公布的《中华民国临时约法》第一次将此原则规定在宪法中。中国共产党领导下的革命根据地政权时期也一直肯定这一原则。1931年11月通过的《中华苏维埃共和国宪法大纲》第一次将这一原则规定下来。1954年，法律面前从平等的原则被庄严地写进中华人民共和国的第一部宪法。

法律面前人人平等是指法律确认公民享有同等权利和承担同等义务，不允许任何人有超越法律的特权。法律面前人人平等原则的内容包括：凡是我国公民都必须平等地遵守我国的法律，平等地享有法定权利和承担法定义务，不允许任何人有超越法律的特权；任何公民的合法权益，都平等地受到法律的保护，他人不得侵犯；任何公民的违法犯罪行为，都应平等地受到法律的追究和制裁，绝不允许其逍遥法外。任何人在民事、经济、行政案件中，都理应受到平等的、公平的对待。

我国《宪法》第33条第2款规定："中华人民共和国公民在法律面前一律平等。"这一规定要求司法机关在适用法律时，不论公民的民族、种族、性别、职业、家庭出身、宗教信仰、教育程度、财产状况如何，一律平等对待所有公民，不因任何因素的差异影响判决结果。《世界人权宣言》第7条规定："法律前人人平等，并有权享受法律的平等保护，不受任何歧视。人人有权享受平等保护，以免受违反本宣言的任何歧视行为以及煽动这种歧视的任何行为之害。"法律面前人人平等原则也是我国《刑法》规定的三大原则之一，《刑法》第4条规定："对任何人犯罪，在适用法律上一律平等。不允许任何人有超越法律的特权。"这意味着同一性质的犯罪，将会受到相同的处罚。

对于法律面前人人平等原则的实现，应从不同的角度予以保障。首先，立法平等是保障司法平等的前提。我国的法律是由全体人民选举产生的人民代表表决通过的，是人民意志的真正体现，我国法律规定本身即保证所有人同等适用法律。其次，司法平等是保障法律面前人人平等的核心和关键。司法平等要求同样情况同样对待，相同的案件相同处理，这也是司法公正的基本要求。司法机关及司法工作人员，对于任何公民的违法犯罪行为都必须追究法律责任，给予法律制裁，同时公平、平等地对待所有的诉讼参与人，保障其切实、充分地行使诉讼权利、履行诉讼义务。再次，法律面前人人平等也要求所有公民平等地遵守我国法律，平等地享有法律所规定的权利及平等地履行法律所规定的义务。这一原则同样适用于法人和其他社会组织。

在我国全面依法治国的新时代，法律面前人人平等这一原则更是我们应该遵守的重要内容。《中共中央关于全面推进依法治国若干重大问题的决定》为法律面前人人平等这一原则的真正落实提供了路径，该文件明确规定，任何组织和个人都必须尊重宪法法律权威，都必须在宪法法律范围内活动，都必须依照宪法法律行使权力或权利、履行职责或义务，都不得有超越宪法法律的特权。必须维护国家法制统一、尊严、权威，切实保证宪法法律有效实施，绝不允许任何人以任何借口任何形式以言代法、以权压法、徇私枉法。必须以规范和约束公权力为重点，加大监督力度，做到有权必有责、用权受监督、违法必追究，坚决纠正有法不依、执法不严、违法不究行为。

典型案例

2014年3月15日，中共中央依照党的纪律条例，决定对徐某涉嫌违纪问题进行调查。2014年6月30日，中央政治局会议决定给予徐某开除党籍处分，将其涉嫌受贿犯罪问题及问题线索移送最高人民检察院授权军事检察机关依法处理。2014年10月27日，军事检察院对徐某涉嫌受贿犯罪案件侦查终结，移送审查起诉。军事检察院侦查查明，徐某利用职务便利，为他人职务晋升提供帮助，直接和通过家人收受贿赂，数额特别巨大；利用职务影响为他人谋利，其和家人收受他人贿赂，数额特别巨大。

法律原文

《宪法》

第三十三条第二款 中华人民共和国公民在法律面前一律平等。

《刑法》

第四条 对任何人犯罪，在适用法律上一律平等。不允许任何人有超越法律的特权。

《刑事诉讼法》

第六条 人民法院、人民检察院和公安机关进行刑事诉讼，必须依靠群众，必须以事实为根据，以法律为准绳。对于一切公民，在适用法律上一律平等，在法律面前，不允许有任何特权。

拓展资源

法律不能使人人平等，但是在法律面前人人是平等的。

——［英］波洛克

活动设计

组织学生开展调研，了解生活中存在哪些歧视，分析其原因，提出消除歧视的对策和建议。